Der neue Literaturführer · Deutsche Dichtung
Vom Nibelungenlied bis zur Weimarer Klassik

Klassische Kultur-Edition

Heinrich Zelton · Eduard Wolff

Der neue Literaturführer
Deutsche Dichtung
Vom Nibelungenlied bis zur Weimarer Klassik

Seehamer Verlag

Lektorat: Michael Müller

Genehmigte Sonderausgabe für:
Seehamer Verlag GmbH, Weyarn
Umschlaggestaltung: Bine Cordes, Weyarn
Umschlagabbildung: Archiv für Kunst und Geschichte, Berlin
Printed in Germany
Gesamtherstellung: Graphischer Großbetrieb Pößneck GmbH
ISBN 3-929626-62-4

Inhalt

Vorwort

Wer die Alpen kennenlernen will, muß sich nicht jeden Gipfel ersteigen; jeder erklommene Berg erlaubt einen weiten Ausblick über andere Höhen und Täler. Man braucht sich also nur die rechten Aussichtsgipfel und die rechten Wanderwege in den hauptsächlichen Gebieten weisen zu lassen, und schon hat man das Wesentliche der Alpen erlebt. Dann aber kommen die Entdeckungsfahrten auf eigene Faust: In zauberhafte einsame Winkel, auf einzelne Bergspitzen, über Gletscherspalten. Und unter dem Eindruck dieser Erlebnisse vergißt man vielleicht den Führer, der dereinst die ersten Hinweise gab.

Ein solcher erster Führer durch das Gipfel- und Talgebiet der klassischen deutschsprachigen Literatur möchte auch dieses Buch sein. Es will ein wenig ordnen und Übersicht schaffen helfen. Daß solches in geschichtlicher Reihenfolge geschieht, ist selbstverständlich. Die Verfasser hatten nicht den Ehrgeiz, an die Stelle der vielen nicht ganz zutreffenden Einteilungsgrundsätze eine neue (ebensowenig zutreffende) Aufteilung zu setzen. Sie haben sich an das überkommene Schema gehalten, sich jedoch erlaubt, so auszuwählen, wie es ihrem Urteil entspricht. Sie haben sich ferner erlaubt, wissenschaftliche Kriterien nicht in den Vordergrund zu stellen und die deutsche Dichtung vom Leser, vom modernen Leser aus zu betrachten. Das heißt, sie verfechten keine wissenschaftliche Richtung, sondern fühlen sich zwei Größeren verpflichtet: Dem Leser und der Dichtung. Der Dichtung – also nicht jedem einzelnen Dichter oder Schriftsteller!

Wichtig erschien es, nicht nur darzustellen und das Dargestellte zu werten, sondern vor allem den Leser zu Vergleichen und zu eigenem Urteil anzuregen. Diesem Ziel dienen die Zitate und Gegenüberstellungen. Am Klang der Stimme erkennt man seine Bekannten; der halbwegs Musikalische weiß nach wenigen Takten, ob das Gespielte von Mozart oder Wagner ist. An der Sprachmelodie den Dichter zu erkennen, vermögen nur wenige. Und darauf käme es doch eigentlich an! Lesen bewußt zu machen, aus dem nur Lesenden einen sorgsam Auslesenden werden zu lassen, Lesen und Leben verschmelzen zu helfen –, dazu soll mit diesem Literaturführer ein wenig beigetragen werden.

Ursprünge und Anfänge

Die germanischen Stämme der Frühzeit besaßen keine gemeinsame Sprache. Auch sonst hatten unsere Vorfahren nicht das geringste Zusammengehörigkeitsgefühl. Ein Volksbewußtsein im heutigen Sinne gab es unter ihnen nicht. Lediglich die Sippe, höchstens noch der Stamm waren bindende Mächte für den einzelnen. Dem Sachsen war der Franke genau so fremd wie der Kelte oder der Römer.

Kein Wunder, denn dieses Germanien bestand aus dichten Wäldern und feuchten Sümpfen, durchzogen von vielen Strömen und Flüssen. Die einzelnen Stämme, ja Sippen waren voneinander getrennt. Man jagte auf seinem kleinen Gebiet, hielt nur wenig Vieh. Nur langsam schoben sich von Westen und Süden wirkliche Hofwirtschaften in das Land, dazu christianisierende Klöster, auch wohl grenzsichernde Kastelle, Pflug und Kreuz und Schwert. Die Völkerwanderungen von Osten her drängten meist die Donau entlang, und wenn der Sturm vorüber war, saßen an der Stelle früherer Bewohner neue. Sonst hatte sich nichts geändert. Stärker wurde die Berührung erst in jenen Zeiten, in denen der Frankenkaiser Karl der Große mit den Sachsen rang. Nach der Reichsteilung von 843 mußten Heinrich I. und seine Nachfolger Schritt für Schritt ihr Gebiet gegen Osten sichern, neues Land kolonisieren, christianisieren, abschirmen. Erst im 12. Jahrhundert stand, dank der zähen Arbeit Heinrichs des Löwen, der Wall gegen Osten einigermaßen fest. Aber hinter diesem Wall herrschte immer noch Zersplitterung.

Zwietracht also von Anbeginn. Am Sprachzustand kann man es ablesen. Schon der Name »Germanen« stammt von Außenstehenden, den Römern. Sogar das Wort »deutsch«, althochdeutsch »thiudisk«, ist zunächst nur eine Bezeichnung für »Sprache des Volkes«, für die Mundart also, als Gegensatz zum Romanischen oder Lateinischen. Auch hier sind es Fremde, welche das Wort dann zum erstenmal als Volksname in Anwendung bringen (9. Jahrhundert).

Und wenn wir heute »Althochdeutsch« sagen, so ist damit keineswegs die allgemeine Muttersprache unserer Vorfahren gemeint. Das Wort wurde vielmehr von Jakob Grimm in der bloßen Absicht geprägt, eine ganze Anzahl ältester Mundarten unseres Sprachraumes in einem gemeinsamen Begriff zusammenzufassen. Seitdem herrscht in der Literaturgeschichte folgende Gepflogenheit der Einteilung:

Die althochdeutsche Zeit rechnet man von den Anfängen bis etwa zum Jahre 1100, bis zum Beginn der Kreuzzüge also. Darauf folgt die mittelhochdeutsche Zeit. Natürlich ging der Wechsel nicht plötzlich vor sich. Es schob sich vielmehr ganz allmählich eine von den vielen Mundarten als geltende Literatursprache in den Vordergrund und drängte die übrigen zurück. So ist das Mittelhochdeutsche im Grunde genommen nicht mehr als eine Vormachtstellung der oberdeutsch-schwäbischen Mundart, nicht zuletzt übrigens dank der politischen Herrschaft des schwäbischen Kaisergeschlechts der Hohenstaufen. Um das Jahr 1500 beginnt dann die neuhochdeutsche Zeit. Erst seit Luther besitzen wir eine allgemein gültige deutsche Schriftsprache. So weit war der Weg bis zu einem Zustand, der doch die natürliche Voraussetzung für eine eigenständige Literatur ist. Andere Völker besaßen früher eine eigene Sprache und damit auch eine Nationalliteratur.

Wer will, kann auch dies als ein Zeichen nehmen: Die älteste Dichtung, die wir besitzen, das Hildebrandslied ist nur als Bruchstück auf uns gekommen. Die Bedeutung, die es ohnehin hat, wird einmalig durch den Umstand, daß es das einzige wirklich dichterische Werk aus althochdeutscher Zeit darstellt. Warum? Gab es sonst keine Dichtung? Doch, es gab sie. Und wir besitzen auch eine ganze Reihe wichtiger, aufschlußreicher Sprachdenkmäler, die besondere Aufmerksamkeit verdienen. Die eigentliche Dichtung der Frühzeit aber ist verlorengegangen. Sie versank in den wirbelnden und saugenden Strudeln jener unruhvollen. verworrenen Jahrhunderte. Sie wurde leichtfertig oder gewollt, durch Zufall oder aus Unverstand der Vergessenheit überantwortet.

Schon sind wir inmitten der gestaltenden Mächte jener Tage, die voll Wandel und Werden, voll Vernichtung und Wachstum waren, sind bei Umständen, die die Literatur wesentlich mitbestimmt und geprägt haben. Wohl die wichtigste Tatsache, die auf Jahrhunderte hinaus das deutsche Schicksal geformt hat, ist der Gegensatz von Germanentum und Christentum (mit Antike), zerstörend und lebenspendend zugleich. Viel ist über diesen Dualismus und seine Folgen geredet und geschrieben worden. Hier gilt es lediglich, die Tatsache zu sehen und ihre Bedeutung für die Entwicklung der deutschen Literatur.

Die Völkerwanderung war der ungeheure Schmelztiegel von Kulturen, in dem Altes und Neues sich mischte. Zum erstenmal kamen die jungen germanischen Stämme mit der griechisch-römischen Antike in Berührung. Was sie antrafen, war eine vollendete Welt und – eine Welt am Ende. Meistens beugten sich die heranbrandenden Völker aus dem Norden vor der überlegenen Kultur, wenn sie auch morsch und altersschwach war. Allerdings: Sie stießen auch auf etwas Neues, das ebenso fordernd und ungestüm war in reinem Wollen wie sie selber: die neue

Religion. Immer schneller breitete sich das Christentum aus. Auf welchen Wegen und Umwegen, das ist hier nebensächlich. Jedenfalls unterwarf sie ein heidnisches Volk nach dem andern zu guter Letzt der jungen Heilslehre. Der eine mag es seltsam der andere als folgerichtig empfinden, daß Deutschland von Irland aus bekehrt wurde (Bonifazius). Germanentum, Christentum und antike Welt wurden zu den entscheidenden Kraftströmen eines ganzen Zeitalters. Noch mehr, sie bilden die Hauptwurzeln unserer Kultur. Das, was wir heute »deutsch« nennen, entstand erst allmählich in einem viele Jahrhunderte dauernden Vorgang. Es ist eine Verschmelzung zahlreicher Bestandteile. Die wesentlichsten von ihnen entstammen jenem frühen Zusammenprall der Welten.

Darstellung eines Scheibers aus der Mitte des 15. Jahrhunderts. Bücher entstanden durch mühevolles Abschreiben, bevor die Kunst des Buchdrucks für eine schnelle Vervielfältigung sorgte

Für unsere Literatur hat die ganze Entwicklung zunächst üble Folgen gehabt. Alles Alte, Bestehende wurde vernichtet. Zwar ließ noch Karl der Große vieles Wertvolle sammeln und aufschreiben, vor allem die Heldenlieder, die allenthalben im Schwange waren. Sein Biograph EINHART berichtet darüber: »Barbarische und älteste Lieder, in denen die Taten und Kriege der Könige aus der Vorzeit besungen wurden, schrieb er auf und überlieferte sie dem Gedächtnis.« Karls Sohn, Ludwig der Fromme, aber war anders gesonnen. Von ihm heißt es, daß er die Lieder verachtete und sie weder lesen noch hören wollte. Zu seiner Zeit wurde die kostbare Sammlung vernichtet und in alle Winde zerstreut.

Brennpunkte des geistigen Lebens wurden nun für lange Zeiten Klöster und Klosterschulen. Sie waren der Hort von Zivilisation und Kultur. Ihre kolonisatorische Leistung ist gewaltig. Sie rodeten das Land, schufen Fruchtbarkeit und Wohlhabenheit, ordneten Sitte und Gesetz. Sie waren die Keimzellen allen Fortschritts. Die stärkste Ausstrahlung hatten schon in den Tagen der Karolinger Orte wie Fulda und Sankt Gallen, auch Corvey, Reichenau und Weißenburg im Elsaß. Im Laufe der Zeit wurden zahlreiche neue Niederlassungen gegründet, die dann ihrerseits allüberall im Lande fruchtbringende Pflanzstätten wurden.

Ganz von selbst wurde der Geistliche zum alleinigen Träger der Kultur. Es war einfach religiöser Eifer, was diese Menschen veranlaßte, die bestehende »primitive« Poesie zu bekämpfen und zu unterdrücken. Feindschaft gegen Sprache oder Volk war dabei kaum im Spiel. Die alten Heldenlieder, vor allem die kultischen Gesänge, selbst die harmlosen Liebesgedichte und Tanzlieder zeugten eben allenthalben von ursprünglicher heidnischer Gesinnung. (Im Anfang ist ja Dichtung aufs engste mit Religion verbunden.) Und deshalb mußten sie fort. Es erschien geradezu als christliches Gebot, sie bis auf die Wurzeln auszurotten. Auf der anderen Seite haben die Klosterherren – wieder aus ihrem Bekehrungswillen – Beträchtliches für die Erhaltung und Festigung der damaligen Volkssprache getan. Sie mußten dem Volk entgegenkommen, um es zu gewinnen. Was lag näher, als die neue Lehre in der alten Sprache zu verbreiten? Die Mönche taten ihr möglichstes, um die verschiedenen Mundarten als Schriftsprache zur Geltung zu bringen. Es war das erstemal, daß solche Versuche überhaupt gemacht wurden. Zahlreiche Taufgelöbnisse, Abschwörungen, Glaubensbekenntnisse, Beichtformeln, volkstümliche Darstellungen der Heilsgeschichte und vor allem Bibelübersetzungen in die bestehenden Mundarten zeugen von diesen Bemühungen. Trotzdem blieb die Vorherrschaft des Latei-

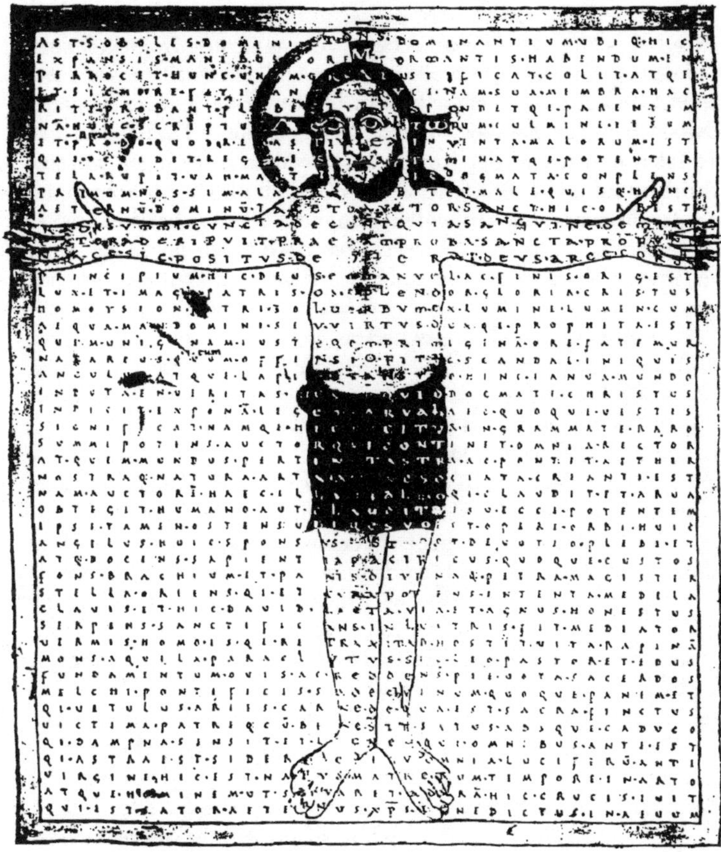

Hrabanus Maurus, Liber de laudibus Sanctae Crucis. Handschrift, um 840.

nischen ungebrochen. Es war nun einmal die gemeinsame Sprache aller Gebildeten. Manches Talent ist dadurch der deutschen Literatur verlorengegangen. Man braucht nur an den Abt Hrabanus Maurus oder an Notker mit seinen Sequenzen zu denken, später an Hrosvith von Gandersheim oder die Vaganten.

Freilich, es lag auch im Wesen der althochdeutschen Dichtung selbst, daß sie so leicht verklingen konnte. War sie doch eine Kunst des mündlichen Vortrages. Sie wurde entweder gesungen oder erzählt. Ihre Stoffe waren vermutlich fast immer Heldentaten aus der Zeit der Völkerwanderung. Wann aber wurde eines dieser Lieder, eine der Sagen niedergeschrieben? Und wer sollte es tun? Dem Sänger selbst lag wenig daran. Viel wichtiger war, daß er mit seinen Stoffen schalten und walten konnte wie er wollte, wie er es gerade brauchte, wie es in seine Absichten paßte. Und das tat er auch. Er war ja der alleinige Trager der Dichtkunst, der unumschränkte Herr der dichterischen Schätze. Bald in dieser, bald in jener Gestalt wanderten seine Lieder von Hof zu Hof, von Burg zu Burg von Dorf zu Dorf. Sie verwandelten sich ständig, verschmolzen miteinander, tauchten in neuem Gewand wieder auf, verklangen. Alles war in Flug. Nichts hatte Bestand.

Zum Glück wanderte manches als lebendige Volksdichtung auch durch die Jahrhunderte weiter. Und einigen Stoffen war es beschieden, in mittelhochdeutscher Zeit eine endgültige, große und künstlerisch geschlossene Form zu finden.

Althochdeutsche Werke

Es muß auch in althochdeutscher Zeit schon Heldenlieder in vollendeter Form gegeben haben. Der lebendige Beweis dafür ist das *Hildebrandslied.* Zwei Mönche des Klosters Fulda haben es durch Anwendung der lateinischen Schrift über die Jahrhunderte hinweg gerettet. Etwa um das Jahr 815 schrieben sie es auf die inneren Deckelseiten eines lateinischen Gebetbuches. Entstanden sein dürfte es etwa um das Jahr 600.

Das erhaltene Bruchstück besteht aus 68 Langzeilen von insgesamt vielleicht hundert. Seine Sprache ist das damalige Fränkische (vor allem Rheinfränkische) mit niederdeutschen, ja angelsächsischen Einsprengseln, stellenweise auch unverständlichen Verbildungen.

Formal ist das Besondere der sogenannte *Stabreim.* Dieser ist bezeichnend für die älteste deutsche Dichtung überhaupt. Ursprünglich gab es vermutlich keine anderen Formen. Er herrschte allein. So gilt er mit Recht als der wesensgemäße, ursprüngliche altdeutsche Reim. Im Gegensatz zum Endreim ist er ein Anlautreim (»Alliteration«). Er besteht darin, daß die bedeutendsten Worte einer Verszeile in den Hebungen durch Gleichklang der Anlaute hervorgehoben und betont werden. (Dies ergibt die sogenannten Stäbe.) Beispiel die beiden letzten Zeilen aus einem »Merseburger« Zauberspruch:

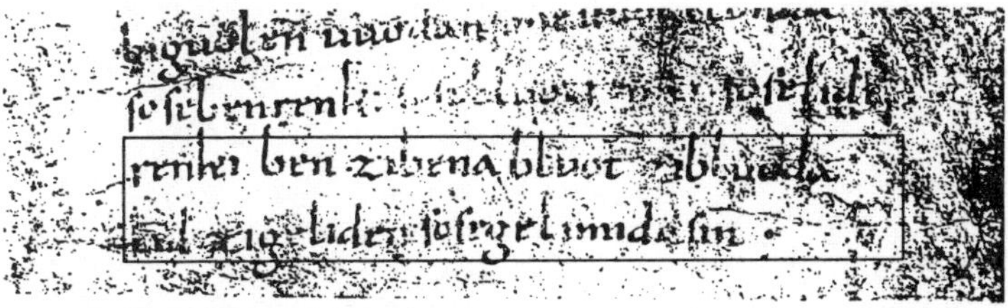

Ben zu bena blout zi blouda
Lid zu geliden soze gelinida sin

(Bein zu Bein, Blut zu Blut.
Glied zu Gliede, wie wenn sie geleimt sind.)

In der Regel enthält die erste Halbzeile eines Verses zwei Stäbe, die zweite dann einen dritten. Die letzte Hebung einer Zeile bleibt meist reimfrei. Diese Reimform ergibt von selbst einen wuchtig und kraftvoll fortschreitenden Rhythmus. Wichtige Worte werden aus der Masse der übrigen herausgehoben. (Das erfordert Sinn für das Wesentliche.) Andererseits verlangt der Reim ein besonders geschärftes akustisches Empfinden, gesteigerte Aufmerksamkeit, die noch feinste Tönungen in ihrer wahren Bedeutung zu erfassen vermag (Sinn für Musik).

Der Stoff des Hildebrandsliedes entstammt dem klassischen Zeitalter der deutschen Heldensage, der Völkerwanderung. Mit wenigen Worten gibt der Dichter zu Beginn Stimmung und Begebenheit bekannt, mit ein paar Strichen ist der ganze Aufriß gegeben:

Ik gihorta dat seggen
dat sih urhettun aenon muotin
Hiltibraht enti Hadubrant untar heriun tuem
sunufatarungo iro saro rihtun
garutun se iro guchamun gurtun sih iro suert ana
helidos ubar ringa do sie to dero hiltiu ritun

(Ich hörte das sagen,
daß sich als Kämpfer allein begegneten
Hildebrand und Hadubrand zwischen zwei Heeren
Sohn und Vater, die Verwandten. Sie richteten ihre Rüstungen
machten ihre Streitgewänder bereit, gürteten ihre Schwerter um
die Helden, über die Panzerringe, als sie zum Kampfe ritten.)

Das Thema ist angeschlagen, und gleich wird auch der tragische Kern entblößt. Hildebrand, der ältere, fragt seinen jungen Gegner, aus welchem Geschlecht er stamme, wer sein Vater sei. Er wolle nur einen Namen hören, denn das ganze Volk sei ihm bekannt. Hadubrand erwidert, erfahrene alte Leute hätten ihm erzählt, daß sein Vater Hildebrand war: »Ich heiße Hadubrand.« In einer knappen Schilderung erzählt der Sohn Geschichte und Geschicke des Vaters, wie er sie kennt: Einst mußte Hildebrand, der treue und tapferste Gefolgsmann Dietrichs (Theodorichs), vor dem mächtigen Odoaker nach Osten fliehen, an den Hof Etzels. Daheim ließ er die junge Frau und den unmündigen Sohn. Auch in der Fremde stand er immer an der Spitze der Kampfscharen. Er war Dietrichs größter Held. Und so habe er in der Fremde auch sein Leben verloren. – Hildebrand bricht in einen Ruf der Überraschung aus. Er gibt sich dem Sohn zu erkennen, bietet ihm als Gabe seinen Armring an, ein Geschenk des Hunnenkönigs Etzel. Hadubrand aber glaubt ihm nicht. Höhnisch weist er den Vater ab, beschimpft ihn als alten Betrüger. Noch einmal betont er, daß Seefahrer die sichere Kunde brachten: Tot ist Hildebrand, Heribrands Sohn. Jetzt ruft Hildebrand laut den waltenden Gott an. Ein Wehgeschick sieht er sich erfüllen. Er

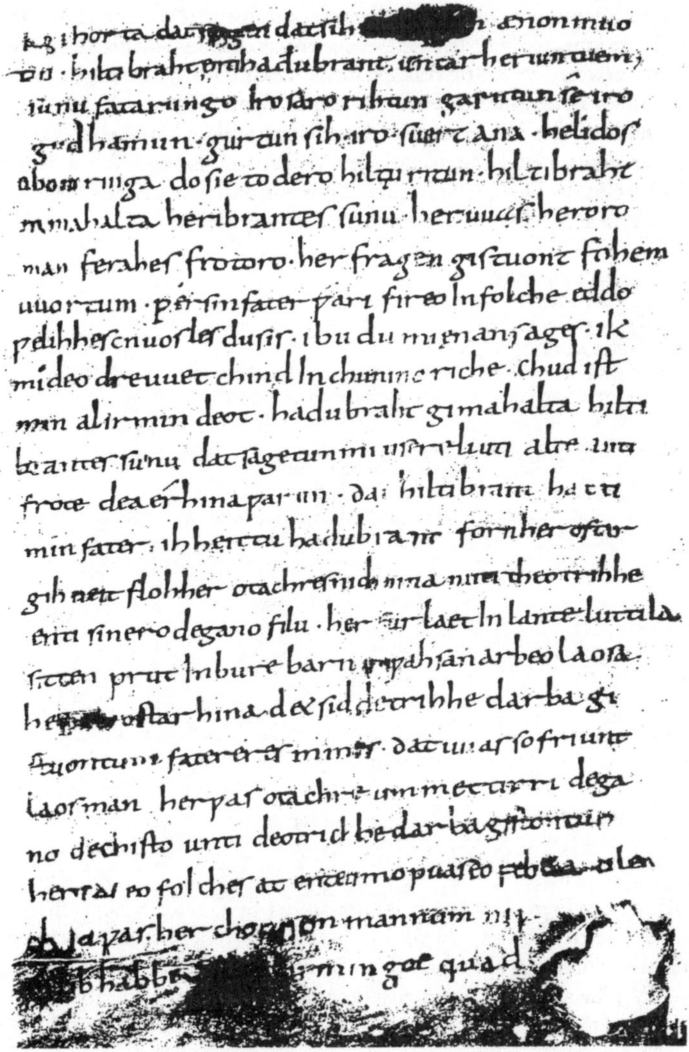

Erste Seite des Manuskriptes des »Hildebrandliedes«

beklagt ein Schicksal, das ihn dreißig Jahre lang alle Fährnisse überstehen ließ, um ihm jetzt den eigenen Sohn gegenüberzustellen. Nun muß dieser ihn mit dem Schwerte schlagen, oder er selbst muß zum Mörder seines Kindes werden. Aber er nimmt zuletzt doch die höhnischen Herausforderungen Hadubrands an. Sein Heldenzorn ist erwacht. »Das wäre der übelste aller Ostleute (Goten), der den Kampf dir verweigerte, nach dem dich so gelüstet.« Sie sprengen mit den Speeren aufeinander los, dann greifen sie zu den Schwertern, zerhauen sich die hellen Schilde.

An dieser Stelle bricht das Lied ab. Es besteht aber kaum ein Zweifel daran, daß es tragisch endete. Der ganze Aufbau spricht dafür. Nichts darin deutet auf einen versöhnlichen Ausgang. Die Mittel der Verständigung sind schnell erschöpft, alles drängt zum tragischen Gipfelpunkt hin. So tötet der Vater wider Willen den Sohn. (In einer späteren nordischen Sage von Hildebrand dem Hunnenkämpfer nennt dieser unter den Helden, die er erschlug, seinen Sohn. In weiteren Bearbeitungen des Stoffes allerdings, der nordischen Thidrek-Saga zum Beispiel, wird Hadubrand vom Vater wohl besiegt, aber nicht getötet. An dieser Wendung ist der Einfluß des Christentums bemerkbar.)

Gestaltung und Aufbau sind ganz einfach, vielleicht deshalb so großartig. In klaren Umrissen, fast ohne jedes Beiwerk, steht das Ganze vor uns. Rasch und unaufhaltsam schreitet die Handlung vorwärts, sie entwickelt sich wie selbstverständlich aus Rede und Gegenrede (ein beachtliches Kunstmittel), und diese lösen auch Tat und Katastrophe aus.

Hier haben wir ein Zeugnis echt germanischen Geistes. Hart und kompromißlos ist eine Tragödie des Heldentums gestaltet. Zwei der mächtigsten sittlichen Kräfte jener Zeit, Heldenehre und Bindung an die Sippe begegnen sich in direktem Widerstreit. Es siegt das Gesetz der Ehre über die Forderung des Blutes, das Allgemeine über das Ich und – die Idee über das Leben.

Das Hildebrandslied steht einsam am Beginn unserer Literatur, eine halbzerstörte Rune in den Stürmen der Zeit. Viel mehr ist nicht geblieben. Da sind noch die *Merseburger Zaubersprüche,* ein spärliches Überbleibsel. Ihren Namen verdanken sie einer Handschrift der Merseburger Dombibliothek aus dem 10. Jahrhundert. Entstanden sind sie aber wesentlich früher. Dichterische Bedeutung kommt ihnen nicht zu. Wichtig aber sind sie als Sprachdenkmäler, ferner als einzige Zeugnisse des alten Götterglaubens aus den südgermanischen (in erster Linie also deutschen) Stammesgebieten. Der eine berichtet von göttlichen Frauen, die mit den Worten »insprinc haptbandun invar vigandun!« (entspringe den Haftbanden, enteile den Feinden!) Gefangene befreien. Der andere ist eine Beschwörungsformel für ein Pferd, das sich den Fuß verrenkte.

Und die religiöse Dichtung? Die Götterlieder? Nichts ist uns überkommen. Auch unsere Vorfahren hatten sicherlich zahlreiche Lobgesänge auf ihre Götter. Wir wissen zum Beispiel von den gotischen »laikas«, liturgischen Chorgesängen bei Opfer, Spiel und Tanz. Aber die Klöster haben gründliche Arbeit geleistet. Um uns überhaupt eine Vorstellung von Inhalt und Art der ältesten Gesänge und Mythen machen zu können, müssen wir eine Anleihe bei der nordischen Überlieferung machen. Dort gibt es nämlich eine ganze Sammlung altisländischer, altgrönländischer und altnorwegischer Dichtung, die sogenannte *Edda*. Sie enthält viele Götterlieder, Heldengesänge und Weisheitssprüche (Lehrgedichte). Aber leider ist sie keine reine, zuverlässige Quelle. Sie wurde nämlich zu einer Zeit aufgezeichnet, da das Christentum längst seinen Siegeszug angetreten hatte. Sie ist geradezu eine Art Musterbeispiel für das vorhergegangene Zeitalter der mündlichen Überlieferung, wo sich die Stoffe von Ort zu Ort, von Sänger zu Sänger, von Generation zu Generation veränderten. Dinge, die ursprünglich durch Abgründe getrennt zu sein schienen, sind zuletzt ineinander verwoben und zu Neuem gesponnen.

Die »ältere« Edda mit 29 Götter- und Heldenliedern hat ihr Entdecker Bischof BRYNJOLF SVEINSSON zunächst dem isländischen Priester Sämund (um 1100) zugeschrieben. In Wirklichkeit dürfte sie gegen Ende des 12. Jahrhunderts entstanden sein. Die »jüngere« Edda ist nicht mehr als ein Anleitungs- und Lehrbuch für isländische Skalden, Kunstdichter also. Sie wurde zu Beginn des 13. Jahrhunders von dem isländischen Gelehrten und Dichter SNORRI STURLUSON verfaßt. Deshalb wird sie auch Snorra-Edda genannt.

Natürlich ist ein großer Teil der Eddalieder rein heidnischen Ursprungs, zumindest in der Vorlage also echt germanisch. Manche von ihnen reichen ja weit in frühere Zeiten zurück (bis ins 9. und 10. Jahrhundert). Am deutlichsten offenbart sich der alte Geist vor allem in der »Voluspa«, erhabenen Weissagungen der Seherin Volva, in denen das Schicksal der Welt und der Götter geschildert wird. Daneben aber finden sich auch einwandfrei Elemente römischen und griechischen Ursprungs. Vielleicht haben schon die Wikinger sie von ihren weiten Fahrten mitgebracht. Selbst ausgesprochen christliche Vorstellungen und Bilder aus Bibel und Legende sind vorhanden. Stoffe, Mythen, Sagen sind eben wie Flugsamen. Wer soll heute noch sagen, von wo sie kamen? Wer soll sie trennen?

Für uns ist eines wichtig: Auch unsere altdeutschen Heldensagen haben Eingang in die Edda gefunden. Sie sind vermutlich schon früh nach Norden gewandert, dort wurden sie zum Teil mit anderen Stoffen und Motiven verbunden. So haben sie meist eine andere Gestalt bekommen. Am ehesten ist noch die Nibelungensage zu erkennen. Sie lieferte Stoff für verschiedene eddische Erzählungen, außerdem noch für den Prosaroman der Wälsungen-Saga. Sigurd aus dem Geschlecht der Wälsungen liebt Brynhild, kommt zu Gunnar (Gunther) und heiratet dessen Schwester Gudrun (Kriemhild). Er erringt durch Täuschung Brynhild für Gunnar. Aus Rache für den Betrug stiftet Brynhild ihren Mann Gunnar zum Mord an Sigurd an. Dann tötet sie sich selbst. Nun heiratet Gudrun den Hunnen Atli. Dieser ermordet, lüstern nach dem Nibelungenschatz, ihre Brüder. Da tötet Gudrun seine und ihre Kinder, setzt sie ihm sogar zum Mahle vor und ermordet zuletzt ihn selber.

Trotz einzelner Schönheiten und großartiger Stellen (vor allem durch die Klarheit der Darstellung) hat keine unserer Heldensagen in der nordischen Literatur eine geschlossene, vollendete Form gefunden. So konnte RICHARD WAGNER die Edda nur als Vorlage seiner bekannten Musikdramen verwenden.

Es gibt in der althochdeutschen Literatur einige Werke, die wegen der Kraft und Schönheit des sprachlichen Ausdrucks Rang und Bedeutung haben. Vermutlich sind sie uns in erster Linie deshalb erhalten geblieben, weil ihr Inhalt in der Regel der Verbreitung des Christentums diente.

Da ist aus allerfrühester Zeit, dem 4. Jahrhundert schon, die berühmte *Bibelübersetzung* des gotischen Bischofs *Wulfila* (etwa 311 bis 381). Die Goten haben als erster germanischer Stamm schon im 3. Jahrhundert das Christentum angenommen. Ihre Bibel, im »Codex argenteus« von Upsala aufbewahrt, ist die erste in einer »deutschen« Mundart. Sie zeichnet sich durch besonderen Wohllaut und Adel der Sprache aus. Man kann sie als eine Meisterleistung bezeichnen. Die volltönenden, klangreichen Vokale dieses Dialekts überraschen auch ein ungeübtes Ohr, wenn zum Beispiel das gotische Vaterunser erklingt:

> Atta unsar thu in himinan, veihnai namo thein, quimai thiutinassus theins, vairthai vilji theins sve in himina jah aua airthai.
>
> Vater unser du im Himmel, geweiht sei Name dein, komme Herrschaft dein, es werde Wille dein wie im Himmel auch auf Erden.

Eindrucksvoll ist auch der sogenannte Heliand, ein Gedicht mit annähernd 6000 Versen im Stabreim aus dem 9. Jahrhundert (unter Ludwig dem Frommen), in altniedersächsischer Mundart geschrieben. Behandelt wird das Leben Jesu, wie es in den Evangelien dargestellt ist. Beachtlich und bezeichnend ist jedoch die germanische Gesinnung, die der unbekannte Dichter offenbart. Er macht Christus zu einem Volkskönig und Helden. Seine Jünger sind »snelle thegnos«: mutige Degen. Ihre größte Tugend ist die Mannentreue. Die Bergpredigt klingt wie eine Rede an das versammelte Gefolge. Die Hochzeit zu Kanaan ist ein germanisches Zechgelage. Die Auseinandersetzung im Garten Gethsemane wird mit sichtlicher Freude zu einem regelrechten Heldenkampf ausgeweitet. Beim Tode heißt es: »ihn nimmt die Wurd hin«, die altgermanische Norne Urd also.

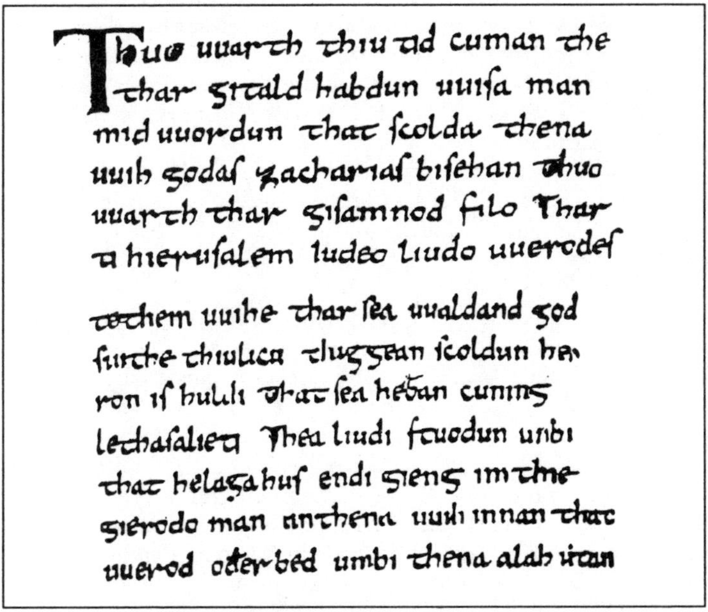
Thuo uuarth thiu tid cuman the
thar gitald habdun uuisa man
mid uuordun that scolda thena
uuih godas zacharias bisehan thuo
uuarth thar gisamnod filo thar
te hierusalem iudeo liudo uuerodes
te them uuihe thar sea uualdand god
suithe thiulico thiggean scoldun her
ron is huldi that sea heban cuning
ledes aleti Thea liudi stuodun umbi
that helaga hus endi giang im the
gerodo man an thena uuih innan that
uuerod otter bed umbi thena alah iutan

Handschrift des »Heliand«, Codex Cottonianus

Von einem tragisch-heldischen Geist gezeugt ist das *Muspilli,* ein Weltuntergangsgedicht voll düsterer Schönheiten (ebenfalls aus dem 9. Jahrhundert).

Welch dichterischer Schwung im Ausdruck schon damals erreicht worden ist, das zeigt sich am *Wessobrunner Gebet:*

»Dat gafregin ih mit firahim firiwizzo meista
Dat ero ni was noh ufhimil
Noh paum noh pereg ni was pah enig
Noh sunna ni scein ...«

(»Das erfuhr ich unter den Menschen als der Wunder größtes, daß Erde nicht war noch ein Himmel darüber, nicht Baum noch Berg, nicht ein einziger Bach, die Sonne schien nicht noch leuchtete der Mond, noch war die herrliche See. Wie da nichts war von Enden und Grenzen, da war doch der eine allmächtige Gott, der Mannen mildester, und mit ihm auch manche göttlichen Geister. Und Gott ist heilig.«)

Das Evangelienbuch des Mönches *Otfrid* (aus dem Kloster Weißenburg), vollendet etwa 868, ist ebenfalls eine Lebensgeschichte Christi. Gemessen am volkstümlichen Heliand ist es die Kunstdichtung eines Gelehrten. Für die Literaturgeschichte stellt es einen wichtigen Ein-

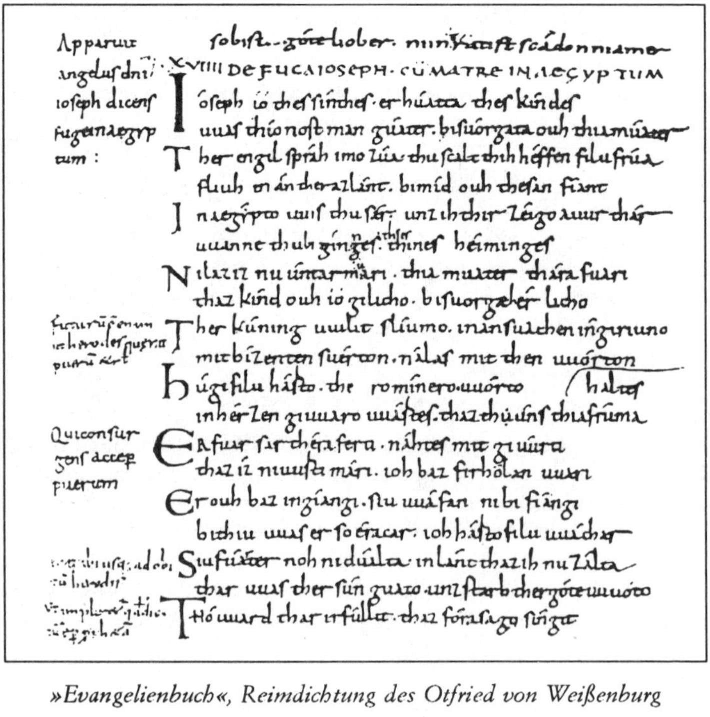

»Evangelienbuch«, Reimdichtung des Otfried von Weißenburg

schnitt dar: Zum erstenmal ist an Stelle des Stabreims der *Endreim* eingeführt. Von da an tritt dieser ziemlich schnell seinen Siegeszug in der deutschen Literatur an.

Wie ferne Erinnerung an die alten Heldenlieder wirkt ein weltliches Gedicht: Das *Ludwigslied,* 881 gedichtet zu Ehren des westfränkischen Königs Luwig III. anläßlich seines Sieges über die Normannen bei Saucourt. Fränkischer Stolz ist darin, naiv und anmaßend zugleich (die Franken erscheinen als das auserwählte Volk, die Lieblinge Gottes). Im Ton aber ist es ganz einfach und unverfälscht. Bereits herrscht der Endreim. Das klingt dann so (Ein Ruf Gottes an Ludwig):

»Hludwig kunig min – Hilph minan liutin
Heigun sa northman – Harto bidwungan.«

(Ludwig mein König – Hilf meinen Leuten
Es haben sie Normannen – hart bedrängt.)

Der Siegeszug des Christentums führte im 10. und 11. Jahrhundert zu einer ausgesprochenen *Vormachtstellung des Lateinischen.* Auch im Weltlichen befand sich die Kirche auf einem Höhepunkt ihrer Macht. Auf geistigem Gebiet vollends regierte sie unumschränkt. Im Denken der Gebildeten hatte die Scholastik ihre weitschwingende Herrschaft angetreten (ABAILARD). Das Volk, der große Rest, geriet im Lauf der Jahrzehnte immer mehr unter den Einfluß asketischer, ja weltfeindlicher Bestrebungen, die aus dem französischen Kloster Cluny kamen. Und dann verstand es BERNHARD VON CLAINAUX mit seinen Anhängern, die Welt in jene mystisch-religiösen Verzückungen zu versetzen, welche das Zeitalter der Kreuzzüge heraufbeschworen.

In der Literatur herrschte nun über einen langen Zeitraum hinweg so gut wie unangefochten die lateinische Sprache. Beispielhaft für diesen Zustand ist die Nonne HROSVITHA VON GANDERSHEIM (etwa 930 bis nach 968). Sie hätte sich wahrscheinlich geschämt, für ihre literarischen Bestrebungen die deutsche Sprache zu verwenden. Dabei machte gerade sie sich an ein kühnes Unterfangen. Es handelt sich um die ersten Ansätze zu einem Drama; aber das blieb ohne Wirkung, ohne Nachfolger. Sie schrieb neben mehreren Legenden und zwei historischen Werken sechs kurze Dramen (Titel: »Gallicanus«, »Dulcitius«, »Calimachus«, »Abraham«, »Pafnutius«, »Sapientia«). Es blieben Versuche, Nachahmungen meist des römischen Dichters Terenz, den sie christlich umdeutete.

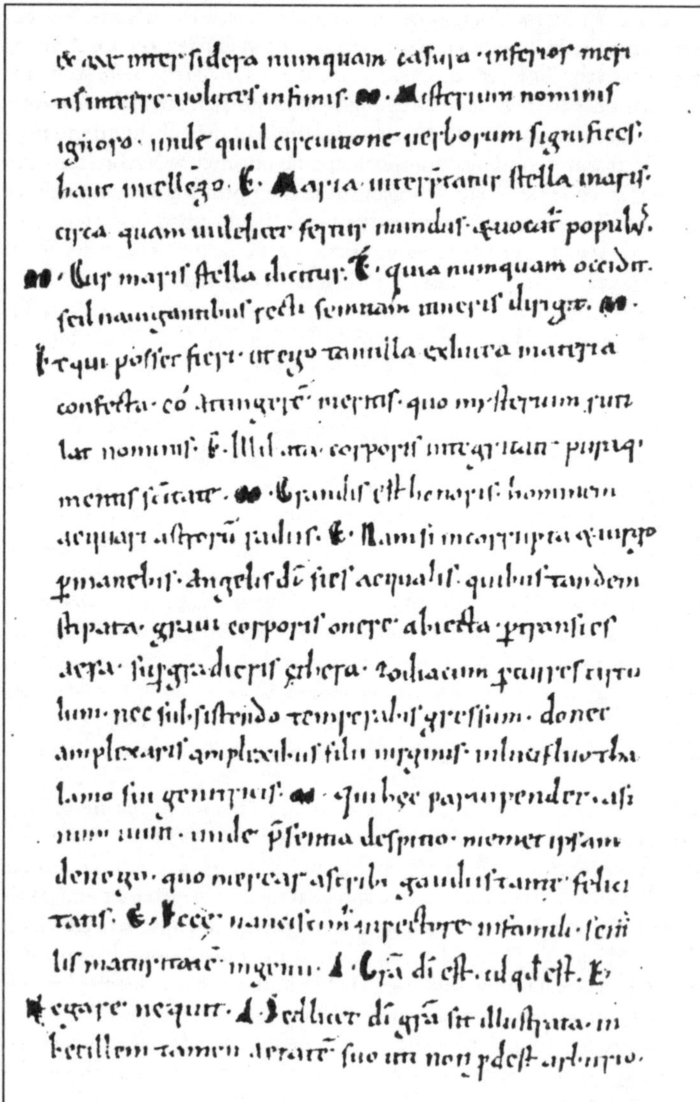

»Abraham«, Drama der Hrosvitha von Gandersheim, Handschrift vom Ende des 10. Jahrhunderts

Ohne Zusammenhang mit ihr, sicherlich durch die allgemeine religiöse Ergriffenheit bedingt, begannen sich nach einiger Zeit noch andere dramatische Formen zu entwickeln, die *Evangelienspiele,* in erster Linie als Oster-, Passions-, Dreikönigs- und Prophetenspiele. Ihr Ausgangspunkt war die christliche Liturgie. Im Lauf der Jahrhunderte nahmen sie an Ausdehnung zu und haben eine ungeheure Verbreitung gefunden. Irgendeine beachtliche künstlerische Form war ihnen nicht beschieden. Tendenz, und wäre es die beste, bleibt eben immer gefährlich. Verherrlichung ist noch keine Dichtung. Und Abkehr von der Welt, ja Feindschaft zum Leben ist eigentlich das Gegenteil von Kunst.

Wenn in diesen Jahrhunderten auch deutsch geschrieben wurde, dann waren diese Werke in der Regel ebenfalls dem Dienst an der Kirche geweiht. Zeitliche Wirkung hatten das *Ezzo-Lied,* ein weitschweifiger Welterlösungszyklus (Verfasser der Bamberger Domherr EZZO um 1064) und das *Anno-Lied,* eine Art Weltgeschichte, geschrieben zu Ehren des Kölner Erzbischofs ANNO (um 1077). Eine Klausnerin in Österreich, FRAU AVA, (um 1100), schrieb ein »Leben Jesu« und andere fromme Dinge in deutscher Sprache. Sie ist die erste Dichterin deutscher Zunge.

Es gibt zwei wesentliche Zeugnisse dafür, daß mitten in der Überfremdung das eigenständige Wesen zum Durchbruch kam (abgesehen von der unterirdischen Strömung der Volksdichtung, die leider nie aufgeschrieben wurde). Auch im Geistigen ist das Leben unzerstörbar. Immer wächst Neues heran. Der eine mag es als Zufall, ein anderer als heimliches Gesetz bezeichnen, daß ausgerechnet diese beiden Werke alle andere Literatur in diesem großen Zeitraum überragen. Dabei sind sowohl das *Walthari-Lied* wie der Versroman *Roudlieb* in lateinischen Hexametern geschrieben. Außerdem kommen beide aus Klöstern. Und doch schimmert allenthalben in ihnen das echte Gesicht des damaligen Menschen durch, noch mehr, diese Eigentümlichkeit ist sogar die gestaltgebende Grundkraft. Im Gegensatz zu früher bieten sich hier einheimische Stoffe und Auffassungen in einem zufällig lateinischen Gewand. Man sieht, am Äußeren allein liegt es nicht. Entscheidend bleibt der persönliche Gestaltungswille des Dichters, die Ausdrucksfähigkeit einer ursprünglichen, unverfälschten Natur.

Wegen der formalen Dichte ist das *Walthari-Lied* (eigentlicher Titel: »Waltharius Manu Fortis«) höherstehend als der »Ruodlieb«. Es wurde bereits in der ersten Hälfte des 10. Jahrhunderts entweder nach einer Vorlage oder nach mündlicher Überlieferung von dem Sankt Gallener Klosterschüler EKKEHART niedergeschrieben. Gedacht war es als metrische Übung für den Lehrer GERALD. Seine Bedeutung scheint aber erkannt worden zu sein. Um die Mitte des 11. Jahrhunderts wurde es von dem Abt Ekkehart IV. überarbeitet. In dieser Form ist es uns erhalten.

Es ist ein altes deutsches Heldenlied, in mehr als tausend lateinische Hexameter gezwängt. Der Stoff ist nicht so überragend wie der des Hildebrandsliedes. Aber der Dichter versteht es, ihn meisterhaft darzustellen. So beherrscht er in ziemlich hohem Maße das Gesetz der Spannung. Trotz des Umfanges sind größere Längen vermieden. Die Kunst der Individualisierung ist beachtlich; mit ihrer Hilfe verliert die Schilderung der zahlreichen Zweikämpfe ihre Einförmigkeit. Durch geschickt geführte Wechselreden erhält jeder der Helden eine eigene Note, weckt Anteilnahme durch seine Besonderheit. So rundet sich das Ganze in der Hand des Dichters – vielleicht war er eher ein genialer Bearbeiter – zu einer in sich ruhenden, mit sauberen Mitteln durchgeführten Erzählung:

Dem Hunnenkönig Etzel sind die Könige von Franken, Burgund und Aquitanien tributpflichtig. Sie müssen auch Geiseln stellen. Gibicho von Franken sendet den jungen Edlen Hagen, Herrich von Burgund seine Tochter Hiltgund und Alphere von Aquitanien seinen Sohn Walthari an den Hunnenhof. Dort genießen die drei in nächster Umgebung des Königs höchste Gunst. Walthari bringt es bis zum Feldherrn Etzels, Hiltgund wird Schatzmeisterin der Königin. Nach dem Tode Gibichos von Franken flieht Hagen, Waltharis bester Freund, in die Heimat zurück. Da fassen Hiltgund und Walthari, die sich längst versprochen sind, den gleichen Entschluß. Mit List, vielmehr durch Täuschung des vertrauensseligen Etzel gelingt ihr Vorhaben. Nach vielen Fährnissen gelangt das Liebespaar – von Jagd und Fischfang lebend – endlich bei Worms an den Rhein. Dort schenken sie dem Fährmann einen ungewöhnlichen Fisch, der durch Zufall auf die Tafel des jetzigen Frankenkönigs Gunther gelangt. Den Schilderungen des Fährmanns entnimmt Hagen, daß es sich bei den Fremden nur um seinen Freund Walthari mit Hiltgund handeln kann. Sein erster Freudenausbruch wird jedoch sofort gedämpft. König Gunther will nämlich die beiden überfallen und ihnen das Gold abjagen, das sie aus dem Schatz der Hunnenkönigin mit sich führen. Während Hiltgund im Wasgenwald den schlafenden Geliebten bewacht, naht die feindliche Reiterschar. Auch Hagen, der Jugendfreund, ist dabei. Zunächst kommt es zu Verhandlungen. Walthari bietet sogar hundert goldene Armreifen. Hagen rät seinem Herrn, dies Anerbieten anzunehmen. Dieser aber, habgierig und verblendet, lehnt ab und beschimpft Hagen. Da zieht sich dieser erzürnt zurück. Zwischen den anderen kommt es zum Kampf. Elf Mannen Gunthers werden einer nach dem andern von Walthari besiegt, der König selbst gerät in höchste Gefahr. Zuletzt fleht er den abseits stehenden Hagen um Hilfe an. In dessen Herzen beginnt nun ein kurzer Kampf zwischen Freundespflicht und Mannentreue. Die Erniedrigung seines Herrn gibt den Ausschlag. Die Ehre siegt über andere Gefühlswallungen. So überfallen Hagen und Gunther anderen Tags das fliehende Paar aus dem Hinterhalt. Aber der Kampf endet unentschieden. Kampfunfähigkeit und schreckliche Verwundungen auf beiden Seiten. Beim Becher, den Hiltgund ihnen reicht, spotten Hagen und Walthari mit grausam-ironischen Worten der Wunden, die sie einander beibrachten. Zuletzt ziehen beide Parteien ab, Hagen mit dem schwerverletzten Gunther nach Worms, Walthari und Hiltgund nach Aquitanien. Dort herrschen sie noch dreißig Jahre über ein glückliches Volk.

Einen echten Gewissenskonflikt enthält das Werk. Hagen hat zu wählen Zwischen Freund und Herr. Sonderlich aufwühlend ist die Frage allerdings nicht für ihn, sie wird fast ein wenig nebensächlich behandelt. Wichtiger erscheinen Reckenhaftigkeit und Kampf an sich. Trotzige Todesverachtung und ungeschlachtes Heldentum sind die wirklich treibenden Kräfte. Wir Heutigen verwundern uns etwas über die Heimtücke, die immer wieder in Erscheinung tritt, sei es nun in der Selbstverständlichkeit, mit der Walthari und Hiltgund das Vertrauen Etzels mißbrauchen, oder in Gunthers gewaltiger Übermacht, mit der er einfach aus Habgier den Helden überfällt, auch in der Hinterlist, die Hagen und Gunther beim zweiten Überfall anwenden. Gegen den Feind scheint alles erlaubt zu sein (wobei der Begriff Feind sehr willkürlich angewendet wird). Ideale der Ritterlichkeit sind noch nicht bekannt. VICTOR VON SCHEFFEL hat das Verdienst, in seinem Roman »Ekkehard« – der übrigens nichts mit der wirklichen Entstehungsgeschichte des Walthari-Liedes zu tun hat – das Werk weiten Kreisen wieder ins Bewußtsein gerufen zu haben.

Im *Roudlieb,* geschrieben im Kloster Tegernsee, zwischen 1030 und 1050 und nur in einzelnen Bruchstücken vorhanden, sind schon ritterliche Ideale enthalten. Er hat bei weitem nicht jene innere Geschlossenheit wie die Heldengedichte, dafür aber Fülle und epische Breite. Offensichtlich soll das umfassende Lebensbild einer ganzen Epoche gegeben werden. Aus diesem Grunde gilt das Werk mit einem gewissen Recht als der erste deutsche Roman. Es ist der frühe Vorläufer der später so zahlreichen Ritter- und Abenteuergeschichten. Die Fabel ist eigentlich nur eine Art roter Faden für einen Kranz lose aneinandergereihter Erzählungen. Held ist ein fahrender Reitersmann, der allerhand abenteuerliche und interessante Schicksale erlebt. Sein äußerer Werdegang ist es fast allein, was die vielen Szenen, Schilderungen und Episoden überhaupt zusammenhält.

Roudlieb verläßt seine Mutter, um in der Fremde ein besseres Auskommen zu finden. Er kommt zu einem König im Reiche Afrika und erwirbt sich durch Tapferkeit dessen Gunst. Nach einiger Zeit aber will er wieder heimkehren. Der König stellt ihn vor die Wahl, als Lohn für seine Taten Reichtum oder Weisheit zu empfangen. Roudlieb wählt die Weisheit. Der König schenkt ihm zwölf Lebensregeln und – heimlich in Brot eingebacken – noch einen Schatz dazu. Unterwegs nun bestätigen sich die Weisheiten des Königs in einzelnen Abenteuern und Begebenheiten.

Neu und bewundernswert am Roudlieb ist die Kunst der umfassenden Schilderung. Es ersteht ein sehr lebendiges, farbenprächtiges Bild damaligen Lebens (daher die hohe kulturgeschichtliche Bedeutung), sei es nun der Fürstenhof, die Ritterburg, das Bauernhaus, der Dorfanger, große Festlichkeiten des Volkes oder einzelne Typen der Zeit. Eine ganze Welt tut sich da auf; behaglich geschildert bis ins kleinste, ja bis zur Idylle. Die Sprache ist frisch und unbekümmert. Man könnte meinen, die sprudelnde Rede eines Naturkindes wäre ins Lateinische übersetzt worden, aber so, daß Ton und Gehabe nichts von ihrer Unmittelbarkeit verloren haben. Man wundert sich auch gar nicht darüber, daß zahlreiche deutsche Einsprengsel vorhanden sind. So entsteht stellenweise ein eigentümliches, aber liebenswürdiges Kauderwelsch. Bezeichnend ist der berühmte Minnespruch:

Dic illi nunc de me corde fideli
Tantundem *liebes,* veniat quantum modo *loubes*
Et volucrum *wunna* quot sit, tot dic sibi *minua*
Graminis et florum quantum sit dic et decorum.

(Sag ihm nun von mir aus treuem Herzen
So viel Liebes, als jetze Laub hervorsprießt,
So viel es Vogelwonnen gibt so viel Minne sag ihm,
So viel es Gräser und Blumen gibt so viel Ehre sag ihm.)

Mittelhochdeutsche Werke

Auch im Geistigen walten keine anderen Mächte als in der Natur. Ganz plötzlich, wie über Nacht, kommt die schöpferische Kraft zum Durchbruch. Allenthalben beginnt es zu blühen. Erstaunt blickt man sich um und fragt: »Wie ist das gekommen?« Immer sieht das ein wenig nach einem Wunder aus. Und es ist auch eines: Das Geheimnis der Schöpfung selbst.

So war es in Deutschland in der Zeit der Hohenstaufen. Die verschiedensten Elemente taten sich zusammen, eines wirkte fördernd und befruchtend aufs andere: Ein Höhepunkt des Daseins war erreicht. Politisch war das Kaisertum bei seiner höchsten Machtentfaltung angelangt. Der auch im Volke unvergessene Name Friedrich Barbarossa kündet noch heute davon. Trotz vieler Streitigkeiten, vor allem mit dem Papst, war das Reich einig und stark. Ein neuer Stand war herangewachsen, ein lebendiges starkes Gegengewicht gegen die Geistlichkeit: der Ritter. Geformt und gestählt war er im Feuer der Kreuzzüge. Jetzt konnte er frei und ungehemmt seiner Bestimmung leben, seine Ideale erfüllen. Neben den bischöflichen Residenzen wurden nun Fürstenhof und Ritterburg zu Mittelpunkten des gesellschaftlichen und kulturellen Lebens (Beispiel die Wartburg). Und das Volk war glücklich. Zwar geriet der ehemals freie Bauer immer mehr in die Abhängigkeit des Adels; aber zunächst waren die Zustände noch erträglich. Und in den Städten begannen bereits Handel und Gewerbe aufzublühen. Sie bildeten allerdings noch keine kulturträchtige Schicht. Das blieb vorerst dem Rittertum vorbehalten. Für eine kurze Zeitspanne aber war alles ausgewogen. Eine große Weltbejahung, ja Lebensfreude, war das allgemeine Lebensgefühl. Es war eine große Zeit.

Gleich drei hohe Gipfel der Literatur hat sie hervorgebracht: das *Heldenepos,* die *höfische Dichtung,* den *Minnegesang.* Alle drei erleben ihre eigentliche Blüte gleichzeitig in einer Spanne von etwa 50 Jahren (1190–1240). Scheinbar ragt jeder ganz für sich in einsame Höhe. In der Tiefe aber sind sie verbunden, an denselben Strom der Kräfte angeschlossen, der die ganze Zeit prägte.

Eines der größten Werke, das unsere Literatur überhaupt besitzt, das Nibelungenlied, ist damals entstanden. Es fand sich tatsächlich der Dichter, der den wandernden, dahingleitenden Sagenstoff unserer Vorzeit anpackte, sortierte und wesentliche Elemente zu einer Einheit verdichtete. Damit verlieh er ihnen eine bleibende, zeitlose Gestalt. Er ist einer unserer größten Dichter. Sein Name ist unbekannt.

Hier muß ein Wort über die *Spielleute* (spillute) gesagt werden. So wurden jetzt die Nachfolger der früheren Sänger (im Norden *Skalden,* in Frankreich *troubadours*) genannt. Ursprünglich besaß ihr Stand trotz seiner Besitzlosigkeit einen guten Ruf, auch an den Höfen. Im Lauf der Zeit allerdings sanken sie beträchtlich herab. Zuletzt wurden sie einfach zu den vagabundierenden Strolchen gerechnet. Noch der Sachsenspiegel nennt sie zusammen mit Zirkusleuten, Dieben und Hehlern. Vielfach hießen sie einfach »die varnde diet«, das fahrende Volk. Rechtlosigkeit und Armut waren ihre Kennzeichen. Man verachtete sie, aber man brauchte sie; man fieberte nach ihnen, klatschte ihnen begeistert Beifall. War ihr Liedervorrat erschöpft, hatten sie ihren Schatz ausgeschüttet, dann entlohnte man sie spärlich und schickte sie weiter: »varnde diet«, fahrendes Volk! Der ganze Hochmut der Besitzenden liegt in diesem Wort. Kein Wunder, daß diese Männer sich scheuten, ihren richtigen Namen zu nennen. Manchmal verbargen sie sich hinter Decknamen wie Spervogel, Suchenwirt, Irregang. Meist aber blieben sie völlig namenlos. Wichtig war ihnen nur das Werk, ihr Broterwerb. Und doch waren sie es, die einen riesigen Bestand an Geistesgütern bewahrten, verwalteten, vermehrten. Ein eigentümliches Widerspiel: Die Entrechteten, von Gesellschaft und Volk Mißachteten waren gleichzeitig die Hüter seiner wahren Gaben, seiner Seele. Ihnen und den schreibenden Mönchen in den Klosterzellen ist es zu danken, daß der geistig-schöpferische Strom nicht versiegte. Sie waren das lebendige Buch ihrer Zeit.

Die Spielleute sind die Schöpfer vieler Volks- und Heldenepen. Ihr Stoffgebiet war nach wie vor die deutsche Heldensage, die im Vergleich zur Geschichte in rücksichtsloser dichterischer Freiheit gestaltet wurde. Trotz vieler Überschneidungen hat man mehrere Sagenkreise herausgeschält. Die wichtigsten sind der ostgotisch-hunnische Sagenkreis mit Dietrich von Bern (Theoderich) und Etzel (Attila), der fränkisch-burgundische mit Siegfried, Gunther, Hagen, Kriemhild, der friesische mit Gudrun, der langobardische mit Rother. Darüber hinaus verbreiteten die Spielleute auch die Werke der höfischen Dichter und die Minnelieder, im Volk beliebte Schwänke und Tierfabeln, griffen sogar fremden Erzählungsstoff auf, der – meist über den Westen – aus dem Orient kam.

Zahlreich sind ihre Werke und meist auch sehr umfangreich. Außer den »Nibelungen«, und der »Gudrun« ist keines mehr lebendig. Einige aber haben ihre Bedeutung. Das Lied vom König Rother zum Beispiel, der um die Tochter des Königs Konstantin von Konstantinopel wirbt und sie auch nach den unwahrscheinlichsten Abenteuern gewinnt. (Beachtlich darin ist die Figur des Riesen Asprin.) Großer Beliebtheit erfreute sich das Lied vom Herzog Ernst, ferner alle Epen um die Gestalt Dietrichs von Bern, der große Rosengarten also, Laurin, Dietrichs Flucht, Goldemar, Sigenot, Alpharts Tod, die Rabenschlacht, nicht zuletzt auch die Geschichten um Wolfdietrich und Hugdietrich. Gemeinsam ist all diesen Epen eine üppige Fabulierlust. Der Phantasie sind schlechterdings keine Grenzen gesetzt. Man ertrinkt geradezu im Stoff. Ein Wunderland nach dem anderen wird betreten, eine märchenhafte Heldenepisode reiht sich in endlos erscheinender Kette an die andere. Es ist Unterhaltungsware im besten Sinne des Wortes. Wenn man bedenkt, wie wenig künstlerische Nahrung es damals gab und wieviel Zeit man dafür hatte, dann kann man die Begierde verstehen, mit welcher diese weit ausgesponnenen Lieder aufgenommen wurden. Ein Spielmann, der sich »der Marner« nannte, kennzeichnete einmal sein Publikum:

Singe ich den liuten miniu liet
so wil der erste daz
wie Dietrich von Berne schiet
der ander wa künic Ruther saz
der dritte wil der riuzen sturm
so wil der wierde Eckehartes not.

Helden-Epos

Ein Spielmann ist auch der Schöpfer des *Nibelungenliedes.* Wahrscheinlich war er ein Ritter aus dem bayrisch-österreichischen Raum. Mehr weiß man nicht von ihm. Natürlich sind zahlreiche Mutmaßungen über ihn angestellt worden. Keine von ihnen ist stichhaltig. Auch nicht die Annahme, daß es sich um den Minnesänger »Der Kürenberger« handeln könnte. (Dieser ist nämlich der einzige Minnesänger, der in seinen Liedern ganz offen die Nibelungenstrophe anwendet. Im Minnesang aber gab es so etwas wie ein Autorenrecht. Allerdings galt es keineswegs dem Inhalt, sondern nur dem »Ton«, der Strophenform also. Diese sollte womöglich immer eigener Erfindungsgabe entspringen.) Die Strophe des Nibelungenliedes ist vierzeilig, jeweils paarweise gereimt. In der Mitte jeder Zeile ist ein Einschnitt, eine Zäsur. Die ersten drei Zeilen haben je sechs Hebungen (drei vor und drei nach der Zäsur), die vierte hat sieben (in der letzten Hälfte vier). Da nicht die Silben, sondem die Hebungen entscheidend sind, besitzt die Nibelungenstrophe eine große Mannigfaltigkeit.

Auch die genaue Entstehungszeit des Liedes ist nicht bekannt. Man nimmt gemeinhin an: zwischen 1190 und 1225. Überliefert ist es in ziemlich vielen Handschriften, ein Zeichen seiner großen Beliebtheit. Die wichtigsten sind die Handschriften A (München), B (Sankt Gallen) und C (Donaueschingen). Die älteste von Sankt Gallen ist vermutlich auch die echteste. Der Gelehrtenstreit um die Vorlagen und Stoffe, um die Zahl der Verfasser (ähnlich Homer) ist unwichtig. Nur *ein* Dichter, und zwar ein bedeutender, konnte ein Epos schaffen, das eine solche innere und äußere Einheit darstellt.

Das Werk wird von einem einzigen Grundgedanken beherrscht, der Treue. Von diesem Thema nehmen alle anderen Motive ihren Ausgang, zu ihm führen sie zurück. Ihm sind die handelnden Personen unterworfen. Ein jeder unterliegt diesem Gesetz, gehorcht ihm nach seiner Weise, seinen Umständen. Und darin liegt der dramatische Kern. Mit der Verschiedenartigkeit der Charaktere nämlich beginnt ein Widerstreit. Ihm entstammt der ungeheure Zwiespalt, der Zusammenprall, die Ka-

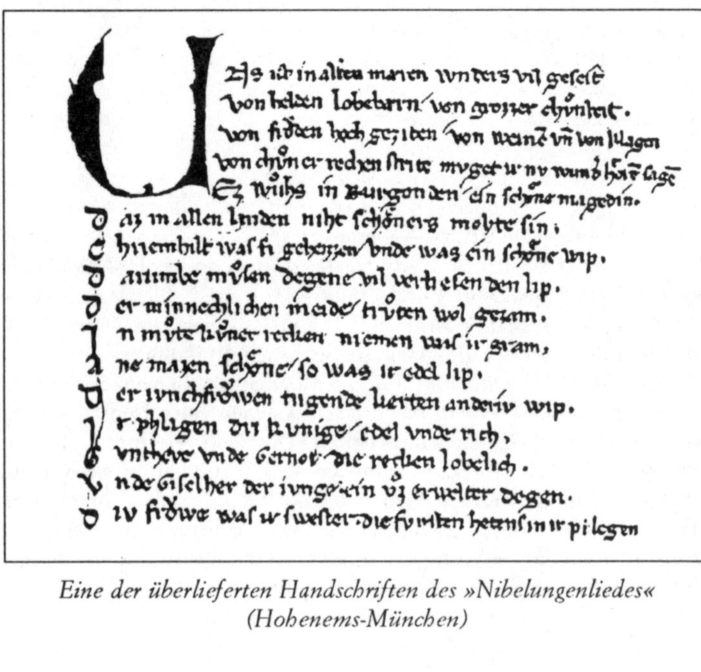
Uns ist in alten maren wnders vil geseit
von helden lobebæren von grozer chvnheit.
von frevden hochgeziten von weinen vn von klagen
von chvner recken strite mvget ir nv wunder horen sagen
Ez wuhs in Burgonden ein schone magedin.
Daz in allen landen niht schoners mohte sin.
Chriemhilt was si geheizen vnde was ein schone wip.
Darumbe mvsen degene vil verliesen den lip.
Der minnechlichen meide triuten wol gezam.
Jn mvten chvner recken niemen was ir gram,
Ane mazen schone so was ir edel lip.
Der iunchfrowen tugende zierten andiu wip.
Ir phlagen dri kunige edel vnde rich,
Gunther vnde Gernot die recken lobelich.
Vnde Giselher der iunge ein vz erwelter degen.
Div frowe was ir swester die fursten hetens in ir pilegen

Eine der überlieferten Handschriften des »Nibelungenliedes«
(Hohenems-München)

tastrophe. Ein jeder handelt aus Treue, gegen sich selbst oder gegen andere, also den Herrn, den Geliebten, den Freund. Weil Treue gegen Treue steht, werden alle in einem letzten Sturm vernichtet. Die Charaktere entwickeln sich nämlich mit der Handlung, steigern sich, wachsen zuletzt über sich selbst hinaus ins Übermenschliche und – ins Unmenschliche. Das Nibelungenlied ist das Hohelied und die Tragödie einer Tugend zugleich. Es zeigt Tugend in ihrer letzten Folgerichtigkeit, führt sie bis zu jenem tragischen Punkt, wo sie das Böse hervorbringt und selbst böse wird. Es offenbart die letzte Zwiespältigkeit alles Lebendigen. Deshalb ist es eine der größten Dichtungen.

»Uns ist in alten maeren wunders vil geseit.« Das ist der Schlichte und doch wuchtig klingende Beginn des Gedichtes. Ähnlich wie im Hildebrandslied also zuerst eine Berufung auf die Überlieferung. Dann wird gleich eine Anzahl Hauptgestalten vorgestellt. Kriemhild, »solch edel Mägdelein, daß in allen Landen nichts Schön'res möchte sein«, ihre drei Brüder, die Könige Gunther, Gernot, Giselher, die Mutter Ute, der Held Hagen von Tronje, der Spielmann Volker von Alzey. Sie alle leben zusammen am Hof zu Worms, damals Hauptstadt von Burgund.

In einem kleinen Bild wird das ganze Schicksal, das nun abrollen wird, symbolisch vorweggenommen. Es ist Kriemhilds Traum von ihrem Falken, den zwei Adler greifen. Ute deutet ihn schnell: »Der Falke, den du ziehest, das ist ein edler Mann, ihn wolle Gott behüten, sonst ist es bald um ihn getan.« Siegfried, der Königssohn der Niederlande, Bezwinger der Nibelungen und Besitzer ihres sagenhaften Schatzes, hat von Kriemhilds Schönheit gehört. Er kommt werbend nach Worms und fordert Gunther zum Kampfe heraus. Der aber ist bereit, »Gut und Blut« mit ihm zu teilen. So bleibt Siegfried am Wormser Hof. Für Gunther besiegt er die Sachsen und Dänen, kehrt als strahlender Held zurück. Dadurch macht er Kriemhild auf sich aufmerksam. Ihre Schönheit hat ihn verwirrt und unstillbare Sehnsucht in ihm geweckt.

Eine neue Heldentat gibt ihm die Möglichkeit, sie ganz für sich zu gewinnen. Auf der fernen, meerumschlungenen Burg Isenstein haust die Königin Brunhild, die Unbesiegbare. Um den Preis ihrer Liebe versuchen die stärksten Recken, sie im Wettkampf zu übertreffen. Keinem gelingt es. Gunther aber begehrt sie zum Weib. Siegfried übernimmt die Führung bei der Fahrt und erklärt sich auch bereit, Gunther bei seinem Unternehmen zu helfen. Aber nur die Tarnkappe, die er den Nibelungen mit dem Hort abnahm, rettet die beiden vor Brünhilds walkürenhafter Stärke. Sie macht Siegfried unsichtbar, und so wirft er den Speer für Gunther, schleudert den gewaltigen Stein weiter als Brunhild und trägt Gunther im Sprung noch über diese Strecke hinaus. Brunhild ist besiegt. Sie muß ihr Land und sich selbst Gunther zu eigen geben. Als Preis für seine Tat erhält Siegfried die geliebte Kriemhild zur Frau. Während er noch einmal ins Land der Nibelungen eilt, wird in Worms zur Doppelhochzeit gerüstet. Beim gemeinsamen Festmahl bricht Brunhild in Tränen aus, als sie an Siegfrieds Seite ihre Schwägerin Kriemhild erblickt. Ist es Eifersucht? Sie erklärt Gunther nur, sie bedaure Kriemhild so sehr, weil man sie zu der Frau eines Untergebenen gemacht habe. Gunther versichert ihr, auch Siegfried sei ein König. Aber »traurig blieb ihr Sinn«. Ihr unbändiger Walkürenstolz zeigt sich noch einmal in der Hochzeitsnacht, wo sie sich Gunther entzieht, ihn besiegt und sogar fesselt. Wieder hilft Siegfried, der sie im Schutz der Tarnkappe überwältigt und an Gunther übergibt. Heimlich aber raubt er ihr dabei Gürtel und Ring, schenkt beides Kriemhild. Er selbst schafft also in strahlender Unbesorgtheit als ein ahnungsloser Tor den äußeren Anlaß zum Verhängnis, eine echt tragische Verkettung.

Zunächst freilich geschieht noch nichts. Siegfried zieht mit Kriemhild in seine Heimat, zeigt sich als Herrscher über die Nibelungen. Eine Einladung zur Sonnwendfeier nach Worms aber bringt den Konflikt, der bereits seit der ersten Täuschung der stolzen Brunhild unheilvoll im Unsichtbaren wartet. Beim Turnier kommt es zum Streit zwischen den beiden Königinnen. Eine jede rühmt ihren Mann als den besseren. Brunhild schmäht Siegfried als den Untertanen Gunthers. In hitziger Wechselrede fordern sich die beiden Frauen heraus, beim Kirchgang zu zeigen, welcher der Vorrang gebühre. Dann verlangt Brunhild an der Kirchtür von der Schwägerin vor aller Augen, zurückzutreten, weil sie eine unfreie Magd sei. Kriemhild wirft der Gegnerin vor, die Buhlerin dieses »Untergebenen« Siegfried gewesen zu sein. Als Beweis dafür zeigt Kriemhild nach dem Kirchgang vor den Leuten Ring und Gürtel, die Siegfried in der Hochzeitsnacht erbeutete. Es gelingt Gunther und Siegfried noch einmal, den Streit zu schlichten.

Aber nur zum Schein. Brunhild ist zutiefst verletzt. Sie klagt Hagen ihr Leid. Der ist sofort bereit, sie zu rächen. »Daß er sich hat gerühmet der lieben Frauen mein, ich will des Todes sterben oder es muß gerochen sein.« Er beschließt, Siegfried zu töten. Mit einiger Mühe überredet er auch den zögernden Gunther dazu. »Der König folgte leider seines Dienstmanns Rat.« Durch eine List erfährt Hagen von Kriemhild die einzige Stelle, an der Siegfried verwundbar ist, seitdem er in dem Blut eines getöteten Drachens badete. Bei der Jagd führt er sein

Vorhaben aus. Während Siegfried an einer Quelle trinkt, trifft ihn Hagens Speer. Der Mannentreue ist Genüge getan. Seinen heldischen Ingrimm übersteigernd legt Hagen den Leichnam Siegfrieds vor der Türe der schlafenden Kriemhild nieder. So findet sie ihn beim Gang in die Frühmette. Ihre Klage und Trauer bilden einen Höhepunkt der ganzen Dichtung. Die Leiche wird im Dom aufgebahrt. Beim Herannahen Hagens beginnen die Wunden zu bluten. Kriemhild beschuldigt ihn öffentlich des Mordes. Beim Begräbnis bittet sie:

»Laß mir ein wenig Liebes nach meinem Leid geschehn,
Daß ich sein Haupt das schöne noch einmal möge sehn.
Sein schönes Haupt erhob sie mit ihrer weißen Hand
Und küßte sie den Toten, den edlen Ritter gut,
Ihre lichten Augen vor Leide weinten sie Blut.«

Noch einen weiteren Frevel begeht Hagen. Er bringt gewaltsam den Nibelungenhort an sich und versenkt ihn an verborgener Stelle im Rhein. Auf diese Weise will er Kriemhild aller Mittel für eine Rache berauben.

Ein unabwendbares Schicksal aber will die Fortsetzung der Tragödie bis zum bitteren Ende. So wie Hagen aus Treue gegen seine Herrin Brünhild handelte, so trachtet nun Kriemhild aus Treue gegen ihren Gemahl nur noch nach Vergeltung. Zunächst aber bietet sich ihr keine Möglichkeit. Endlich nach Jahren kommt Rüdiger von Bechelaren an den Hof, um für den Hunnenkonig Etzel um Kriemhilds Hand anzuhalten. Sie zögert zunächst. Da verspricht ihr Rüdiger unbedingte Treue und Ergebenheit, bekräftigt es sogar noch durch einen feierlichen Eid. Nun entschließt Kriemhild sich rasch. Sie hat die Möglichkeit für eine Rache erkannt. So wird sie die Frau des Hunnenkönigs. Sie bringt einen Sohn zur Welt, Ortlieb. Sieben Jahre ist sie am Hunnenhof. Erst dann hält sie ihre Stunde für gekommen. Sie läßt ihre Verwandten aus Burgund zur Sonnwendfeier einladen. Bei den Beratungen in Worms rät Hagen dringend ab. Er weiß, was ihrer harrt. Aber er erntet nur Spott. Trotz prophetischer Warnungen machen sich alle auf den weiten Weg. Sie ziehen über die Donau, voran der todesmutige Hagen, der nun weiß, daß er seinem Verhängnis entgegeneilt. Schöne Tage verleben sie noch einmal bei Rüdiger von Bechelaren. Giselher erwirbt sogar dessen Tochter zur Braut. Dann ziehen sie weiter zu den Hunnen.

Etzel, ahnungslos und freundlich, empfängt sie sehr herzlich. Dietrich von Bern aber, sein edelster Held, warnt noch einmal: Kriemhild ist von den Rachedämonen besessen. Zunächst kommt es nur zu gegenseitigen Herausforderungen. Kriemhild ist die treibende Kraft. Allerdings steht ihr Hagen in nichts nach. Er tut alles, um sie zu reizen. Offen rühmt er sich, Siegfried erschlagen zu haben. Noch weiß Etzels gutmütiges, versöhnliches Wesen Schlimmes zu verhüten. Im stillen aber steigern sich die Gegensätze bis zur Weißglut. Endlich ist der Höhepunkt erreicht. Hagens Bruder Dankwart wird auf Betreiben Kriemhilds mit seinen Mannen in der Herberge von Etzels Bruder überfallen. Blutüberströmt tritt er mit der Kunde in den Saal, in dem gerade Kriemhild und Etzel mit ihren Gästen versammelt sind. Hagen ruft empört:

»Ich hörte schon lange von Kriemhilden sagen,
Daß sie nicht ungerochen ihr Herzleid wolle tragen.
Nun trinken wir die Minne und zahlen Etzels Wein
Der junge Vogt der Heunen muß hier der allererste sein.«

Mit diesen Worten schlägt er Kriemhilds und Etzels Sohn Ortlieb kurzerhand das Haupt ab, sodaß es der Mutter in den Schoß fällt. Damit ist das Zeichen zu allgemeinem Gemetzel gegeben. Nur Kriemhild, Etzel und Dietrich von Bern erhalten freien Abzug. Alle übrigen Hunnen werden niedergemacht. Die Burgunder werden in dem Saal belagert. Kriemhild setzt einen hohen Preis auf Hagens Kopf. Hagen aber erschlägt alle seine Gegner. Erst gegen Abend beginnen die Burgunder zu verhandeln. Kriemhild nennt die Bedingung: Auslieferung Hagens. Dies wird von ihren Brüdern abgelehnt. Sie halten ihrem tapfersten Mann die Treue. Da läßt Kriemhild den Saal in Brand stecken. Auch das überstehen sie. Sie trinken das Blut der Erschlagenen.

Nun erinnert Kriemhild den edlen Rüdiger von Bechelaren an den Treueid, den er ihr geschworen. Eine besonders tragische Verknüpfung! Denn Rüdiger ist beiden Seiten zur Treue verpflichtet, auch den anderen, denen er das Geleit gab, unter denen sich sein künftiger Schwiegersohn Giselher befindet. Was immer er auch tut, er muß die Treue brechen. Bitter beklagt er sein Schicksal, aber er muß halten, was er Kriemhild versprach. Er stellt sich also zum Kampf. Vorher bittet ihn Hagen um seinen Schild, weil ihm der eigene zerbrach. Rüdigers Antwort enthält den ganzen Adel seiner Gesinnung: »Nimm du ihn hin, Hagen, und trag ihn an der Hand! Ach, dürftest du ihn führen heim in der Burgunden Land!« Dann beginnt der Kampf. Rüdiger fällt von der Hand Gernots. Großes Wehklagen Etzels. Dietrich von Bern, der sich bisher von allem fern hielt, sendet seinen Waffenmeister Hildebrand, um Rüdigers Leichnam zu erbitten. Er wird zurückgewiesen. Wieder kommt es zum Kampf. Es ist das letzte allgemeine Blutbad. Alle bleiben auf der Strecke bis auf Gunther, Hagen und Hildebrand, der sich mit Müh und Not noch retten kann.

Jetzt greift Dietrich von Bern selbst ein. Wie schon früher versucht er friedliche Mittel. Sie scheitern an Hagens Trotz. Dietrich aber schont das Leben seiner Gegner. Es gelingt ihm, sie lebend in seine Gewalt zu bringen. Er übergibt sie Kriemhild. Diese verspricht Hagen die Freiheit, wenn er ihr den Nibelungenschatz herausgebe. Er aber beruft sich auf seinen Eid, den er geschworen habe: Nie werde er den verborgenen Hort jemand zeigen, solange noch einer seiner Herren am Leben sei. Da läßt Kriemhild ihrem Bruder Gunther das Haupt abschlagen und überbringt es Hagen. Er erwidert: »Du hasts nach deinem Willen zu Ende nun gebracht. Es ist auch so ergangen wie ich mir hatte gedacht.« Von dem Schatz aber verrät er nichts. »Den Hort, den weiß nun niemand als Gott und ich allein – der soll dir Teufelsweibe immer wohl verhohlen sein!« Da zieht sie Hagen das Schwert aus der Scheide, das er von Siegfried erbeutete, und schlägt ihm das Haupt ab. Hildebrand aber kann das nicht mit ansehen. In plötzlich aufwallendem Zorn rächt er den Helden Hagen und streckt Kriemhild mit einem Schwertstreich nieder.

»Mit Leid war beendet die königliche Festlichkeit,
wie immer Leid die Freude am letzten Ende verleiht.«

Das Nibelungenlied erfüllt alle Anforderungen echter Kunst. An großen Charakteren vollzieht sich ein gewaltiges Schicksal. Mit geradezu unheimlicher Folgerichtigkeit entfaltet sich das Geschehen aus der Anlage der Helden. Eine Tat löst die andere aus. Die Helden wachsen mit der Handlung, sie legen sozusagen ihr Selbst bloß, sie stehen dazu und schaffen so das Unausbleibliche. Aufbau und Gliederung sind höchst dramatisch. Von Anfang an steigert sich das Geschehen bis zum Höhepunkt, der die Katastrophe auslöst. FRIEDRICH HEBBEL, der es ja wissen mußte, sagt darüber: »Der gewaltige Schöpfer unseres Nationalepos ist in der Konzeption Dramatiker vom Wirbel bis zur Zehe.« Über die Bedeutung des Werkes können wir uns ruhig an die Worte halten, die GOETHE gesprochen hat: »Das Lied der Nibelungen kann sich, dem Stoff und Gehalte nach, neben alles hinstellen, was wir poetisch Vorzügliches besitzen.« Ferner: »Die Kenntnis des Nibelungenliedes gehört zu einer Bildungsstufe der Nation. Jedermann sollte es lesen, damit er nach dem Maße seines Vermögens die Wirkung davon empfange.«

Die Gudrun

Das zweite große Helden- und Volksepos aus der mittelhochdeutschen Zeit ist das *Gudrun-Lied*. Wir besitzen es nur in einer Handschrift. Sie gehört zu einer Sammlung altdeutscher Dichtung, die für den Kunstliebhaber Kaiser Maximilian hergestellt wurde (Ambraser Handschrift, niedergeschrieben zu Beginn des 16. Jahrhunderts). Entstanden ist das Lied vermutlich um 1210. Es stammt ebenfalls von einem bayrisch-österreichischen Verfasser. Stofflich gehört es aber zu dem friesischen Sagenkreis um die Nordsee.

Die große Form des Nibelungenliedes ist in der Gudrun nicht erreicht. Zwar finden sich auch in den Nibelungen Abschweifungen, die wir heute als Längen empfinden. Sie haben aber immer ihre Bedeutung, enthalten irgendwelche Motive für den Fortgang der Handlung, sind wichtig als Ruhepole oder Gegensätze. Anders bei der Gudrun. Der doppelten Vorgeschichte, die lediglich das äußere Schicksal der Großeltern und Eltern erzählt, fehlen die zwingenden Gründe. Und die Erzählung von Gudrun selbst enthält eine ganze Menge unnötiger Längen, rein äußerlicher Begebenheiten, die nichts mit der Entwicklung der Heldin zu tun haben. Dem Dichter der Gudrun fehlt jede Sparsamkeit, die an entscheidenden Stellen nicht verbreitert, sondern erhöht jene künstlerische Selbstzucht und Fähigkeit, zu verdichten, die den Meister der Nibelungen auszeichnet. Trotzdem ist die Gudrun ein bedeutendes Werk. Es zeigt besondere Charaktere, an denen sich vollzieht, was ihnen gemäß ist. Ein einheitlicher Gedanke zieht sich durch das Werk. Die Handlung ist packend, sie entwickelt sich in folgerichtiger Notwendigkeit. Wesentliche Grundgesetze der Erzählungskunst sind also gewahrt. Wiederum ist die Treue das beherrschende Thema. Nicht als Tat und Untat wie im Nibelungenlied, sondern als unerschütterliche Beharrlichkeit. Auf den zahlreichen Demütigungen, denen die Heldin unterworfen wird, hat man auf eine betont christliche Färbung geschlossen. Dabei wird aber vergessen, daß es sich doch um eine wesensmäßige Seite dieser Tugend handelt. Jede Tugend hat ja zumindest deren zwei. Und die Treue Gudruns ist genauso echt und so groß wie die Treue Kriemhilds. Magddienste und Demütigungen sind dort nur notwendige Schicksalsschläge, denen die Heldin unterworfen werden muß, sie sind die unerläßliche Feuerprobe, die es zu bestehen gilt. Rache, das ist die eine Seite, Ausharren bis zum Letzten, heroische Unnachgiebigkeit, das ist die andere. Tat und Geduld, beide im Unglück erprobt, ergeben erst das ganze erregende Antlitz dieser Tugend. So stehen wir vor dem selt-

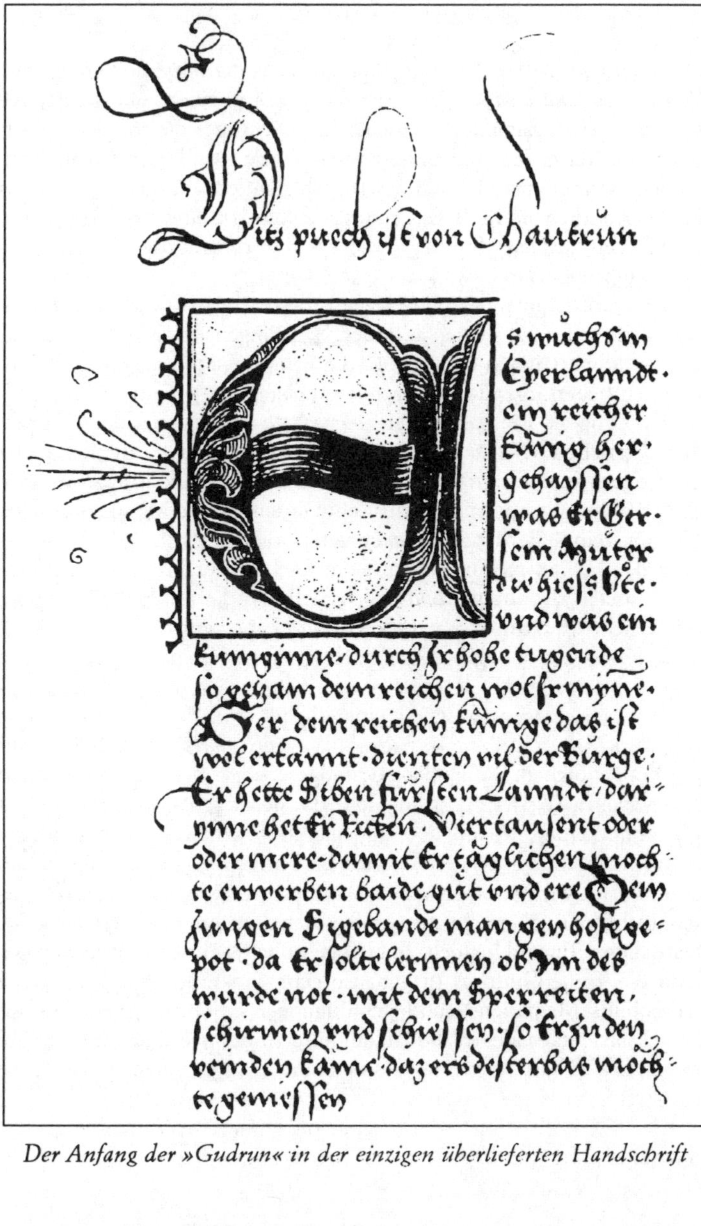

Ditz puech ist von Chautrun

Es wuchs in
Eyerlanndt·
ein reicher
kunig her·
gehayssen
was Er Ger·
sein Muter
ew hiess Ute·
vnd was ein
kungine· durch Jr hohe tugende
so gezam dem reichen wol Jr myne·
Der dem reichen kunige das ist
wol erkannt· dienten vil der burge·
Er hette Siben fürsten Lanndt dar·
ynne het Er Vesten· Viertausent oder
oder mere· damit Er täglichen moch·
te erwerben baide gut vnd ere Dem
jungen Sigebande man gen hofe ge·
pot· da Er solte lernnen ob Jm des
wurde not· mit dem Sper reiten·
schirmen vnd schiessen· so Er zu den
veinden kame· daz ers desterbas möcht·
te geniessen

Der Anfang der »Gudrun« in der einzigen überlieferten Handschrift

samen Bild, daß Nibelungen und Gudrun eigentlich erst zusammen das Thema in seiner ganzen Größe erschöpfen.

Das Lied beginnt mit einer doppelten Vorgeschichte. Hagen, der irische Königssohn, wird als Kind von einem Greif entführt, ein Schicksal, das er mit drei Königstöchtern teilt. Doch er befreit sich und die Mädchen. Hilde, die schönste von ihnen, heiratet er. Die Tochter der beiden, ebenfalls Hilde, wird durch Hettel von Dänemark entführt. Es gibt mancherlei Kämpfe, bei denen sich insbesondere die Helden Horant und Wate hervortun. Zuletzt aber kommt es zur Versöhnung, weil Hilde freiwillig bei Hettel bleiben will. Ihre Tochter ist Gudrun. Diese verlobt sich (auch erst nach Kämpfen) mit Herwig von Seeland. Ein anderer Freier jedoch, Siegfried von Moorland, überzieht ihr Heimatland mit Krieg. Währenddessen wird Gudrun von einem dritten, Hartmut von der Normandie, geraubt und entführt. Bei der Verfolgung kommt es zu einer großen Schlacht auf dem Wülpensand. Gudruns Vater unterliegt und fällt im Kampf. So bleibt das Mädchen in der Macht der Normannen. Herwig aber, ihr Verlobter, und der alte treue Held Wate müssen erst das Heranwachsen eines neuen Geschlechtes abwarten, ehe sie an eine Befreiung denken können.

Dies ist Gudruns schwerste Zeit. Weder Versprechungen noch Demütigungen können sie veranlassen, ihren Entführer zu heiraten. Hartmut selbst verhält sich anständig. Die treibenden Kräfte sind sein Vater und vor allem seine Mutter Gerlint. Sie versucht, die widerspenstige Gudrun durch niedrigste Dienste und Peinigungen nachgiebig zu machen. Gudrun bleibt fest. Sie reizt sogar ihre Widersacherin durch herausfordernden Stolz zu immer neuen Machenschaften. Zuletzt muß sie täglich bei jeder Witterung die Kleider des normannischen Gesindes im Meer waschen. Erst nach dreizehn Jahren erscheinen Herwig und Wate mit einer großen Flotte vor der normannischen Küste. Sie finden Gudrun durchnäßt und halb erfroren am Strand bei ihrem täglichen Dienst. Schon anderntags kommt es zu wechselvollen Kämpfen, in denen die Normannen aber schließlich unterliegen. Auch die böse Gerlint wird von ihrem Schicksal ereilt. Der ungestüme Wate selbst schlägt ihr den Kopf ab. Sonst aber schließt das Gedicht versöhnlich. Die treuen Liebenden sind am Schluß vereint. Sogar Hartmut wird auf Gudruns hochherzige Bitte hin verschont. Er kommt als Gefangener mit nach Dänemark. Dort wird er später sogar mit Gudruns Leidensgenossin Hiltburg vermählt.

Höfische Dichtung

Wie einen Pendelschlag kann man im Werden der deutschen Literatur einen Vorgang beobachten, der fast schon etwas wie ein verborgenes Gesetz zu sein scheint: Bald herrscht Selbstbesinnung bis zur Verschlossenheit, bald Weltoffenheit bis zur Überfremdung. Bisweilen aber bietet sich das Schauspiel, daß beide Kräfte sich gleichzeitig entfalten. So war es zur Zeit der *höfischen Dichtung*. Neben Nibelungen und Gudrun stehen Tristan, Parzival und Minnelied. Die einen sind endgültige Gestaltwerdung alter Überlieferungen, zeugen fast noch von heidnischer Gesinnung, die anderen sind höchster Ausdruck eines christlich-weltlichen Lebensgefühls.

In der Gestalt des deutschen Ritters sind die beiden Ströme der heidnisch-germanischen Überlieferung und des Christentum eigentlich zum erstenmal eine harmonische, in mancher Beziehung sogar vollkommene Verbindung eingegangen. Der Dualismus ist zwar nicht aufgehoben; aber er wird fruchtbar. Die Alleinherrschaft der geistlichen Kultur ist gebrochen. Der Geist bleibt christlich, wird aber verweltlicht. Ein neues Menschenideal ist erstanden.

Es sind vor allem zwei Dinge, denen ein Ritter nachstrebt: die »maze« und die »minne«. Maze, das bedeutet höchste Selbstzucht. Sie verlangt Ehrenhaftigkeit, Scham, Achtung vor dem Gegner. Deshalb übt sich der Ritter nicht nur im Gebrauch der Waffen, sondern ebenso in der Beherrschung der Form, und zwar jeder Art von Form, auch der gesellschaftlichen, im guten Ton also. Jedes Übermaß, alle Übertreibung, jede Heftigkeit sind verpönt. Auch von solchen Befleckungen gilt es von nun an den Schild rein zu halten. Dazu verhilft am besten die Schule der minne. Sie ist Frauendienst im höchsten Sinne des Wortes. Heldentum an sich ist kein Wert mehr. Die Tat hat nicht mehr ihren Sinn in sich selber. Sie dient der Verherrlichung einer Frau. Nicht nur Herr ist der Ritter, sondern gleichzeitig auch Dienender. Die Zeit der Giganten ist zu Ende. Der Held ist eingefügt in die Gesetze eines Gemeinschaftsideals.

Die Kreuzzüge waren die hohe Schule des deutschen Ritters. Ihr Einfluß auf die Literatur ist unverkennbar. Auf ihren weiten Fahrten kamen die Ritter mit viel fremden Völkern und Welten in Berührung. Ihr Leben war bunt, mannigfaltig, farbenreich. Es ist selbstverständlich, daß sie von draußen viel Gedankengut mit nach Hause brachten, vor allem morgenländisches, auch französisches, spanisches, afrikanisches. Fast von selbst ergaben sich Stoffe und Schauplatze für die höfische Dichtung: unendlich viele Abenteuer in der Fremde. Alle Fährnisse in Ehren zu bewältigen, das war die Aufgabe des echten Ritters. Die bestandenen Prüfungen legte man der Dame seines Herzens wie einen Perlenkranz in Verehrung zu Füßen. Den Hang zum Fremden soll man nicht unnötig anklagen. Er kommt aus einer natürlichen Phantasie. Die ritterliche Zeit ist gewissermaßen die erste romantische Epoche unserer Literatur. Reichlich märchenhaft sind ja auch viele Bestandteile ihrer Dichtungen. Es wimmelt nur so von Riesen, Zwergen, Feen, Zauberern, verwunschenen Schlössern, Zaubergärten.

Angeregt und beeinflußt ist die höfische Dichtung vor allem von Frankreich. Kein Wunder, wenn man bedenkt, daß gerade dort das Rittertum zuerst zur Blüte gelangte. Die »Chansons de geste«, die französischen Heldenlieder, wurden zunächst zum literarischen Vorbild. Schon um 1130 hat der Pfaffe Konrad das französische *Rolands-Lied* umgedichtet (»Roulantes liet«, 9000 Verse). Der Pfaffe Lamprecht verdeutschte in der zweiten Hälfte des 12. Jahrhunderts das *Alexander-Lied* nach einer Vorlage des AUBRY VON BESANCON. Beachtlich darin ist nur, daß Alexander und seine Leute als deutsche Ritter dargestellt sind. HERBERT VON FRITZLAR bearbeitete den Trojanischen Krieg ebenfalls nach französischem Vorbild.

Sozusagen der Vater der deutschen höfischen Dichtung ist HEINRICH VON VELDEKE. Sein Hauptwerk ist die *Eneit,* das Lied von Äneas. Wichtig ist aber Veldeke nur wegen seiner außergewöhnlichen Wirkung auf die übrigen Dichter seiner Zeit. Er schuf nämlich die sprachlichen Regeln, die von nun an Geltung hatten. Vor allem sorgte er für die Reinheit des Reims, erhob sie zu einem Gesetz, das nicht mehr zu umgehen war. Er ist der »wise man, der rehter rime alrerst began«.

HARTMANN VON AUE galt zu seiner Zeit als der berühmteste unter den höfischen Dichtern. Tatsächlich huldigten ihm auch alle anderen, sogar der selbstbewußte GOTTFRIED VON STRASSBURG. Vielleicht deshalb, weil er gerade als Dichter die »maze« besaß, die im Künstlerischen vollkommene Beherrschung der Formen bedeutete. Er lebte etwa 1170 bis 1215. HARTMANN hat die *Artus-Romane* in Deutschland eingeführt. Fast kann man sagen, daß die Artussage von da an eine ganze Epoche lang die deutsche Literatur beherrschte. Und noch lange Zeit darüber hinaus war sie in den literarischen Gebilden zweiten Ranges mitbestimmend. König Artus und seine sagenhafte Tafelrunde waren nicht mehr und nicht weniger als der Inbegriff des ritterlichen Ideals: edles Heldentum und Minnedienst. Es war schlechterdings die Märchenwelt des Rittertums. Zwei Artusromane hat HARTMANN VON AUE geschaffen, den »Erek«

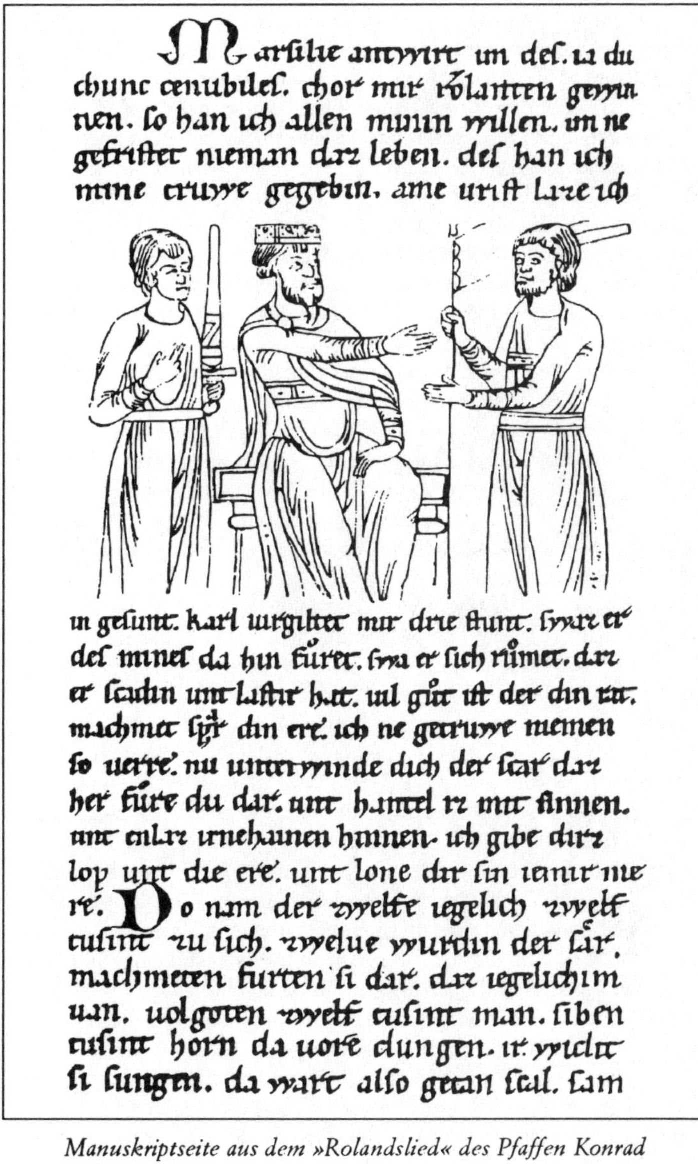

Marsilie antwirt im des. la du
chunc cenubiles. chom mir Rolanten gewin
nen. so han ich allen minen willen. im ne
gefristet nieman daz leben. des han ich
mine triuwe gegebin. ane urist laze ich
in gesunt. karl urgiltet mir drie stunt. swaz er
des mines da hin füret. swa er sich rûmet. daz
er scadin unt laster hat. wil gût ist der din rat.
machmet sizt din ere. ich ne getruwe meinen
so uerre. nu underwinde dich der scar daz
her füre du dar. unt handel iz mit sinnen.
unt enlaz inehainen hinnen. ich gibe dir
lop unt die ere. unt lone dir sin iemir me
re. Do nam der zwelfe iegelich zwelf
tusint zu sich. zwelue wurdin der scar.
machmeten furten si dar. daz iegelichim
uan. uolgoten zwelf tusint man. siben
tusint horn da uore clungen. iz wielti
si sungen. da wart also getan scal. sam

Manuskriptseite aus dem »Rolandslied« des Pfaffen Konrad

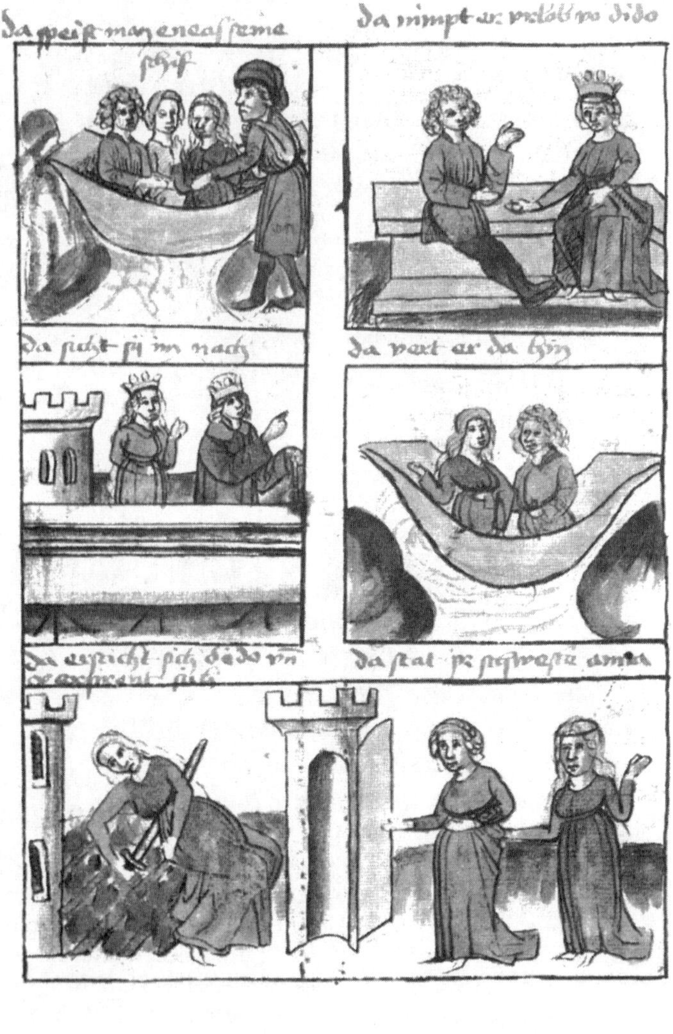

»Eneide«, höfisches Epos von Heinrich von Veldeke
Bilderfolge aus einer um 1474 in Schwaben entstandenen Hanschrift

Heinrich von Veldeke, Miniatur aus der Weingartner Liederhandschrift

und den »Iwein«, beide nach Vorlagen des französischen Dichters Chrestien de Troyes. (Dieser ist als der ursprüngliche Verfasser der Artusromane so etwas wie der literarische Abgott seiner Zeit.) In jedem dieser beiden Romane gestaltet Hartmann eine wesentliche Seite des Rittertums. Jedesmal erleidet der Held eine schwere innere Gefährdung durch Übertreibung. Erek gibt sich zu viel mit der Minne ab, zuletzt droht er zu »verligen« (ein beliebtes Wort jener Zeit). Über dem Dienst an den Frauen nämlich vergißt er seine Aufgabe als Held. Iwein hingegen huldigt zu sehr den Abenteuern. Umso mehr vernachlässigt er die

Minne. Beiden fehlt es an der nötigen Ausgeglichenheit, an der inneren Ordnung. »Gregorius auf dem Stein« hat einen gewaltigen, fast schon unnatürlichen Stoff zum Vorwurf. Einer Geschwisterliebe entsprossen, heiratet der Held später unwissend die eigene Mutter. Dann büßt er lange angeschmiedet auf einem Stein und gelangt in den Ruf der Heiligkeit. Schließlich wird er Papst. Es geht um das Problem des schuldlos Schuldigen. Unwillkürlich denkt man an die griechischen Tragiker. HARTMANN war dem ungeheuerlichen Vorwurf nicht so recht gewachsen (vergl. THOMAS MANN). Seine beste Leistung ist »Der arme Heinrich«. Der Ritter Heinrich von Aue ist vom Aussatz befallen. Ein Arzt in Salerno eröffnet ihm eine Heilungsmöglichkeit: Eine Jungfrau muß freiwillig ihr Herzblut für ihn opfern. Die Tochter seines Pächters, ein halb-

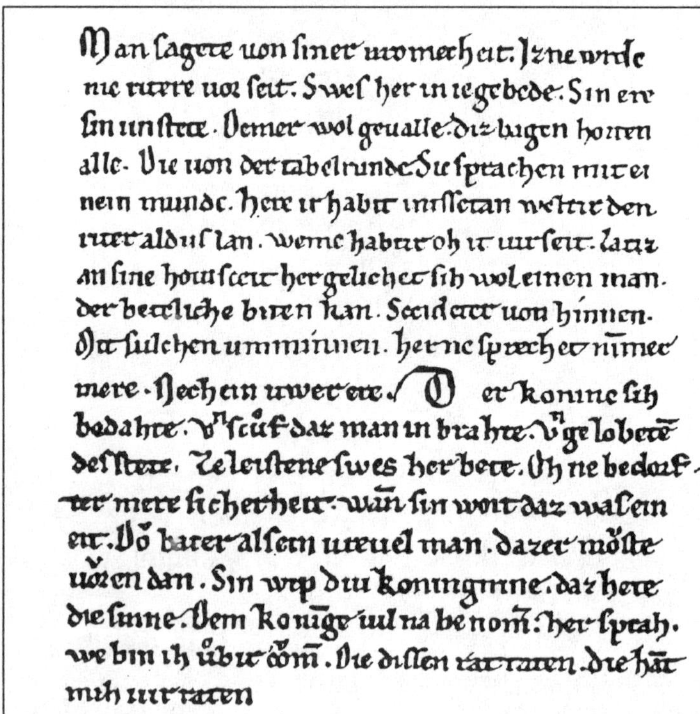

Handschrift des Artusromans »Iwein, der Ritter mit dem Löwen« von Hartmann von Aue

wüchsiges Mädchen, ist bereit, ihr Leben für ihn zu lassen. Zusammen fahren sie nach Salerno. Schon liegt das Mädchen auf dem Opfertisch. Im letzten Augenblick lehnt Heinrich ihr Anerbieten ab, obwohl sie

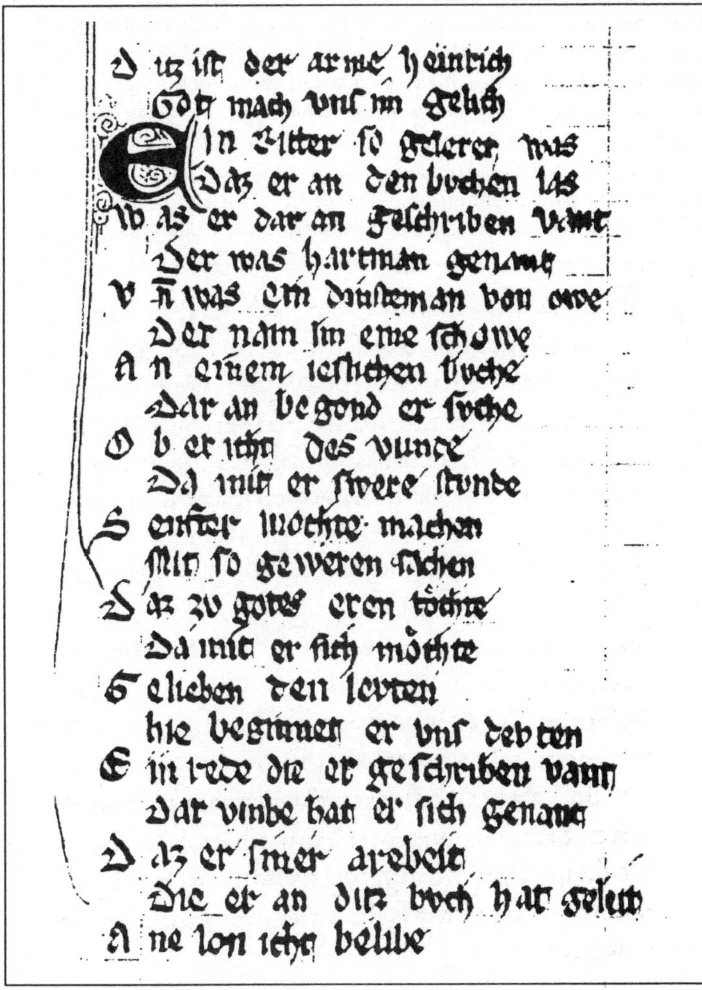
D iz ist der arme heinrich
Got mach uns im gelich
Ein Ritter so gelerer was
Daz er an den buchen las
Was er dar an geschriben vant
Der was hartman genant
Vn̄ was ein dinstman von owe
Der nam im eine schowe
An einem ieslichen buche
Dar an begond er suche
Ob er ichts des vunde
Da mit er swere stunde
Senfter mochte machen
Mit so gewerten sachen
Daz zv gotes eren töchte
Da mit er sich möchte
Geliben den leuten
hie beginnet er uns deuten
Ein rede die er geschriben vant
Dar umbe hat er sich genant
Daz er siner arbeit
Die er an ditz buch hat geleit
Ane lon icht belibe

Anfang des Verslegende »Der arme Heinrich« von Hartmann von Aue

fast sehnsüchtig ihren Tod verlangt. Er aber ist plötzlich bereit, sich in sein Schicksal zu fügen. Auf der Rückreise wird er durch ein Wunder geheilt. Nun heiratet er das Mädchen, das ihm das letzte Opfer bringen wollte. Das ist ein bedeutender Stoff. Er ist auch mit großer Kraft gestaltet. Vor allem fehlt es an den üblichen Abschweifungen. Bisweilen denkt man an eine Novelle. Die Darstellung ist lebensnah und fesselnd. Das geschilderte Schicksal vermag den Leser ehrlich zu ergreifen. Selbst das Wunder stört nicht allzu sehr. Es ist nämlich gar nicht so entscheidend; maßgebend ist die innere Wandlung des Helden. Die Heilung ist nur noch eine angenehme Folge der Entwicklung. Dieses Werk hat noch lange fortgewirkt. (GERHART HAUPTMANN.)

Die Lebensdaten GOTTFRIEDS VON STRASSBURG sind unbekannt. Vielleicht war er bürgerlicher Herkunft. Sein einziges großes Werk, die Geschichte von »Tristan und Isolde«, entstand vermutlich im ersten Jahrzehnt des 12. Jahrhunderts. Es ist sehr umfangreich. Über 19 500 Verse waren geschrieben, bis der Tod Einhalt gebot. So blieb es unvollendet. Zwei besondere Merkmale sind mit Gottfrieds Namen verknüpft. Er brachte die Sprachkunst zu formaler Vollkommenheit und schuf dem Motiv der Liebe als einer verzehrenden Leidenschaft endgültig Platz in der deutschen Literatur. Seine Vorbilder waren – außer den Franzosen natürlich – HEINRICH VON VELDEKE und HARTMANN VON AUE. Er selber freilich besaß das höchste Formgefühl. Noch immer haftete unserer Sprache der Geruch des Schwerfälligen, Ungeschlachten und Holprigen an. Er verlieh ihr Geschmeidigkeit, Leichtigkeit, Erlesenheit. Sein Griffel war wie ein Zauberstab: Mühelos flossen nun die Verse, eben und glatt. Wie ein Virtuose beherrschte er sein Instrument: die Sprache. Manchmal ging das bis zur Manier.

Minne ist die Urkraft, der seine Helden untertan sind. Sie bestimmt Schicksal und Verhalten, ist das Gesetz der »edelen herzen«, ob sie nun Freude bringt oder Leid. »Swem nie von liebe leit geschah, dem geschah auch liep von liebe nie.« (Wem niemals Leid von Liebe kam, dem kam auch Lust von Liebe nie.) Sie wird geradezu zur Quelle alles Lebendigen:

»Lieb ist ein also soelec dinc
ein also soeleclich ger inc
daz niemen ane ir lere
noch tugende hat noch ere.«

Gottfrieds Vorlage für das Epos *Tristan und Isolde* war ein französischer Tristanroman des THOMAS VON BRETAGNE. Es ist die Geschichte entfesselter Leidenschaft. Der Natur der Dinge nach also ganz von selbst auch ihre Tragödie. Liebe bringt höchste Lebenswonnen und gleichzeitig tiefstes Leid. Keiner entrinnt diesem Gesetz. »Liep ane leit mac niht gesin«, Lust kann nicht ohne Leid sein. So lautet gewissermaßen das Thema des Gedichtes.

Die Vorgeschichte beginnt tränenrührend. Riwalin von Parmenien und Blancheflur, die Schwester des Königs Marke von Kurnewal, sind sich in heftiger Liebe zugetan, obwohl der Mann todwund darniederliegt. Nach einiger Zeit findet er, eben erst genesen, den Tod in der Schlacht. Blancheflur bringt einen Sohn zur Welt, stirbt aber bei seiner Geburt. Der Sohn heißt Tristan. Zunächst genießt der Junge am Hofe des treuen Marschalls Rual die denkbar sorgfältigste Erziehung. Mit vierzehn Jahren wird er von Seefahrern entführt und schließlich nach Kurnewal verschlagen an den Hof seines Onkels Marke. Unerkannt wächst er dort zum vollendeten Ritter heran. Erst das Eintreffen Ruals bringt Aufklärung. Als Neffe wird er nun zum künftigen Nachfolger Markes bestimmt. Im Kampf besiegt er dessen Gegner Morolt von Irland, empfängt aber durch einen vergifteten Pfeil eine unheilbare Wunde. Niemand als Morolts Schwester Isolde, die Königin von Irland, kann ihn heilen. Als Pilger verkleidet zieht Tristan an den irischen Hof, trifft dort auch Isoldes Tochter, die junge Isolde. Er wird geheilt und kehrt wieder zurück. Inzwischen aber ist Marke durch seine Vasallen, die Tristan das Erbe mißgönnen, anderen Sinnes geworden. Er will heiraten. Tristan wird zum Brautwerber bestimmt und soll ausgerechnet nach Irland. Er unternimmt das Wagnis und tötet nach seiner Ankunft einen bösartigen Drachen, der das Land verwüstet. Nach einigen weiteren gefährlichen Abenteuern gelingt es ihm, trotz der Blutrache die Gunst des königlichen Hofes zu gewinnen. Mit der jungen Isolde als Braut Markes kehrt er an den Hof seines Onkels zurück.

Isoldes Mutter hat der treuen Begleiterin Brangäne einen Liebestrank mitgegeben, der für Marke und Isolde bestimmt ist. Unterwegs aber kosten Tristan und Isolde durch ein Versehen von dem Trank und sind sich von nun an in Liebe verfallen. (Der Liebestrank ist ein Symbol der unaufhaltsam ausbrechenden Leidenschaft, lediglich die äußere Motivierung eines inneren Vorgangs. Für den Gang der Handlung hat er bei weitem nicht die Bedeutung, die ihm häufig beigemessen wird. Er soll die Gewalt der allumfassenden Lebensmacht verdeutlichen, in die beide Helden ohne ihr eigenes Zutun verstrickt sind.) Anfangs versuchen sie noch sich zu wehren. In Tristan kämpft das Gefühl der Ehre und Treue, in Isolde die Scham. Die Allmacht der Liebe ist stärker.

Es folgt eine Kette von Einzelgeschehnissen, die sich um das Dreigestirn Marke, Tristan und Isolde ranken. Schon in der Hochzeitsnacht wird Marke betrogen. Brangäne, die sich für die Täuschung hergibt, entgeht nur mit Glück einem Mordanschlag. Die Liebe schafft Verbrechen und Leid. Bald mißtraut Marke den beiden, bald wird er ein Opfer ihrer List. Selbst bei einem Gottesurteil weiß Isolde sich durch ein Täuschungsmanöver zu helfen. Außerdem hält sie Gott für einen ritterlichen Mann. So weit war damals die Macht der Kirche zurückgedrängt, daß Gottfried schreiben konnte:

»Amen! sprach diu schoene Isot
In gotes na namen grif siz an
Und troug ez, daz si niht verbran
Da wart wol geoffenbaeret
Und al der werlt bewaeret
Daz der vil tugenthafte Krist
Wintschaffen als ein Ermel ist.«

Schließlich aber muß das Paar doch den Hof verlassen. Sie finden Zuflucht in einer Grotte mitten in der Waldeinsamkeit. In der Darstellung ihres Liebesglückes inmitten der Natur offenbart sich Gottfried als echter Dichter. Es ist eine vollendete romantisch-lyrische Idylle.

Einmal beobachtet Marke die Liebenden im Schlaf. Er sieht ein Schwert zwischen ihnen liegen. Noch einmal dürfen sie zurückkehren. Bald aber sind die Beweise des Betrugs so eindeutig, daß die Stunde der endgültigen Trennung schlägt. Tristan muß Isolde verlassen. Am Hofe des Herzogs von Arundel verzehrt er sich vor Sehnsucht und Kummer. Dort lernt er aber auch eine andere Isolde kennen, die Weißhändige. Die Liebe zu ihr fließt zusammen mit der Erinnerung an die andere. Tristan ist im Zwiespalt. Er geht mit sich zu Rate, ob er die Weißhändige heiraten soll, um die erste zu vergessen.

An dieser Stelle bricht das Gedicht ab. Zwei Bearbeiter versuchten es zu vollenden: Ulrich von Türheim und Heinrich von Freiberg. Nach ihrer Darstellung heiratet Tristan die zweite Isolde, geht aber wieder an Markes Hof, beginnt dort das alte Liebesspiel von neuem, kehrt jedoch schließlich endgültig zu seiner Frau zurück. In einem Kampf wird er nach einiger Zeit von einem vergifteten Speer getroffen. Nur seine erste Geliebte kann ihn heilen. Er sendet Botschaft an sie. Während sie naht, stirbt er. Da bricht auch ihr das Herz. Auf ihren Gräbern wachsen ein Rosenstrauch und eine Weinrebe, fest ineinander verschlungen.

Auch über das Leben Wolframs von Eschenbach ist man zumeist nur auf Vermutungen angewiesen. Um 1170 ist er auf dem Gut Eschen-

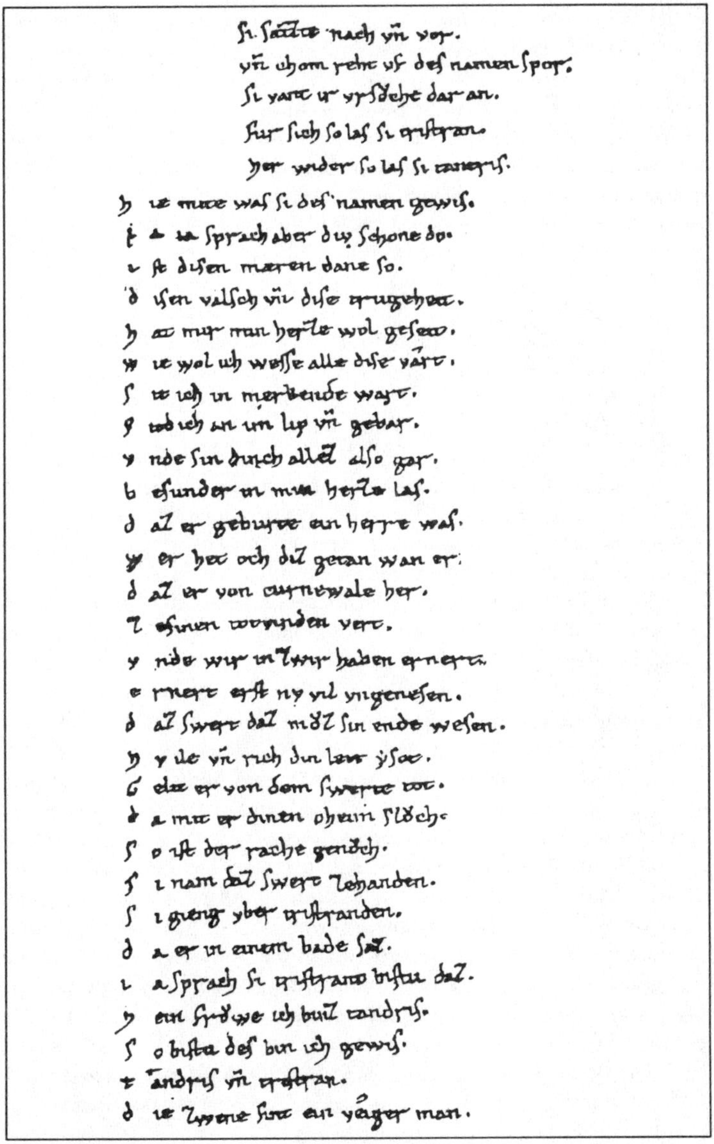

si. sahte nach vn vor.
vn chom rehte uf des namen spor.
si vant in vrsdehte dar an.
fur sich so las si tristran.
her wider so las si tantris.
D ie mite was si des namen gewis.
J a sprach aber du schone do.
e st disen mæren dane so.
d isen valsch vn dise trugeheit.
h at mir min herze wol geseit.
w ie wol ich weste alle dise vart.
s it ich in merkende wart.
s it ich an im lip vn gebar.
v nde sin dinch allez also gar.
b esunder in min herze las.
d az er geburte ein herre was.
w er het och diz getan wan er.
d az er von curnewale her.
z e sinen vienden vert.
v nde wir in lange haben ernert.
e rnert erst ny vil ungenesen.
d az swert daz muoz sin ende wesen.
h yle vn rich din leit ysot.
b elibe er von dem swerte tot.
d a mite er dinen oheim sloch.
s o ist der rache genuoch.
s i nam daz swert zehanden.
s i gieng yber tristranden.
d a er in einem bade saz.
i a sprach si tristrant bistu daz.
n ein frowe ich bin tandris.
s o bistu des bin ich gewis.
t andris vn tristran.
d ie zwene sint ein yeger man.

Ausschnitt aus der Handschrift »Tristan und Isolde« von Gottfried von Straßburg

bach in der Nähe von Ansbach geboren. Er war ein Ritter, wahrscheinlich im Dienste des Grafen von Wertheim. Zeit seines Lebens war er arm. Mehrere Male weilte er auf der Wartburg als Gast seines Gönners Hermann von Thüringen. Vielleicht ist dort der »Parzival« entstanden. Er dürfte zwischen 1220 und 1225 in seiner Heimat gestorben sein. Wolfram ist der große Widerpart Gottfrieds. Nicht umsonst hat dieser den Dichter des »Parzival« satirisch angegangen. In der Tat: Wo Gottfried zart und gefällig, da ist Wolfram rauh und umständlich, wo der eine deutlich und klar, überlegen und kühl, da ist der andere verworren und dunkel, gefühlvoll und heftig. Sie sind urtümliche Gegensätze. Wolframs Sprache ist tatsächlich schwierig, stellenweise sogar geschraubt und unverständlich. Dafür ist er tiefer als Gottfried. So treffend dieser auch seine Charaktere zeichnet und seelische Zustände schildert, eigentlich bleibt er an der Oberfläche. Bei ihm sind es immer äußere Verwicklungen, die den Gang der Handlung vorantreiben. Anders Wolfram; ihm geht es vor allen Dingen um den inneren Werdegang seines Helden. Dieser ist ein suchender, irrender, strebender Mensch, der sich mühsam im Dunkel seines Herzens vorantastet, gewissermaßen ein Vorläufer von Faust. Wolframs Werk ist ein Entwicklungsroman, der erste in deutscher Sprache.

Allerdings ist Wolfram der gegenteiligen Gefahr auch nicht entgangen. Zu sehr läßt er sich von den grüblerischen und eigenwilligen Gedanken bedrängen. Ihre Überfülle ist Belastung. Bisweilen verliert er sich geradezu in mystisch-religiöse Gedankengänge, um nicht zu sagen in geheimnisvoll-magische Irrgärten, in die niemand mehr zu folgen vermag. Die ganze höfische Dichtung leidet ja ohnehin an Weitschweifigkeit. Die eigentliche Handlung ist immer verschnörkelt und umschlungen von überflüssigem Rankenwerk. Meist sind es zahllose Abenteurerepisoden, die mit dem Ganzen recht wenig zu tun haben. Solche äußere Formlosigkeit ist bei Wolfram besonders deutlich. Es kostet allerlei Mühe, nicht im Dickicht der Nebensächlichkeiten und des Tiefsinns hängenzubleiben. Dies alles schadet seinem Werk beträchtlich. Trotzdem gehört der »Parzival« zu den großen Werken unserer Literatur. Er strotzt von Ursprünglichkeit und Lebenskraft. Auch Wolfram folgt einer französischen Vorlage. Wieder ist es CHRESTIEN VON TROYES. Als weitere Quelle nennt er einen provençalischen Dichter namens KYOT. Über diesen ist nichts bekannt. Manche Forscher haben daher angenommen, Wolfram habe ihn eigens erfunden, um die zum guten Ton gehörige »echte Überlieferung« zu haben.

»Parzival«, höfisches Epos von Wolfram von Eschenbach. Handschrift aus der Zeit um 1230

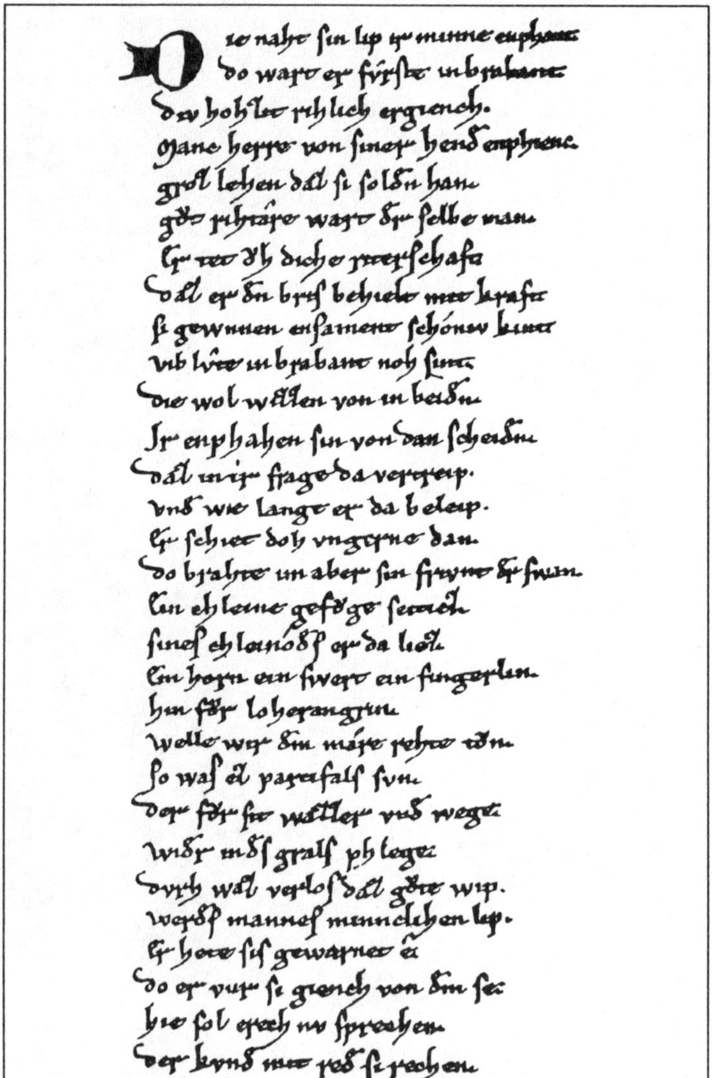
Die naht sin lip ze minne enphant
do wart er fürste in brabant
der hohzit rihlich ergiench.
manc herre von siner hend enphienc.
groz lehen daz si soldn han
gut rihtære wart der selbe man
er tet ouh dicke riterschaft
daz er den bris behielt mit kraft
si gewunnen ensament schöniu kint
vil liute in brabant noh sint
die wol wizzen von in beiden
Ir enphahen sin von dan scheiden
daz in ir frage da vertreip.
vnd wie lange er da beleip.
er schiet doh vngerne dan.
do brahte im aber sin friwnt der swan.
ein chleine gefüge seitech
sines chleinodes er da liez
ein horn ein swert ein fingerlin.
hin fur loherangrin
welle wir dem mære rehte tun
so was er parzifals sun
der fur sit wazzer vnd wege
wider in des grals phlege
durh waz verlos daz gute wip.
werdes mannes minnechlichen lip.
er hete sis gewarnet e
do er vur si gienc von dem se.
hie sol erech nu sprechen
der kunde mit rede sich rechen

Vers 826 Wolfram von Eschenbachs »Parzival« in der ältesten Münchner Handschrift

Stofflich wichtig ist beim Parzival die Verbindung von Artus- und Gralssage. Kein Mensch weiß richtig zu sagen, was der »Gral« eigentlich ist. Es handelt sich dabei um eine alte Legende. Nach ihr ist der Gral ein magisches, mit unerschöpflicher Speise gefülltes Gefäß. In ihm soll Joseph von Arimathia das Blut des Gekreuzigten aufgefangen haben. Aufgabe der Ritter ist es, das Kleinod zu suchen, höchste Gunst, es zu finden. Bei Wolfram ist der Gral ein Edelstein voll Wunderkraft. Einst von Engeln behütet, wird er nun von auserwählten Menschen verwahrt. Jeden Karfreitag bringt eine himmlische Taube eine Oblate, die seine übernatürliche Wirkung erneuert: Speis und Trank also, die

Wolfram von Eschenbach. Miniatur aus der Heidelberger Liederhandschrift

nie ein Ende nehmen, ferner ein paradiesisches Leben, ewige Jugend. Kurz, er ist eine Art überirdischen Lebenselixiers. Diese Sage gab Wolfram die äußere Möglichkeit, sein Werk einem reinen Gedanken zu unterstellen, den Stoff geistig zu durchdringen. Im Gral fand er das starke Sinnbild, um das Innenleben seines Helden nach außen hin sichtbar zu machen. Parzival ist nämlich ein Gottsucher. Gleichzeitig aber ist er ein Held, der vollkommene Ritter schlechthin. Diese Stufe erreicht er freilich erst ganz am Ende. Und das verleiht dem Werk seine eigentümliche Spannung, die weit über die rein stoffliche Abwechslung hinausreicht. Zuerst ist der Held nur ein »tumber Tor«. Deshalb geht er des Grals verlustig. Erst in dem Augenblick, da er die als Aufgabe gesetzte Idee verwirklicht, gelangt er in seinen endgültigen Besitz.

»Des libes pris und doch der sele pardis bejagen mit schilt und ouch mit sper«, das ist nach Wolfram der eigentliche Sinn des Menschenlebens. Dazu aber gehört der »unverzaget mannes mout« des Ritters. Schon im Prolog wird eine Deutung des Anliegens gegeben. Höchste Lebenserrungenschaft ist »staete«. Das ist Beständigkeit, Harmonie. Gemeint ist vor allem Unbeirrbarkeit in allen Tugenden. Der Gegensatz dazu ist »unstaete«. Sie bedeutet Charakterlosigkeit und Wankelmut. Die »staeten«, das sind die Kinder des Lichts, die »unstaeten« gehören der Finsternis an. Dazwischen stehen die Zweifler und Schwankenden. Sie sind elsterfarben, halb Licht und halb Schatten. Mit Hilfe des »mannes moutes« können sie noch »staete« gewinnen.

Parzival gehört zu den Zwischenfiguren. Er verliert nämlich seine »staete«, kehrt aber am Schluß wieder zu ihr zurück. Auch dieses Epos ist also im Grunde ein Lied der Treue. Es handelt sich um die innere Treue gegen sich selbst. Ihr Spiegelbild nach außen hin ist die Treue zu einer Frau. Bei Wolfram ist es die eheliche Treue.

Wie üblich beginnt das Lied mit einer Vorgeschichte. Gahrumet, Sohn des Königs von Anschouwe, zieht tatendurstig ins ferne Morgenland, erringt dort die Hand der schwarzen Königin Belakane, verläßt sie aber um neuer Abenteuer willen. Sie bringt einen Sohn zur Welt, Feirefiz. Gahrumet wird Sieger in einem Turnier, in dem es um Herzeloyde von Waleis geht, die Enkelin des Gralskönigs Titurel. Wieder aber zieht der Held weiter und findet schließlich im Dienste des Baruc von Bagdad den Tod. Herzeloyde aber gebiert in Schmerzen und Verlassenheit ein Kind: Parzival. Sie zieht in die Waldeinsamkeit, um den Jungen vor allen Gefahren des Rittertums zu bewahren. Als Naturbursche wächst er heran. Eines Tages stellt er die Frage: »Ach Mutter, was ist Gott?« Sie erklärt es ihm auf kindliche Weise: Gott sei eine

Lichtgestalt, immer müsse man ihr folgen. Bald begegnet Parzival auf einem seiner Waldgänge einem Ritter in strahlender Rüstung. Er sinkt in die Knie, weil er die Erscheinung für Gott hält. Der Fremde klärt ihn über das Wesen des Rittertums auf, berichtet auch vom Hof des Königs Artus. Nun ist der Junge nicht mehr zu halten. Seine ursprüngliche Veranlagung bricht durch.

Vier Lehren gibt ihm die Mutter mit auf den Weg: Nur an hellen Stellen über Wasser gehen, jeden grüßen, alter Männer Lehren beachten, gute Frauen küssen und ihren Ring erwerben. Außerdem steckt sie ihn in Narrenkleider in der Hoffnung, der Welt Spott treibe ihn vielleicht zurück. Dem ist aber nicht so. Als ein unbeholfener Tölpel zieht Parzival davon, täppisch und gutmütig, aber unendlich tatendurstig. Herzeloyde stirbt nach seinem Weggang vor Kummer. Ihre Lehren aber befolgt Parzival wörtlich. So gibt er viel Anlaß zu heiteren Zwischenfällen. Er, der reine Tor, stiftet immer wieder Unheil, obwohl er doch das Beste will. In diesen Einzelheiten liegt ein tiefer, von echter Tragik durchschimmerter Humor. Schließlich tötet Parzival sogar den roten Ritter Ither und trägt von nun an dessen Rüstung. Endlich wird er auf der Burg des alten, weisen Gurnemanz freundlich aufgenommen und in den wahren Gesetzen des Rittertums unterrichtet. Allerdings, eine Lehre ist dabei, die zum Verhängnis werden sollte: »irn sult niht vil gevragen.«

Zunächst erwirbt Parzival sich durch allerlei Heldentaten die Hand der Gondwiramurs und heiratet sie. Aber Abenteuerlust und Sehnsucht nach der Mutter treiben ihn fort. Eines Tages kommt er nach Munselvaesche. Es ist die Gralsburg. Dort gehen seltsame Dinge vor sich: Der König Anfortas liegt an einer unheilbaren Wunde darnieder, eine blutende Lanze wird hereingetragen, auch der mystische, geheimnisvolle Schauer erweckende Gral ist zu sehen. Trotz dieser Wunderdinge stellt Parzival keine Frage, getreu den Lehren, die er empfing. Darauf wird er mit Schimpf davongejagt. Erst nachher erfährt er, daß er durch seine Unterlassungssünde sich selbst den heiligen Gral, für Anfortas aber die Genesung verscherzte. Über der höfischen Formel hat er das Gesetz der Menschlichkeit verletzt.

Am Hofe des Königs Artus angelangt, wird er als Held besonders gefeiert. Da aber erscheint die Gralsbotin Cundrie und verflucht ihn vor der ganzen Runde. Parzival bricht zusammen. In Verbitterung und Trotz sagt er sich los von Gott. Rastlos zieht er weiter, ein sehnsüchtiger Kämpfer, voll Unruhe nach dem Gral und nach Gondviramurs. Er will aber seine Frau nicht sehen, ehe er sich nicht bewährt hat. In seinem Innern sitzt ein ewiger Stachel.

Es ist bezeichnend, daß er nun aus dem Gesichtskreis der Erzählung fast verschwindet. Seine Stelle nimmt Gawan ein, der Artusritter, in vielen Dingen das völlige Gegenteil von Parzival. Auch er ist ein Held und erlebt zahlreiche Abenteuer. Aber er bleibt der weltliche Moderitter, der nur Liebe und Abenteuer kennt. Ihn plagt keine Frage, ihn treibt keine innere Stimme.

Mehr als fünf Jahre verbringt Parzival auf seinen Wanderungen. Eines Karfreitags begegnet er einem Pilger, einem frommen Ritter, der ihn wegen seines unheiligen Treibens zur Rede stellt. Dieser Mann verweist den bußbereiten Parzival an Tevrizent, einen Einsiedler im Walde. Bei diesem nun gelangt Parzival endgültig zu innerer Umkehr. Er sieht ein, daß sein Trotz gegen Gott falsch war. Der Einsiedler »schied ihn von Sünden und riet ihm doch ritterlich.« Noch einmal kommt Parzival an den Hof des Königs Artus. Wieder wird er als tapferster Ritter mit den größten Ehren aufgenommen. Aber auch das glänzendste Fest kann ihn nicht mehr halten. Die Sehnsucht nach dem Gral ist stärker.

»got gebe freude al disen scharn
ich wil uz disen freuden varn.«

Nun trifft er im Kampf auf einen fremden, heidnischen Ritter. Im Zweikampf erweisen sie sich ebenbürtig. Großer Seelenadel zeichnet den Gegner aus. Sie erkennen einander. Es ist Feirefiz. sein Halbbruder. Endlich erscheint Cundrie, um Parzival zum Gral zu berufen. Diesmal stellt er die erlösende Frage. Nun wird er selbst zum Gralskönig eingesetzt. Auch mit Gondwiramurs und den beiden Söhnen Kardeiz und Loherangrin wird er glücklich vereint. So endet alles in Herrlichkeit.

Wolfram hat noch zwei Bruchstücke hinterlassen, die sogenannten »Titurel-Fragmente«, die Liebesgeschichte zwischen Sigune und Schionatulander, und den »Willehalm«. Sein Gesamtwerk lieferte später den Stoff für zahlreiche Ritterromane, ebenso wie auch Gottfried von Strassburg und Hartmann von Aue. Kurze Zeit nach der Blüte der höfischen Dichtung arteten diese Romane in reine Abenteuergeschichten von oft verdrehter Phantastik aus.

Der Minnesang

Er ist der dritte Höhepunkt jener fruchtbaren Zeit um 1200. Allenthalben in deutschen Landen begann es von Liedern nur so zu schallen und zu hallen. Ein Gefühlsüberschwang ohnegleichen griff um sich. Unter den Rittern gehörte es geradezu zum guten Ton, seinem Gefühl im Gedicht Ausdruck zu verleihen, im »liet«, wie es hieß. Natürlich gab es Vorläufer. Zwar kann man schwerlich von einer deutschen Lyrik vor der höfischen Zeit sprechen, weil kaum etwas davon erhalten ist. Aus Verboten aber wissen wir, daß es sie schon in früher Zeit gab. Unter Karl dem Großen wurden die germanischen »winileods« mit dem geistlichen Bann belegt. Es waren Liebes- und Freundschaftsgedichte. Später hießen sie »troutliets« (Traut-Lieder). Sie wurden vor allem im Volk gesungen. Dort herrscht ja zunächst das ursprünglichste Verhältnis zum singbaren Gedicht, zum Lied. Lyrik ist eben die erste Stufe der Dichtung überhaupt. Im Grunde genommen ist ein Gedicht zunächst nichts anderes als der unmittelbare Ausbruch eines starken Gefühls, wie es der Lauf des Lebens immer mit sich bringt. Es braucht nur einer daherzukommen und dieses Gefühl in eine einfache, persönliche und doch allgemeinverständliche rhythmische Form zu bringen: schon singen alle mit. Denn sie erkennen im Gedicht ihr eigenes jubilierendes, klagendes, nachdenkliches Herz.

Eines der bezauberndsten und schönsten deutschen Liebeslieder ist auch eines der ältesten. Es steht am Schluß eines lateinischen Briefes bei Wernher von Tegernsee. Schon in ihm ist das Grundgesetz der Lyrik erfüllt; ein starkes Gefühl in einprägsamer Form:

»Du bist min ich bin din
des solt tu gewis sin:
Du bist beslossen
In minem herzen
Verlorn ist daz sluzzelin
Du moust och immer darinne sin.«

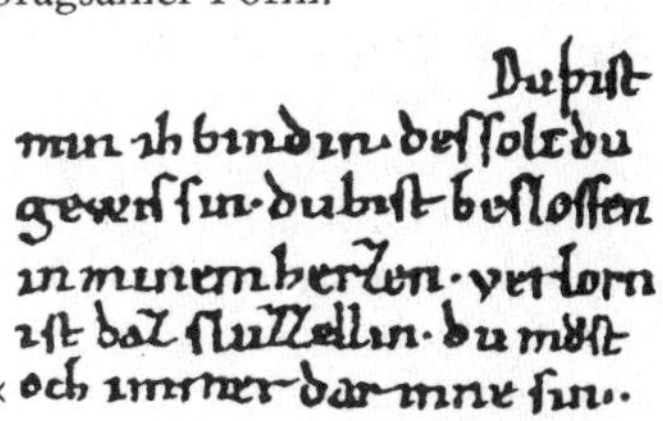
Du bist
min ih bin din. des solt du
gewis sin. du bist beslossen
in minem herzen. verlorn
ist daz sluzzelin. du muost
och immer darinne sin.

Und dann ist da noch die *Vagantendichtung*. Die Vaganten waren fahrende Sänger wie die Spielleute. Oft handelte es sich um Kleriker, die ihren Beruf aufgegeben hatten, oder um Scholaren, Studenten also, die von einer Universität zur anderen zogen und sich unterwegs mit ihren Liedern den Lebensunterhalt verdienten. Leider war ihre Sprache Latein, oft allerdings mit deutschen Brocken vermischt. Denken und Fühlen nämlich waren ganz bodenständig, auch Ton und Rhythmus. Das klang keck, frisch und ungezwungen. Da war kein Gesetz, das den Fluß des Gedichtes stören, es in einen herkömmlichen Panzer einzwängen konnte. Unmittelbar kam das Gefühl zum Ausdruck. Mit einem Wort: alles war echt.

»Meum est propositum
In taberna mori ...«

»Mir ist bestimmt,
in der Schenke zu sterben ...«

Dieses Lied wird noch heute gesungen. Vermutlich stammt es von dem bedeutendsten aller Vagantendichter, dem Archipoeta (Erzpoet). Er lebte im 12. Jahrhundert, stieg wie ein Meteor am Dichterhimmel auf und verschwand ebenso schnell wieder im Dunkel. Mit seiner »Beichte« wurde er nicht zu Unrecht dem französischen Sänger FRANÇOIS VILLON gleichgestellt.

Eine ganze Anzahl von Vagantenliedern ist in der Benediktbeurer Handschriftt *Carmina Burana* (die im 20. Jahrhundert CARL ORFF als Vorlage für seine gleichnamige »Szenische Komposition« diente) gesammelt. Neben einigen alten Volks- und Tanzliedern enthält sie noch die Anfänge des Minnesangs. Die meisten Minnelieder allerdings sind uns in der Heidelberger *Manessischen Handschrift* überliefert, einer kostbaren und reichverzierten Sammlung, benannt nach dem kunstliebenden Züricher Bürger Manesse. Allein in ihr sind ungefähr 140 Minnesänger mit Werk und Namen angeführt. Darüber hinaus sind noch einige andere Handschriften erhalten.

Da stehen große Namen: Kaiser Heinrich VI., Konradin von Hohenstaufen. König Wenzel von Böhmen, Markgraf Otto von Brandenburg, selbst ein Fürst Wizlav von Rügen. Sie alle haben keinerlei dichterische Bedeutung. Aber sie sangen, weil es Mode war. Konradin, der ja als ein halber Knabe sein Leben verlor, bringt es auf naive Weise zum Ausdruck:

»Ichn weiz niht, frowe, was minne sint
Mich tat diu liebe sere engelten
Daz ich der jare bin ein kint.«

Aber es gehörte sich eben, daß man die minne verherrlichte, so wie man es bei den französischen Vorbildern sah. Das Thema ist daher äu-

Der Minnesänger Heinrich vom Meißen (genannt »Frauenlob«), Miniatur aus der Heidelberger Liederhandschrift, um 1310

ßerst beschränkt: Immer wieder Liebe, günstigenfalls mit ein wenig Natur verbrämt. Im Mittelpunkt des Gedichtes steht in der Regel eine »frouwe«. Möglichst insgeheim und von ferne betet der Ritter sie an. So will es das allgemeine Gesetz der »höheren minne«. Die »niedere minne«, die natürliche Liebe also, ist nicht so angesehen. Dabei verdanken wir ihr die schönsten Minnelieder, weil sie ungekünstelt und menschlich sind. Da der Inhalt also im Grunde genommen immer derselbe war, wurde um so mehr Wert auf die Form gelegt. Hierin haben es die Minnesänger zur Meisterschaft gebracht. Vorbilder dafür waren die französischen »troubadours«. Dank der rastlosen Suche nach neuen formalen Möglichkeiten haben die Minnesänger mitgeholfen, der deutschen Sprache größere Geschmeidigkeit zu verleihen. Der eigene Ton war das, was am höchsten geschätzt wurde. (WALTHER VON DER VOGELWEIDE hat über hundert »Töne«.) Zu guter Letzt artete das Ganze natürlich in reine Formenspielerei aus (ULRICH VON LICHTENSTEIN). GOETHE nannte es dann den »Singsang der Minnesänger«.

In den Anfängen, die nach einem allgemeinen Wort als »Minnesangs Frühling« bezeichnet werden, hört man noch einfache, echte Töne. Später wird alles Kunst-Gesang. Eine starke Persönlichkeit wird in den Liedern des *»Kürenbergers«* spürbar. Seine Bilder sind leicht faßlich, sein Rhythmus melodiös.

»Ich zoch mir einen valken mere danne ein jar
do ich ihn gezamete als ich in wolte han
und ich im sin gevidere mit golde wol bewant
er houp sich uf vil hohe unt flouc in anderiu lant«

Über das Mittelmaß hinaus reichen auch DIETMAR VON AIST, SPERVOGEL, REINMAR VON HAGENAU, DER MARNER, FRAUENLOB, NEIDHART VON REUENTHAL, FRIEDRICH VON HAUSEN und HEINRICH VON MORUNGEN.

Alle überragt WALTHER VON DER VOGELWEIDE! Er ist geradezu der Inbegriff der Mittelhochdeutschen Lyrik, der Minnesang in Person. Von seinem Leben weiß man wenig Genaues. Nur einmal ist er überhaupt urkundlich erwähnt: Der Bischof von Passau schenkte ihm das Geld für einen Winterpelz. Das Urbild des Fahrenden steht vor uns auf! Unstet zieht er durch die Lande, hat weder Haus noch Besitz, ist auf die Gnade der Großen angewiesen. Um 1170 ist Walther geboren. Die Gegend von Bozen wird für seine Jugendheimat gehalten (andere sagen Böhmen). Einer seiner größten Gönner war der Landgraf von Thüringen. Als dessen Gast traf Walther auf der Wartburg mit WOLFRAM VON ESCHENBACH zusammen. Erst gegen Ende seines windumbrausten Lebens erhielt er von Kaiser Friedrich II. bei Würzburg einen kleinen Wohnsitz. Da brach er in den Jubelruf aus: »Ich han min Lehen, all die werld, ich han min Lehen!« Um 1230 ist er gestorben. Im Kreuzgang des Würzburger Münsters liegt er begraben. Walthers Größe beruht auf etwas

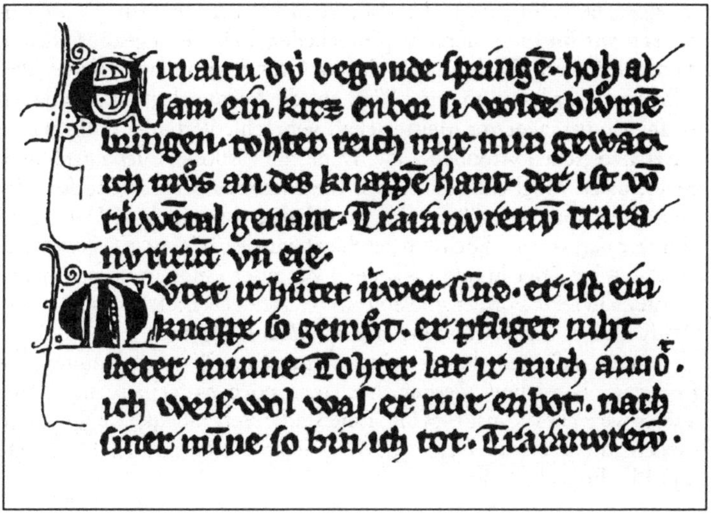
Ein altu dv begvnde springē · hoh al
sam ein kitze enbor si wolde blvme
bringen · tohter reich mir min gewant
ich mvs an des knappē hant · der ist vō
riuwental genant · Traranvretvn trara
nvrirvn vn ele ·
Mvter ir hůtet iwer sine · er ist ein
knappe so gemvt · er pfliget niht
steter minne · Tohter lat ir mich ano ·
ich weis wol was er mir enbot · nach
siner mine so bin ich tot · Traranvretv ·

Tanzlied von Neidhart von Reuenthal

ganz Einfachem und Natürlichem: Der Macht einer starken, ungebrochenen Persönlichkeit. Seine Besonderheit: Er ist ganz schlicht, fast naiv, ein großes, bald lachendes, bald weinendes Kind, mit der wissenden Überlegenheit, die ganz ursprünglichen Geschöpfen zuweilen anhaftet. Sein Geheimnis: Er bejaht sich selbst und das Leben, wie immer er es auch antrifft. Immer springt er mitten hinein ins Getümmel. Er sieht noch das Wunder, wo es wirklich ist. Immer findet sein Herz einen Funken, an dem es sich entzünden kann, um selbst andere zu entflammen. Eine ursprüngliche Musikalität, ein sicheres Formgefühl sind von vornherein da, angeboren. So wird ihm fast von selbst jede große Regung zum Gedicht. Er bringt es mühelos bis zum Virtuosen, nur daß er in seinem Können keinen Selbstzweck sieht. Immer steht eine ehrliche Leidenschaft dahinter. Das ist es, was ihn über die anderen hinaushebt.

Weit gespannt ist der Bogen seiner Themen. Sein drängendes Temperament greift nach allem, was lebendig ist. Sein Gegenstand ist die Welt, die er sieht und erlebt, seine eigene Zeit und das Unvergängliche dazu. Liebe und Natur spielen auch bei ihm eine große Rolle. Er aber hat in seinen Liedern einen ganz eigenen, Unverwechselbaren Ton. Unsterblich gemacht hat ihn allein schon das übermütige Lied:

»Under der linden
An der heide
Da unser zweier bette was
Da mugent ir vinden
Schon beide
Gebrochen bluomen unde gras
Vor dem walde in einem tal
Tandaradei
Schone sanc die nahtegal.«

Lebensnahe, Gefühlsstärke, Melodik, das sind besondere Kennzeichen dieser Gedichte.

Walther greift aber weit über den Rahmen des üblichen Minneliedes hinaus. Er scheut sich gar nicht, in die Tageshändel einzugreifen, laut und vernehmlich seine Stimme für das zu erheben, was ihm Recht zu sein scheint. So wird er geradezu zum lebendigen Gewissen seiner Zeit. Der Kampf für den Kaiser macht ihn zum ersten politischen Tagesschriftsteller Deutschlands, der überall gehört wird:

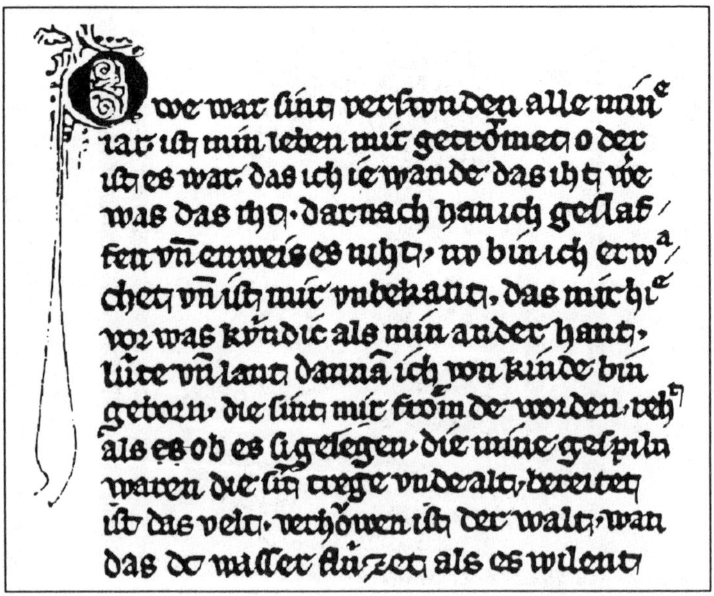
Owe war sint verswunden alle mine
iar· ist min leben mir getroumet oder
ist es war. das ich ie wande das iht we
was das iht· darnach han ich geslaf
fen vn̄ enweis es niht· nv bin ich erwa
chet vn̄ ist mir vnbekant· das mir hie
vor was kvndic als min ander hant·
liute vn̄ lant dann ich von kinde bin
geborn· die sint mir fromde worden reht
als es ob es si gelogen· die mine gespiln
waren die sint trege vnd alt· bereitet
ist das velt· verhowen ist der walt· wan
das de wasser fluzet als es wilent

»Owe war sint versvunden«, Lied von Walter von der Vogelweide

»Botte, sag dem kaiser seines armen mannes rat
das ich dehainen bessern wais, als es nu stat.«

Deutlicht sagt er dem Kaiser seine Meinung:

»Die rehten pfaffen wame das siu niht gehoeren
den unrehten, die das riche wenent stoeren.«

Als Streiter für Heimat und Reich wird Walther zum ersten vaterländischen Dichter. Berühmt ist sein Lobgesang auf Deutschland »Ir sult sprechen willekomen«, den viele über das Deutschlandlied stellen.

Walter von der Vogelweide, Miniatur aus der Weingartner Liederhandschrift

Bei aller Kampflust gegen die Welschen und den Papst jedoch war Walther von echter, tiefer Frömmigkeit erfüllt. Das beweist sein Kreuzzugslied mit den schönen Worten:

> Schoeniu lant, rich unde here
> Swaz ich der noch han gesehen
> So bist duz ir aller ere.

Oswald von Wolckenstein (um 1377–1445). Das erste authentische Porträt eines deutschsprachigen Dichters

Es gibt wenig, was diesen aufnahmefähigen, beweglichen Geist nicht angerührt hätte. In seinen Sprüchen ist manch tiefer Gedanke enthalten, daneben steht Belangloses und Belustigendes. Selbst seine Ansichten über richtige Kindererziehung verschweigt er nicht.

Sein reiches Herz kannte nicht nur Lebenslust und Überschwang, Liebe und Waffengang der Geister, auch tiefe Nachdenklichkeit und echte Melancholie sind ihm zu eigen. Man hört sie aus der lyrischen Selbstbetrachtung: »Ich saz uf eime steine«, und aus dem ernsten Lied, das er gegen Ende seines Lebens dichtete, gewissermaßen als Summe seines Tuns:

Owe war sind verswunden alliu miniu jar!
Ist mir min leben getroumet oder ist ez war?
Daz ich ie wande daz tht waere, was daz iht?
Dar nach han ich geslafen und enweiz es niht
Nu bin ich erwaht und ist mir unbekant
Daz mir hie vor was kuendic als min ander hant.
Liut unde lant da ich von kinde bin erzogen
Die sint mir vremde worden reht als ez si gelogen
Die mine gespielen waren die sint traege unde alt
Vereitet ist das velt verhouwen ist der walt
Als ich gedenke an manegen wuenneclichen tac
Die mir sint enphallen gar als in daz mer ein slac
Jemer mere ouwe.

Am Ende der Reihe bedeutender Minnesänger steht der lange Zeit vergessene Oswald von Wolckenstein (um 1377–1445). Seine kraftvolle Dichtung hat sich bereits von den höfischen Formen gelöst und steht an der Grenze zwischen Mittelalter und Renaissance.

Im Unterschied zu der Mehrzahl der Minnesänger sind seine Werke nicht aus Gründen des Broterwerbs entstanden. Daher brauchte er keine Rücksichten auf die Wünsche von Auftraggebern oder seines zahlenden Publikums zu nehmen. Dieser Umstand drückt sich in der Thematik seiner Dichtungen aus. Er schrieb ganz überwiegend »biographische« Texte aus seinem eigenen Leben. Auch wenn bedacht werden muß, daß die Texte seiner Lieder nicht immer wörtlich zu nehmen sind und häufig dichterische Freiheit die Überhand gewinnt, so stellen sie dennoch eine originale Quelle des historischen Umfelds in der Zeit um 1400 dar. Daß Oswald von Wolckenstein viel gereist und erlebt hatte wird auch dadurch unterstrichen, daß er oft im Gefolge König Sigismunds unterwegs war und in seinen Liedtexten, die den »Zuhörer« »Durch barbarey Arabia ... durch reussen preussen, übern strant gen Tennmarckh ... Engelant ... durch Aragon Kastilien Granaten« an seinen Erlebnissen teilnehmen ließ. Ein besonderes Verdienst Oswald von Wolckenstein ist seine Einführung der Mehrstimmigkeit in Deutschland. Angeregt durch seine zahlreichen Reisen hatte er diese bereits früher in Italien und Frankreich entwickelte Form für sein eigenes Schaffen übernommen und mit Elementen der arabisch-berberischen, bömischen und iro-schottischen Musik und deren Stilelementen angereichert.

Handschrift des Liedes »Frölich geschray so well wir machen« von Oswald von Wolckenstein

Vom Mittelalter zur Neuzeit

Gemeinhin werden die Jahrhunderte zwischen der höfischen Zeit und Luther als eine Periode des Niedergangs bezeichnet. Als Wertung besteht dieses Urteil nicht ganz zu Recht. Neues Werden heißt eben immer auch Verfall des Bestehenden. Es handelt sich um eine Zeit der Gärungen und Verwandlungen, eines gestaltlosen Hin und Her. Unter Erschütterungen und Schmerzen wird die Neuzeit geboren.

Die sozialen und politischen Zustände zeigen solche Dinge am deutlichsten. Mit dem Ende der Hohenstaufen ist – nach einer unwahrscheinlichen Blüte – auch das *Ende des Rittertums* gekommen. Plötzlich fehlen diesem alle Voraussetzungen und Lebensbedingungen. Mit Macht drängt sich an seiner Stelle das aufstrebende Bürgertum als bestimmende und tonangebende Schicht in den Vordergrund. Seine Hochburgen sind die Städte. In ihnen hat sich im Laufe der Zeit ein beträchtlicher Wohlstand gebildet. Der wirtschaftliche Vorrang des Rittertums beruhte auf der Ackerbau- und Naturalwirtschaft. Diese ist inzwischen ganz allmählich von der Geldwirtschaft verdrängt worden. Gewerbe, zunehmender Handel und Verkehr brachten alles ganz von selbst mit sich. Nach außen hin tritt der Wandel in Erscheinung als berechtigter Machtanspruch: Stolz erhebt der *Stadtbürger* sein Haupt und fordert als Anerkennung der neuen Gegebenheiten die Rechte einer entsprechenden gesellschaftlichen Stellung.

Hader und Streit sind die Kennzeichen des politischen Lebens. Der Kaiser muß sich nicht nur gegen den Papst, sondern auch gegen die Selbstherrlichkeit und Eigenmächtigkeiten seiner Fürsten behaupten. Immer mühsamer verteidigt er seine Stellung nach außen wie nach innen. Längere Zeit ist das Reich sogar ganz ohne Herrn (Interregnum). Gegen den Adel wiederum streitet der Bauer, der immer mehr unter der Last der Verpflichtungen und Unfreiheit stöhnt. Aber auch die Städte und ihre Bürger sind die natürlichen Feinde des Ritters. Wie ein Wegelagerer stört dieser ihre Handelswege, sucht durch Diebstahl seine unaufhaltsame Verarmung zu verhindern. So wird er in kürzester Zeit vom Ritter zum Raubritter. Allenthalben ist Zwietracht, Fehde und Kampf.

Im Geistigen macht sich eine neue Wendung zum Religiösen bemerkbar. Die Auseinandersetzung mit Gott verschiebt sich aber ganz allmählich auf eine neue Ebene. Der einzelne Mensch, die Persönlichkeit gewinnt immer mehr an Bedeutung. Langsam entgleitet der Einzelmensch der Macht kirchlicher Organisation. Er macht sich unabhängig von überkommener Heilsvermittlung, sucht unmittelbare Verbindung mit Gott und den ewigen Dingen. Deutlich äußert sich dieses Verlangen bei den deutschen *Mystikern,* bei MEISTER EKKEHART (um etwa 1260 bis 1327), JOHANNES TAULER (etwa 1300 bis 1361) und HEINRICH SEUSE (etwa 1295 bis 1366). Aber auch in den rein weltlichen Bevölkerungsschichten greifen neue Bestrebungen Platz. Aus dem Bürgertum ersteht ein Stand von Gebildeten. Meist kommen sie von den Universitäten. (Prag wurde 1348 gegründet, Wien 1365, Heidelberg 1386, Leipzig 1409, Basel 1460.) Diese Männer bekleiden später im Dienste der Städte wichtige Stellungen als Lehrer, Stadtschreiber, Kanzleibeamte, Juristen, Ärzte. In ihren Reihen finden die Gedanken der italienischen Renaissance Aufnahme und Gehör. Diese Bewegung, die eine Wiedergeburt des Menschen aus dem Geist des griechisch-römischen Altertums anstrebte, hat schon früh in Deutschland Anklang gefunden, z. B. am Hofe Karls IV. in Prag (PETRARCA). Gipfelpunkt solcher Entwicklungen ist dann im 16. Jahrhundert auf der einen Seite die Reformation, auf der andern der deutsche Humanismus.

Ein Hauptanliegen dieser Zeit ist die Beschäftigung mit dem Tode. KONRAD VON WÜRZBURG erzählt die ausdrucksstarke Geschichte von »Von der Welt Lohn«, in der eine aufreizende Frau dem Dichter »Wirnt von Grafenberg« erscheint. Dieser hat sich zuvor ganz dem Dienst an seinem Werk, dem »Wigalois« verschrieben und erliegt nicht ihren Reizen. Als die Frau sich schließlich von ihm abwendet wird der Rücken des Dichters von Nattern und Gewürm zerfressen. Die erdrückende Erscheinung veranlaßt dann den Dichter das Kreuz zu nehmen, um sein Seelenheil zu retten. Ein Ausdruck der »neuen Weltaufgeschlossenheit« dieser Zeit ist die Bereitschaft, sich von jenseitigen Erscheinungen und Gefühlen bis zur Ekstase ergreifen zu lassen.

Damit beginnt die Neuzeit. Sie hat auch noch andere Merkmale, Folgeerscheinungen des inneren Umschwungs. Als LUTHER 1517 seine Thesen in Wittenberg anschlug war bereits seit mehr als einem halben Jahrhundert (um 1450) von dem Mainzer Patriziersohn GUTENBERG die *Buchdruckerkunst* erfunden. Im Klappern der ersten beweglichen Lettern schwingt schon das Dröhnen der späteren Rotationsmaschinen mit. Der Mensch begann, sich der ganzen Erde zu bemächtigen. 1492 wurde Amerika entdeckt, 1498 der Seeweg nach Indien gefunden, die Kugelgestalt der Erde war bewiesen. Das ganze bisherige Weltbild aber stürzte ein, nachdem Nikolaus Kopernikus sein Werk über »Die Umdrehungen der himmlischen Welten« (»De revolutionibus orbium coelestium«)

Die Erfindung des Buchdrucks ist die wesentlichste Voraussetzung für die neuen Entwicklungen in der Literatur an der Schwelle vom Mittelalter zur Neuzeit. Der Buchdrucker

veröffentlicht hatte (1543 gedruckt). Mit einer Folgerichtigkeit ohnegleichen wurde der Mensch als Einzelwesen von zahlreichen Bindungen befreit. Nun konnte er sich rüsten, alle seine eigenen Kräfte zu entfalten.

Genau so schnell wie seiner Rolle in der Welt ging der Ritter mit dem Ende der höfischen Zeit auch seiner literarischen Stellung verlustig. So kam die Dichtung etwas plötzlich in die ungeübten, schwerfälligen Hände des Bürgers. Viel konnte dieser vorläufig nicht mit ihr anfangen. Noch weniger aber vermochten es andere Schichten des Volkes. Dies sind Gründe für den lang anhaltenden Tiefstand. Dabei fehlte es den Bürgern keineswegs an Aufgeschlossenheit oder gar am Wollen. Das wäre vorhanden gewesen. Aber das Können war nicht da, die geistige Höhe, die Gestaltungskraft, auch nicht die sprachlichen Voraussetzungen. Umgang mit der Sprache ist eben etwas Besonderes. Noch einmal verlor diese ihre Einheitlichkeit, die sie unter den Hohenstaufen gewonnen hatte. Eine regelrechte *Sprachverwilderung* trat ein. Trotzdem ist der neu heraufkommenden Volksschicht eine ursprüngliche und starke schöpferische Begabung nicht abzusprechen. Aber sie äußerte sich auf Gebieten, die den handwerklichen Voraussetzungen des Standes näher lagen, in der Baukunst und der Malerei vor allem. Schrille Gegensätze kommen zum Ausdruck, man denke nur an die zu dieser Zeit entstandenen Plastiken »die eitle Frau« (Worms und Basel), oder »den eitlen Buhler« (Nürnberg, Sebalduskirche). Die Bereitschaft zur religiösen Hingabe steht direkt neben dem Willen zur Herrschaft und dem hemmungslosen Genuß. Das sich stark entwickelnde Gemeinschaftsgefühl der Bürger in den Reichstädten steht im Kontrast zu dem individuellen, persönlichen Streben nach Gück und unabhängiger Lebensgestaltung. Anstelle der überlieferten Ordnung der einzelnen Stände und und der überlieferten Beherrschung aller Bereiche durch die Kirche, wird zunehmend der Zwiespalt der Menschen, die sich selbst rätselhaft erscheinen, deutlich. So drückt dies KONRAD VON WÜRZBURG für seine Zeit aus:

sus spür ich unde erkenne,
daz ich ie nâher unde nâher gein dem tôde renne;
sît ich daz weiz, warumbe dröuwe ich mich sô dicke denne?
trûren eteswenne
solt ich gein mînes endes zil.

Epen, Volksbücher. Schwänke. Fabeln

Ein bezeichnendes Werk steht im Anfangsstadium der Veränderungen: der »Meier Helmbrecht«. Dieses *bäuerliche Epos* – es ist die erste deutsche Dorfgeschichte – trägt ein Merkmal, das von nun an für Jahrhunderte die Literatur kennzeichnet: Es ist volkstümlich. Stoff, Begebenheit und Gestalten entstammen den unteren Schichten. Die Entstehungszeit der Erzählung fällt in die zweite Hälfte des 13. Jahrhunderts. Sie liegt also sozusagen noch in Reichweite der höfischen Kunst, in den Strahlen einer untergehenden Sonne. Daher mag es rühren, daß dieses Werk eine Höhe der Gestaltung und eine geschlossene Form aufweist, wie sie für lange Zeit nicht mehr erreicht wurden. Der Verfasser nennt sich Wernher der Gärtner. Er behauptet zu Beginn, die Geschichte mit eigenen Augen gesehen zu haben. Inhaltlich spielt sie bereits mitten in den Zeiten des Verfalls. Die Ritter sind ihrer führenden Stellung verlorengegangen, sie erscheinen als gewöhnliche Strauchdiebe und Raubritter. Ein hoher Stand gleitet ab in die Tiefen des Unrechts und der Zügellosigkeit. Ihre Gegenspieler, die Bauern, leiden jämmerlich unter dem Druck. Aber sie wollen – teilweise wenigstens – nach oben. Dieser Aufstieg freilich erscheint in der Erzählung als Verzerrung. Er wird ganz von der Kehrseite gezeigt, als wesensfremde Verirrung geschildert und muß unweigerlich in einen tragischen Schluß einmünden. Der seinem Stande ungetreue Bauer endet schließlich dort, wo auch der Raubritter – der auch seinen ursprünglichen Idealen untreu geworden ist – vor einer überzeugenden Gerechtigkeit. Das Recht erscheint in dieser Erzählung als die über allem stehende Ordnung, die unverletzlich und unbestechlich über allem steht.

nû hüete der hûben, Helmbreht!

–

sô breit als ein phennic
beleip ir niht bî einander.
sitiche und galander,
sparwaere und turteltûben,
die genâten ûf der hûben,
die wurden gestreut ûf den wec.

–

gesagt ich nie iht wâres,
doch sult ir mir gelouben
daz maere von der houben,
wie kleinen man sie zarte.
[Vers 1879ff.]

Der Sohn des fleißigen und ehrbaren Bauern Helmbrecht will nicht der kleine Mann bleiben, wie es sein Vater ist. Er möchte hoch hinaus, verlangt es den Rittern gleichzutun, deren Prassen und Nichtstun ihm als Vorbild in die Augen stechen. So beschließt er, das väterliche Haus zu verlassen und mit den umherstrolchenden Rittersleuten ein bequemes, »großartiges Leben« zu führen. Von da an glaubt er, ein vornehmer, besserer Mann zu sein, der über dem gemeinen Volke steht, aus dem er doch stammt. Mit französischen Brocken und anderen Fremdworten wirft er nur so um sich. Später kehrt er – die Raubzüge unterbrechend – bei seinen Eltern ein, aber nur um für einen seiner Freunde die Hand der Schwester zu erwerben. Bei der Hochzeit aber werden alle von der Gerechtigkeit ereilt. Eine ganze Anzahl seiner Genossen wird gehenkt, ihm selber werden als Strafe für seine Untaten die Augen ausgestochen, ein Fuß und eine Hand abgehackt. Schließlich kommt er als Bettler und Krüppel wieder zum Haus des Vaters zurück. Von die-

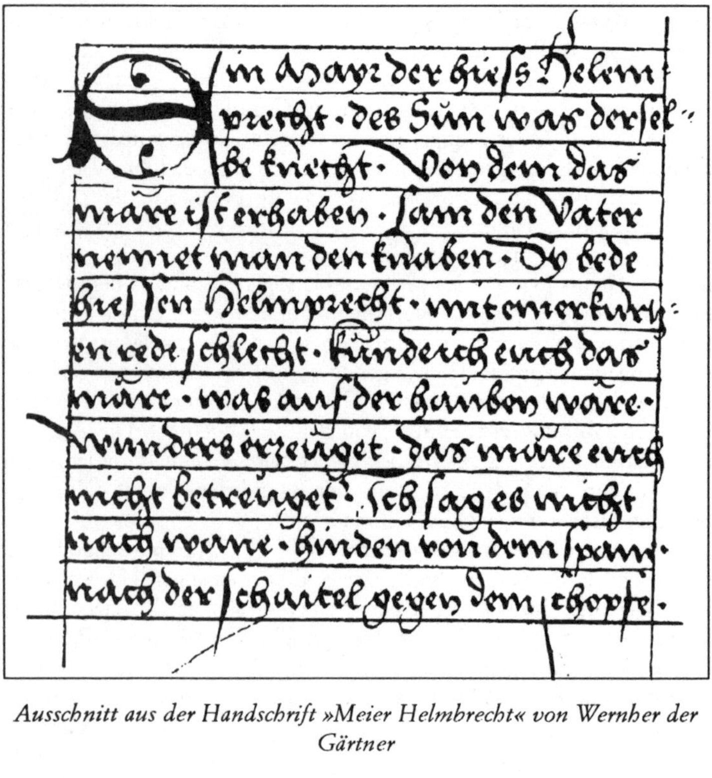
Ain Mayr der hiess Helem
precht · des Sun was dersel
be knecht · Von dem das
märe ist erhaben · sam den Vater
nennet man den knaben · Sy bede
hiessen Helmprecht · mit einer kurtz-
en rede schlecht · kund eich euch das
märe · was auf der hauben wäre ·
wunders erzeiget · das märe euch
nicht betreuget · ich sag es nicht
nach wane · hinden von dem span
nach der schaitel gegen dem chopfe ·

Ausschnitt aus der Handschrift »Meier Helmbrecht« von Wernher der Gärtner

sem aber wird er hart und schroff abgewiesen. Mit einem Verbrecher will der Alte nichts zu tun haben, auch wenn es sein eigener Sohn ist. Neben dieser Härte enthält die Erzählung auch menschlich warme Züge, wenn die Mutter dem vom Hof verjagten Sohn zum Abschied noch ein Stückchen Brot reicht:

im gap diu muoter doch ein brôt
in die hant als einem kinde

So gerät der Junge in die Hände erbitterter Bauern, denen er einst Hab und Gut wegnahm. Sie machen kurzen Prozeß mit ihm, sie hängen ihn auf.

Der ganze Hergang wird knapp und eindringlich erzählt. Mit unerbittlicher Folgerichtigkeit steuert die Handlung auf das unausbleibliche Ende zu, wie es durch die Charaktere vorgezeichnet ist. Nichts wird beschönigt oder umschrieben. Alles ist mit einem harten, beinahe krassen Realismus gezeichnet. Bei der Gestalt des alten Helmbrecht fühlt man sich an die Reckenfiguren der vergangenen Heldenzeit erinnert.

Im übrigen hat das ausgehende Mittelalter in der Dichtung keine überragende Erscheinung aufzuweisen. Gerade auf erzählerischem Gebiet zeigt sich der Mangel besonders deutlich. Es wurde zwar erstaunlich viel hervorgebracht; allen diesen Epen aber fehlt – seien sie nun in der überlieferten Form des Verses dargeboten oder der aufkommenden Mode entsprechend in Prosa übertragen – die eigenständige Erfindung genau so gut wie die formende Kraft einer starken Persönlichkeit. Nichts ragt aus der Masse des Übrigen besonders heraus. Dabei wanderte unendlich viel Stoff hin und her. Meistens handelte es sich um überlieferte Themen, die umgearbeitet, gekürzt, gelängt, neu zusammengefaßt wurden. Häufig genug also reine Nachahmungen, denen man lediglich ein zeitgemäßes Gewand gab. Literarisch lebte man in diesen Jahrhunderten einfach von der Vergangenheit. Die Aufnahmebereitschaft der Lesenden jedoch wuchs gerade damals immer mehr. Insbesondere nach der Erfindung der Buchdruckerkunst nahm das Schaffen bislang ungewohnte Ausmaße an.

Bleibender Beliebtheit erfreuten sich die Stoffe der höfischen Dichtung. Schließlich wollten die Bürger es diesen einstigen Herren möglichst gleichtun. Immer wieder berauschten sie sich an den sagenhaften Vorgängen vergangener Zeiten. So geisterten Gestalten wie Parzival, Tristan, Isolde und andere immer wieder durch die Epen der Zeit. WISSE und COLLIN, zwei beflissen schreibende Handwerker, übersetzten einen französischen Parzivalroman mit mehr als 36000 Versen (14. Jahrhundert). Jakob Püterich sammelte in seinem sogenannten »Ehrenbrief« (15. Jahrhundert) mit wahrer Leidenschaft die alten Ritterromane. Hermann von Sachsenheim hat in seiner märchenhaft-abenteuerlichen Geschichte »Die Mörin« die Gestalt des getreuen Eckart in die Litera-

»Fortunatus«, Volksbuch eines unbekannten Verfassers. Titelseite der Erstausgabe, 1509

tur eingeführt. Auch ausländische Stoffe fanden große Verbreitung, so eine Übersetzung indischer Erzählkunst mit dem Titel »Von den sieben weisen Meistern« oder die Sammlung römischer Heldentaten, »Gesta Romanorum«. Selbst KAISER MAXIMILIAN I. ließ es sich nicht nehmen, unter die Dichter zu gehen. Seine romantische Sehnsucht nach den alten Tagen echten Rittertums kommt in den einstmals hochberühmten Werken »Theuerdank« und »Weisskunig« zum Ausdruck. Beides waren eine Art Schlüsselromane, die künstlerisch keine Bedeutung haben. Aber sie wurden gern und viel gelesen. Einen überwältigenden Erfolg hatte schließlich im 16. Jahrhundert der spanisch-französische Ritterroman »Amadis«. Er wurde selbst noch in späteren Zeiten mit Begeisterung verschlungen. Genauso übte JÖRG WICKRAMS »Goldfaden« (ebenfalls 16. Jahrhundert) auf die Leser seiner Zeit einen mächtigen Zaüber aus.

Auch die Stoffe der alten Heldensagen hatten eine große Anziehungskraft. KASPAR VON DER ROENS »Heldenbuch«, ebenso das sogenannte »Kleine Heldenbuch«, beides gesammelte Umarbeitungen altbekannter Heldengedichte, fanden großen Anklang. Aus Sagen und Überlieferungen entstanden dann die sogenannten *Volksbücher,* die im 16. Jahrhundert einen beispiellosen Erfolg errangen. Bücher wie der »Herzog Ernst«, »Die vier Haimonskinder«, »Die schöne Magelone«, »Melusine«, »Die Schwanenritter«, »Fortunatus« enthielten längst bekannte Themen, die zum Teil mit jüngeren Bestandteilen geschickt vermischt waren. Aber auch »modernere« Figuren und Ereignisse wurden als bald Gegenstand der lebhaften Volksphantasie. Das Volksbuch vom »Dr. Faust« bekundet es deutlich genug. In der Ausgabe des Frankfurter Druckers JOHANN SPIES vom Jahre 1587, in der bereits mehrere Quellen älteren Ursprungs verarbeitet waren, lautete der Titel: »Historia, von D. Johann Fausten dem weitbeschreyten Zauberer und Schwartzkünstler, wie er sich gegen dem Teufel auff eine benandtezeit verschrieben, was er hier zwischen für seltzame Abenthewr gesehen, selbs angerichtet und getrieben, biß er endlich seinen wol verdienten Lohn empfangen.« Inhalt ist die Schauder erweckende Sage von dem Magier, der sich um seiner Künste willen mit dem leibhaftigen Satan einließ und ihm seine Seele vermachte. Die zahlreichen Bearbeitungen zeugen von der außerordentlichen Anziehungskraft des Stoffes. Er geht übrigens mit ziemlicher Sicherheit auf eine geschichtliche Gestalt zurück.

Die Volksbücher vom »Eulenspiegel« und den »Schildbürgern« (dieses wurde später das »Lalenbuch« genannt) sind prall voll von echtem Mutterwitz und volkstümlichen Neckereien. In mancher Beziehung gehören sie bereits zu der üppig wuchernden *Schwankliteratur*. Diese machte ein gut Teil damaliger Literatur aus. Schon in der höfischen Zeit gab ein Dichter namens STRICKER eine ganze Sammlung heraus. Sie hieß »Der Pfaffe Amis«. Es handelt sich – wie in all den folgenden Veröffentlichungen dieser Art – um eine Kette von Schelmengeschichten, deren Stoffe in allen Nationen zu Hause sind. Inhaltlich geht es in der Regel darum, daß ein Schlaukopf seine Mitmenschen mit allen möglichen Mitteln und Spitzfindigkeiten übertölpelt. Im 15. Jahrhundert trat PHILIPP FRANKFURTER aus Wien mit einer ähnlichen Sammlung an die Öffentlichkeit: »Der Pfaff vom Kahlenberg.« In HEINRICH WITTENWEILERS »Der Ring« wurden ausgiebig und derb die Bauern verspottet, die sich in der Nachahmung ritterlicher Sitten allzusehr gefielen. Ihre Blütezeit erlebten die Schwänke im 16. Jahrhundert. Erstaunlich viele Geschichten aus aller Herren Ländern enthält JOHANN PAULIS »Schimpf und Ernst«. Der Stadtschreiber JAKOB FREY veröffentlichte die »GARTENGESELLSCHAFT«, MICHAEL LINDENER sein »Rastbüchlein«, HANS KIRCHHOF den »Wendunmut«, VALENTIN SCHUMANN sein »Nachtbüchlein«, JÖRG WICKRAM das »Rollwagenbüchlein«. Manche der Schwänke sind recht derb, um nicht zu sagen unflätig. Es zeigt sich da eine bedenkliche Neigung zum Schmutz.

Der Freude an losen Streichen, gepaart mit geistiger Überlegenheit, verdankt auch die niederdeutsche Tiergeschichte »Reynke de Vos« ihre weite Verbreitung. Sie ist gleichzeitig mit den unzähligen *Fabeln* verwandt, die ähnlich wie die Schwänke dem internationalen Literaturschatz entnommen sind. Gerade die Fabeln – eine ganze Reihe von ihnen findet man in ULRICH BONERS »Der Edelstein« – entsprechen einem Zug der Zeit, der auch in allen anderen Gattungen immer wieder zu bemerken ist: dem Hang zur Belehrung. Sogar in den Schwänken findet man ja vielfach Hinweise auf die praktische Nutzanwendung des Gelesenen. Ebenso tritt der nach Zwecken ausgerichtete Bürgersinn in den vielerlei Spruchsammlungen zutage. Am lebendigsten und zeitnahesten wirkt jedoch die in Kritik und Satire sich kleidende Lehrhaftigkeit. Ein österreichischer Fahrender schrieb gegen 1300 fünfzehn satirische Geichte, welche nach einer darin vorkommenden Figur unter dem Namen »Seifrid Helbling« bekannt sind. Dieser lebenskluge Dichter nimmt auf bestimmte Zustände seiner Heimat Bezug. Er zieht offen gegen die Unsitten seiner Zeit ins Feld, gegen den Verfall der ritterlichen Tugenden, die Unsitten der einzelnen Stände, und an anderen Stellen ist auch die eigene tiefreligiöse Einstellung des Dichters spürbar.

er sprach zů ym nůn laß dir sagen
Trag den visch in meines herrē huß
dir wirt deyn lon wol dar vß.
Do er den visch hyn heyme bracht
der student im eyns syns erdacht
Er sprach zů seynem herren zůhand
myn herr licht mit eyn besser gewāt
Dar inn ich für den fürsten gan
das meyn wil ich herheymen lan
Do mit was ym gen hoff so gach
der trager trůg den visch hernach
Er trůg in hynden auff dem rück
do mit gieng er über dye bruck.
Hyneyn wol in deß fürsten sal
der breyte steg ward ym zů schmal
Eyn yeder dacht in seynem můt
das ist eyn schenck dem fürsten gůt
Sye stunden ym do vß den wegen
keyner dorst yn do fregen
Er kam hyn do der fürst was
vnd auch bey seynem herren saß
¶ Hye nach steet der student vnd trager vor der thür mit dem visch/ vnd der thörhüter sieche herauß vñ wil yn nit in lassen.

¶ Er klopffet leiß wol an der thür
der thörhüter der schawt herfür
Er sprach was bringstu güter man
das solt du mich wissen lan.
Dem studenten thet dye red zorn.
ich wil züm fürsten hochgeborn
er sprach ich laß dich nit herein

du gebest mir dan dye treüwe deyn
Was dir der hertzog hy wirt geben.
du wellest es mit mir teylen eben
Der student sprach das sol da sein
dye wyl du mich nit wilt lassen ein.
Ich schwer dir deß auch eynen eyd.
es werd mir do lieb oder leyd.
Was myr der hertzog darumb geve
¶ Hye sitzt der furst in seynē sal vnnd kumpt der studennt mit dem visch für den fürsten.

¶ Ich teils mit dir an der zeit
deß glaub mir sicher on zorn.
Hilff myr züm fürsten hochgeborn
er kam hyn für den fürsten gůt
Der student dacht in seynem můt
wes er den fürsten bitten wolt.
Er acht nit silber noch das golde
der hertzog do den visch hersach
zů dem studenten er do sprach
Biß wilkom vil gůter man.
dyn beger soltu mich wissen lan
Vor dem hertzogen er sich do neygt
als eyner der nach genaden steygt
Ich bit eüch edler fürste zart
nempt dye schenck auff dieser fart.
Dye bring ich her auff eüwer genad
nichtz anderß er den fürsten bat
Der hertzog sprach wz thůstu begerē
das wöllē wir dich allzeyt geweren
Genad herre ich eüch bitt
das ir mich geweren wölt do myt

Seite aus »Der Pfaffe vom Kahlenberg«, Volksbuch eines unbekannten Verfasser, frühe Druckfassung von Heinrich Knoblochtzer, 1490

Das Werk jedoch, welches in genialer Weise übermütigen, ja beißenden Spott mit bürgerlich-christlicher Lebenslehre in Verbindung gebracht hat, ist der »Ring« des HEINRICH WITTENWILER (ca. 1400). Seine Vorlage ist die saftige, im Fahrwasser Neidhart von Reuenthals zu sehende Schwankgeschichte »Von Mayr Betzen«. Aus der Kurzgeschichte einer Bauernhochzeit wird bei Wittenwiler ein breitausladendes Epos, das, reich mit den Zügen strotzenden Lebens und prächtiger Anschauung gefüllt, auch der Phantasie freien Lauf läßt und bei aller satirischen

Dat drydde boek C lxiii

¶ Wo reynke myt grymbart deme greuynge quemē in den hoff. vn̄ wo reynke syne worde makede vor dem̄ könynge. Dat erste capittel

REynke quam echt in den hoff
Dar in he was vor klaget groff
Wele de eme nicht wol enghunden
Vn̄ de na syneme leuende stunden

E i

»Reynke de Vos«, anonymmes niederdeutsches Versbuch. Zwischentitel vom Anfang des 3. Buches, Lübeck 1498

Absicht von echter Wirklichkeitsfreude erwärmt ist. In den großen Erzählverlauf einer Bauernhochzeit mit tragischem Ausgang ist eine Reihe von »Spiegeln« – kleine Handbüchlein vorbildlichen christlichen Verhaltens – eingelegt, die in sich selber ein eindeutige ernstgemeinte Lehre vorbringen. Der Dichter, der sich seine Lebenserfahrung und Bildung vermutlich als Advokat am bischöflichen Gericht in Konstanz erworben hat, gibt zusätzlich durch farbige Linien am Rand der Handschrift zu erkennen, welche Teile des Textes als Ernst und welche als Bauerntölpelei anzusehen sind. Aus Ernst und Schimpf ist dieses Leben nun einmal gemischt. Dem unflätigen Treiben wird zwar immer wieder der Spiegel des christlichen Lebenswandels vorgehalten, aber die Lehre vermag das Leben nicht zu durchdringen, ja kaum an es heranzukommen. Obwohl die Menschen gewarnt sind, ziehen sie doch um einer Kleinigkeit willen in einen Krieg, der das Dorf »Lappenhausen« vollständig vernichtet. Damit ist aber weder die Lehre entwertet noch dem Leben der letzte und überzeugende Sieg zugesprochen. Der Dichter enthält sich eines Urteils, vielmehr liegt ihm an einem exemplarischen Zusammenprall des Unvereinbaren und auch sonst verrät sich seine Leidenschaft eines Juristen, beiden Parteien zur reinen unverfälschten Darstellung ihres Wesens zu verhelfen. Nur so kann der Kontrast auch wirklich stilbildend sein, wenn ihm nichts von seiner Schärfe genommen wird. Es ist allerdings unbarmherzig, wie alles, was die nüchterne, glaubhafte Lehre aufbaut, in der Wirklichkeit des Bauernlebens wieder eingerissen wird, wobei im großartigen Zerstörungsbild des Dörferkrieges die Dämonen als die Sinnbilder Gestalt gewordener Unvernunft Seite an Seite mit Zeitgenossen, den Eidgenossen und den Hilfstruppen der Städte, im Kampf mittun. Es ist verständlich, daß sich aus solcher Überspanntheit kein echter Realismus der Darstellung ergeben kann: Der Stil ist einmal grotesk und übertreibend, ein anderes mal von phantastischer Bildhaftigkeit. Nur gelegentlich erreicht die Darstellung den Bereich verständnisvoller Wirklichkeit. Da stehen denn auch Gestalten, dem alten »Meier Helmbrecht« vergleichbar, von echter Sinnbildlichkeit, also nicht etwa nur ausschließlich von der Handlung bestimmte Vor- und Gegenbilder: Die Charaktere der Personen werden lebensecht gezeichnet. So sehr sich darin ein humorvolles Verständnis des Dichters für menschliche Torheit ankündigt, so sehr er sich durch mitschwingende Freude an der reinen Natürlichkeit auch dieser volkstümlichen Welt verbunden fühlt, im Gang der Erzählung gibt es – wie beim »Meier Helmbrecht« – keine Versöhnung. Bertschi

Triefnas, der bis zum Letzten seine Narrheit noch mit Erfolg verteidigt hat, zieht als Einsiedler von den Trümmern seiner Heimat hinweg, um als reuiger Sünder hinfort im einsamen Schwarzwald Gott zu dienen. Doch ist auch dieser Schritt ein Ausdruck der Torheit, nur die Lehre, die daraus zu ziehen ist, besitzt den Charakter des Ernstes. Solange der Mensch lebt, bleibt er in sündhafter Befangenheit seines Blickes, kommt das Jenseitige nicht wirklich in ihn herein. So ist die künstlerische Einheit des Werkes begründet in der pessimistischen Stimmung der Zeit seines Entstehens. Der Dualismus hat gerade den lebenskräftigsten Gestalten die Daseinsfreude abgerungen und sie an ihrer Einsicht in die Zwiespältigkeit der menschlichen Natur leiden lassen.

Das Volkslied

Im Minnelied ist seid Neidhart von Reuenthal eine unübersehbare Veränderung eingetreten. Mit dem »Gegengesang« wird die höfische Ausschließlichkeit aufgehoben. Nicht nur der Bauer, der nach den Vorbildern des Ritterstandes strebt, auch die höfischen Formen selbst verfallen zusehends. Zwar erklingt der traditionelle Minnegesang noch eine geraume Zeit weiter. Besonders im Süden und in der Schweiz erlebt er um 1300 im Kreise adliger und bürgerlicher Liebhaber eine späte Blü-

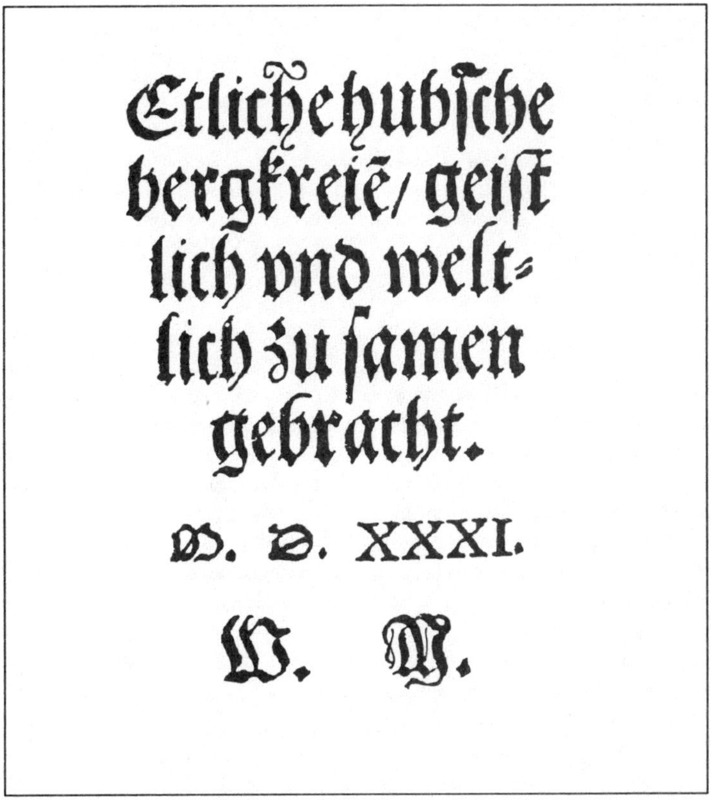
Etliche hubsche
bergkreiē/ geist
lich vnd welt=
lich zu samen
gebracht.

M. D. XXXI.

W. M.

Titelseite des »Bergkreien«, eines der ältesten gedruckten Liederbücher

te, die vor allen eines bewirkt hat, daß die Lieder systematisch gesammelt wurden und in den großen Liederhandschriften für die Nachwelt erhalten blieben. Das »Wiegenlied« von KONRAD VON WÜRZBURG, der diesem Kreis der Spätblüte des Minneliedes zuzurechnen ist, ist eine zarte, echt lyrische Schöpfung, die ansatzweise schon den Stil eines Volksliedes besitzt. Das Eigentliche wird nicht gesagt, sein Verschweigen erzeugt mithilfe der anklingenden Refrainzeilen den Zauber der vom Dichter gewollten Stimmung. Ähnliche Wirkungen, jedoch mit zunehmend erzählendem Inhalt, erreichen der später bürgerlich gewordene Ritter STEINMAR mit seinem »Tagelied« und der Züricher Bürger HADLAUB beispielsweise mit seinen Lied »Ach ich sach si triuten wol ein kindelein«.

Die Lyrik des Minneliedes geht nicht ganz nahtlos in das »namenlose« Volkslied über. Sie erscheint in Ansätzen nur wenig später in den Spruchdichtungen des »Meistergesangs«, wenngleich dort mit schwachen Ausdrucksformen. Im bürgerlichen »Gesellschaftslied« sammelt sich auf dem Wege des Abgleitens in das literarisch Bedeutungslose noch mancherlei an, daß teilweise noch den Anflug von etwas Kunstmäßigem besitzt, etwas, das naturgemäß dem Volkslied nicht zu eigen ist, obgleich beide Liedformen aus der gleichen Gesellschaftsschicht entstammen.

Schließlich ist die Lyrik nach dem Ende des Minnesangs gänzlich zu einer Sache des Volkes geworden. In Gestalt des Volksliedes erlebte sie einen erstaunlichen Aufschwung. Es ist freilich irrig, zu glauben, diese Lieder seien vom Volk in einer Art Gemeinschaftsarbeit entstanden. Selbstverständlich haben sie stets eine einzelne Persönlichkeit zum Verfasser. Der unbekannte Dichter traf aber die Gefühle seiner Mitmenschen so sicher, daß sein Lied binnen kurzer Zeit zum Gemeingut aller wurde. Sein Name wurde vergessen, lebendig blieb nur das »kleine« Werk. Dieses wurde allerdings bisweilen beträchtlich abgeändert. Oft genug wurde es regelrecht »zersungen«. Auf diese Weise sind leider manche Volkslieder im Mahlwerk der Zeiten zu teilweise unverständlichen Verstümmelungen geworden. Viele von ihnen aber waren so echt und gemütstief, dabei formal so fest gefügt, daß sie die Jahrhunderte überdauerten und noch heute mit der gleichen Anteilnahme gesungen werden wie damals.

Besungen werden die Dinge des Alltags, wie sie jedem widerfahren: Liebe und Schmerz, Treue und Sehnsucht, Heimat und Abschied, Hof und Haus, Wald und Wiese, Wachen und Schlaf, Morgen und Abend, all die scheinbar kleinen Anlässe, die so viel Bewegung des Herzens verursachen können. Die Form ist, wie es sich für ein Lied der Allgemeinheit gehört, äußerst einfach, bisweilen sogar ausgesprochen nachlässig. Aber das schadet hier nicht allzuwiel. Hauptsache dabei ist die Stärke des Gefühls:

»Es steht ein Baum im Odenwald
Der hat viel grüne Äst
Da bin ich schon viel tausendmal
Bei meinem Schatz gewest.«

Schon aus dem 15. Jahrhundert stammt das liebevoll wehmütige Abschiedslied: »Innsbruck, ich muß dich lassen, ich fahr dahin mein Straßen.« Ebenso das lustig-listige Trinklied:

»Den liebsten Buhlen, den ich han
Der liegt beim Wirt im Keller
Er hat ein hölzernes Röcklein an
Und heißt der Muskateller.«

Aus dem schwermütigen Lied »Ich hört ein Sichlein rauschen, wohl rauschen durch das Korn« klagt eine Trauer und Wehmut, die mehr Wahrhaftigkeit besitzt als die hohlen Worte manchen Kunstgesangs. Die wichtigsten Volkslieder wurden später in der Zeit der Romantik in der Sammlung »Des Knaben Wunderhorn« aufgeschrieben (ARNIM und BRENTANO). LUDWIG UHLAND hat in seinem Buch: »Alte hoch- und niederdeutsche Volkslieder« viele von ihnen dem Gedächtnis erhalten. Er mühte sich ferner um die moritatenähnlichen langatmigen Gesänge, die von allerlei geschichtlichen oder anderen fesselnden Begebenheiten berichten (vor allem Räubergeschichten). Es sind die frühen Formen der Ballade.

FRÜHE FORMEN DES DRAMAS

Die Vorstufe des »geistlichen Dramas« ist die liturgische Feier im Gottesdienst der Weihnachts-, Passions- und Osterzeit. Mit den einfachsten Mitteln veranschaulichten Geistliche einzelne Szenen der Heilsgeschichte. Aus dem Text der dazu gesungenen kirchlichen Hymnen wird das Begleitgespräch zu den lebenden Bildern entwickelt, das Bindeglied gewissermaßen zur Erläuterung von Handlung und Gebärde. Die Erweiterung erfolgt durch Dialogisierung der biblischen Berichte. In je größerem Umfang die Heilsgeschichte in das Spiel eingeführt wird, um so häufiger werden die Ansatzstellen, an welchen auch der Alltag in den gesprochenen Dialog eindringen kann, etwa in der Gestalt des marktschreienden Salbenverkäufers, so daß der Schauplatz der Spiele schließlich von der Kirche auf den Vorplatz und auf den städtischen Markt verlegt wurde, wo sich diese Veranstaltungen zu großen Schaustellungen auswuchsen, die Tage dauern und die bürgerlichen Spielgemeinschaften zu großen Leistungen der Regie- und Schauspielkunst anspornten.

Das älteste vollentwickelte deutsche Osterspiel, das »Osterspiel von Muri« (im Aargau, Mitte des 13. Jahrhunderts) zeigt bereits dieses ausgebildete Nebeneinander geistlicher Dichtung (besonders ausdrucksvoll in der Sündenklage der Maria Magdalena) und wirklichkeitsnaher Darstellung (der Krämer oder das drastische Benehmen der ritterlichen Grabwächter). Die Ansätze der Wortkunst liegen teils in frühmittelhochdeutscher, geistlicher Dichtung, teils in der höfischen Kunst HARTMANN VON AUES, und im Eindringen der realistischen Teile kündigt sich bereits der Kontraststil der Folgezeit an. Die Spiele wollten erschüttern und belehren: Auch die unheiligen Mächte werden dazu aufgerufen, insbesondere wird nichts unterlassen, den Teufel ausdrucksvoll zu gestalten, durch Grauen und Lachen, durch Beschwörung der Hölle wie durch durch den Flitter menschlicher Prachtentfaltung soll der Zuschauer nur um so tiefer für den bleibenden, jenseitigen Gehalt der Spiele empfänglich gemacht werden. Wie auf den Passionsbildern der Zeit herrscht in der Darstellung des Grausamen, des Leidens eine peinliche Genauigkeit, die bis an die Grenze des Erträglichen geht. Im ausgebildeten Spiel ließ man es an nichts fehlen, selbst nicht an Dingen, die wir heute als komisch empfinden: Daß der Hahn, der Petrus zu warnen hat, an einer Säule aufgehängt wird, während ein Knabe das Krähen zu übernehmen hat. Niemand zweifelt am Sieg des Guten, deshalb darf sich das Böse auch so mächtig gebärden. Je mehr das Böse durch groteske Übertreibung das Grauen erregt oder durch Lachen entwaffnet wird, um so höher erhebt sich in dieser Schwarz-Weiß-Malerei der Triumph der göttlichen Wahrheit.

So realistisch die Einzelheiten ausgestaltet werden, so unrealistisch ist die Gesamtanlage der mittelalterlichen »Bühne«, der Schauplatz, auf welchem nebeneinander die »Stände« aufgebaut sind, an denen sich das Spiel abzuwickeln hat. Schon aus diesem Wandern der Schauspieler von einem Schauplatz zum anderen ergibt sich der epische Aufbaustil dieser Spiele, die Reihung in sich geschlossener Szenen, wobei sich die innere Verknüpfung teils aus der Kenntnis der heiligen Geschichten von selbst ergab, teils in belehrender Absicht durch einen Vorsprecher erfolgte.

Das »Rheinische Osterspiel« (ca. 1460) gelangt bereits zu einer gewissen Scheidung des Wesentlichen vom Unwichtigen und ist auf dem Wege vom »Spiel« zu einer dramatischen Gesamtanlage mit bestimmter Verteilung der Akzente. Indem die Gespräche mehr an die Zuschauer als an die Gesprächspartner im Spiele selbst sich richten, die Sprecher mehr Repräsententen denn Verkörperungen individueller Gestalten sind, haben diese geistlichen »Festspiele» noch wenig wirklich Dramatisches an sich.

Das »weltliche Spiel« beschränkt sich fast ausschließlich auf Fastnachtsspiele. In der Spielanlage, der revueartigen Reihung der Gesprächsszenen, äußert sich der Einfluß der geistlichen Tradition wie der lehrhaften Schwankdichtung. Der tiefere Anlaß liegt jedoch, wie schon Name und Anlaß besagen, im volkstümlichen Brauchtum beschlossen. In der Maske vermummt erscheinen die Geister der Ahnen, die belehrend, rügend und segnend vor ihre Zuhörer treten. Im Maskentreiben verwandelt der Mensch sich selber und nimmt sich als Besessener das Recht, die Bande von Zucht und Ordnung aufzulösen und seinen dunklen, sonst unterdrückten Trieben freien Lauf zu lassen. Mit dem Wechsel der Jahreszeiten ist solche primitive Symbolik von Anfang an verknüpft. Aus dem Wiener Brauch, daß der Herzog das erste Veilchen mit seiner ganzen Hofhaltung als das Zeichen des Frühlings zu begrüßen pflegte, entwickelte sich das »Neidhartspiel von St. Paul« (Anfang des 14. Jahrhunderts). Im bürgerlichen Fastnachtsspiel ist die entfesselte Lebenslust wie auch das Recht der schonungslosen Bloßstellung und

Rüge menschlicher Torheit und Laster noch durchaus das Entscheidende in der Aussage. Nur die Szenerie wird eingeschränkt. Die Maske wird nun nicht mehr zwingend verwendet und ein geeigneter, schwankartiger Stoff wird dialogisiert. Häufig wird die Gerichtsverhandlung als Rahmen gewählt. Zu einer besonders hohen Kunst ist das Fastnachtsspiel allerdings nicht entwickelt worden. Die derbe, fastnachtliche Frivolität und der derbe Scherz beherrschen allzusehr das Bild. Eine besondere Tradition hat Nürnberg mit FOLZ und ROSENPLÜT eingeleitet. Hier war auch die berühmte Fasnachtsbelustigung des sogenannten Schembartlaufens lebendig und von den Zünften tatkräftig unterstützt. Wieder hat das Spätmittelalter die Ansatzpunkte geschaffen, an denen Spätere anknüpfen konnten. HANS SACHS, ebenfalls in Nürnberg wirkend, hast dies meisterlich getan. Generell hat erst die Zeit der Reformation das weltliche Spiel auf eine höhere Stufe gehoben und damit die Basis für die Entwicklung des Dramas geliefert.

Der Meistersang

Durchaus bewußt übernahmen die Bürger der Städte das kulturelle Erbe der höfischen Zeit. Sie taten es sogar mit großem Ernst und im Geiste einer echten Verpflichtung. Insbesondere die Liedkunst hatte es ihnen angetan, das Reimen. So fühlten sie sich als bald als die rechten Nachfolger der Minnesänger. Es ist rührend und erheiternd zugleich, mit welch schlafwandlerischer Sicherheit diese ehrenwerten Männer am Wesen aller Dichtung vorbeigingen. Sie hielten sie nämlich für völlig erlernbar. Gedichte wurden bei ihnen gemacht, wie der Stellmacher einen Wagen zusammenbaute. Kunst und Handwerk waren eins. Fleiß

Hans Sachs (1494–1576)

und Ausdauer spielten die Hauptrolle. So war es schließlich in ihren Berufen ja auch. Kann man es ihnen sehr verübeln?

Die Bewegung, die aus solchem Wollen entstand, nennt man den *Meistergesang*. Die höchste Stufe nämlich, die erreicht werden konnte, war die eines Meisters. Man sieht schon: Die Dichtkunst war regelrecht organisiert. Im Laufe des 15. Jahrhunderts entstanden die sogenannten *Singschulen*. Hier konnte man das Dichten erlernen. Von Süddeutschland aus verbreiteten sie sich in den Norden hinauf bis nach Breslau und Danzig. Sie waren eine Art von Dichterzünften, und es war gar nicht so einfach, Zugang zu ihnen zu erhalten. Berühmt waren die Singschulen von Augsburg, Straßburg und Nürnberg. Manche hielten sich zum Teil noch sehr lange, in Ulm und Memmingen zum Beispiel bis ins 19. Jahrhundert hinein.

Der falschen Grundeinstellung gemäß hat der Meistersang nichts hervorgebracht, was dichterische oder auch nur literarische Bedeutung hätte. Der geistige Gehalt spielte überhaupt keine Rolle. Die Form war alles. Und diese wurde nach strengen, rein äußerlichen Regeln gehandhabt. Alles ist nach Rezepten hergestellt. Der Nürnberger CHRISTOPHORUS WAGENSEIL berichtet darüber in seinem Buch: »Von der Meistersinger holdseligen Kunst Anfang, Fortübung, Nutzbarkeiten und Lehrsätzen«: »Wer die Tabulatur nicht recht versteht, wird ein Schuler. Der alles in derselben weiß, ein Schulfreund. Der etliche Töne, etwa fünf oder sechs, fürsingt, ein Singer. Der nach anderen Tönen Lieder macht, ein Dichter. Der einen Ton erfindet, ein Meister!«

Das wichtigste war also die Tabulatur. In ihr waren die Regeln aufgeschrieben, gegen die auf keinen Fall verstoßen werden durfte. Darüber wachte der sogenannte »Merker«. Ein eigener Ton, eine neuartige Reimform also war das höchste, was erreicht werden konnte. Diese »Töne« führten meist äußerst schnurrige Namen wie »gestreifte Safran-Blümelein-Weis«, »der Abgeschiedenenton«, »abgeschnittene Vielfraßweis«. Die Themen waren so gut wie gleichgültig. Zunächst waren sie meist religiöser und biblischer Herkunft. Später kamen alle möglichen Dinge aus dem Alltag hinzu. Echtes Gefühl war überflüssig. RICHARD WAGNER hat in seiner Oper von den Meistersingern die Zustände ziemlich genau getroffen, obwohl er den Meistern in der Wertung zweifelsohne zu viel Ehre angedeihen läßt.

Nicht als Meistersinger überragt HANS SACHS seine dichtenden Zunft- und Zeitgenossen, sondern als echter Volksdichter. Zwar hat er im Laufe seines Lebens mehr als 4000 Meistergesänge geschrieben. Auch erfand er selber nach eigenen Angaben dreizehn Töne. Den Titel »Meister« trug er also wahrhaftig mit Recht. Nichts von diesen Bemühungen aber hat die eigene Zeit überdauert. Zum Glück jedoch war sein Geist zu beweglich und aufnahmebereit, um sich im üblichen Getriebe zu erschöpfen. Er hat noch viele hundert Tragödien, Komödien, Schwänke und Fastnachtsspiele verfaßt, abgesehen von zahllosen Sprüchen und Fabeln. Seine Fruchtbarkeit grenzt geradezu ans Unwahrscheinliche. In einigen dieser Schwänke und Fastnachtsspiele nun zeigt er sich als ganz echtes, ursprüngliches Talent. Sie haben ihm einen unbestreitbaren Rang in der deutschen Literatur gesichert. Er ist in Wahrheit der erste wirkliche Dramatiker deutscher Sprache.

Als Sohn eines Schneiders wurde er 1494 in Nürnberg geboren. Dort besuchte er die Lateinschule und erlernte das Schuhmacherhandwerk. Von dem Leinenweber NUNENBECK ließ er sich in die Geheimnisse des Meistersangs einweihen und brachte es darin zu hohen Ehren. Er starb hochbetagt am 19. Januar 1576. Bedeutung hat er nur auf dramatischem Gebiet. Er selbst unterscheidet zwischen Tragödien (Stücke mit tödlichem Ausgang), Komödien (Stücke mit versöhnlichem Ende) und Spielen. Unter die letzten sind die Fastnachtsspiele und Schwänke zu rechnen. Sie sind seine eigentliche Leistung. Mit angeborenem dramatischen Gefühl und sicherem Griff weiß er – ohne auf eine nennenswerte Überlieferung aufbauen zu können – seine kleinen Stücke so zu gestalten, daß sie überraschende Wirkungen erzielen. Die Begebenheiten sind an sich schon voll natürlicher Komik. Der Dichter aber hat den Leuten auch ins Herz und auf den Mund gesehen. Frisch, keck und unbekümmert setzt er seine Szenen. Seine Dialogführung ist ausgesprochen witzig. Er weiß, worüber seine Mitmenschen gerne lachen, wie sie reden. Dabei hat Hans Sachs noch das besondere Verdienst, übertriebene Derbheiten und regelrechte Zoten, die sich in Spielen und Schwänken der Zeit nur allzuhäufig breitmachten, vermieden zu haben.

In der Auswahl der Stoffe kennt er so gut wie keine Grenzen. Er war unerhört belesen. Ob es nun Boccaccio war oder eine Chronik, ein griechischer oder lateinischer Schriftsteller, die deutsche Heldensage oder die Bibel – wenn ihm etwas der Darstellung wert schien, dann nahm er es. Selbst erfunden dürfte er kaum etwas haben. Das sagt aber nicht das geringste gegen ihn. Es entsprach der allgemeinen Auffassung seiner Zeit: Jeder nur erreichbare Stoff war Allgemeingut. Wichtig war nur die Bearbeitung. Die Quellen seiner Fastnachtsspiele waren in erster Linie die beliebtesten Schwanksammlungen seiner Zeit und die Volksbücher.

Der belehrende Grundzug ist auch bei ihm vorhanden. Er will die Leute bessern. Das versucht er mit Spott und Gelächter. Auch versäumt er es selten, irgendeine Folgerung aus dem Geschilderten zu ziehen. In dem Schwank »Der Kaufmann mit der Sackpfeife« tragen alle möglichen Leute einem Kaufmann aus Mainz Bestellungen auf, jeder aber versäumt es, ihm auch Geld für die Besorgungen zu geben. Nur ein armer Schäfer legt einen Taler zu seinem Zettel. Während der Schiffsreise auf dem Rhein nun nimmt der Wind all die losen Zettel mit davon bis auf den einen des Schäfers. Auf diesem nämlich liegt der Taler. Die Moral lautet:

»Des Schäfers Merkmal – das ist gut
Da es den Kaufmann sichern tut.
Er kann es auch verlangen billig
Und dazu macht es ihn gutwillig.
Er weiß, daß ihm daraus erwachs
Kein Schaden. Solches rät Hans Sachs.«

Manche dieser Schwänke kann man heute noch mit unverhohlenem Vergnügen auf der Bühne sehen oder lesen. In der reizenden Geschichte »Sankt Peter mit der Geiß« (Petrus übernimmt von Gott für einen Tag die Lenkung und Bewachung der Weltgeschicke, dargestellt am Beispiel einer jungen Ziege) werden Überheblichkeit und Anmaßung auf das anmutigste verspottet. »Das Narrenschneiden« schildert, wie einem »Kranken« vom Arzt alle möglichen Laster – sie rumoren als leibhaftige Narren in seinem Bauche – zum allgemeinen Gaudium regelrecht herausoperiert werden. »Das heiß Eisen« ist eine Ehebruchsgeschichte von überwältigender Komik, »Der Dieb von Fünsingen« ein echter Schelmenstreich, ebenso wie »Der fahrende Schüler im Paradies«.

Humanismus und Reformation

So ungleich Humanismus und Reformation zu sein scheinen und sosehr sich ihre einzelnen Vertreter auch bekämpfen, sie kommen doch beide aus einem gleichen Grundgefühl. Es ist das Verlangen nach Befreiung des Einzelnen aus einer Gebundenheit, die nicht mehr als angemessen empfunden wird. Die Wege allerdings sind verschieden. Der Humanismus sucht seine Zuflucht in der Wissenschaft, vorab in der Beschäftigung mit der Antike, dem klassischen, nichtchristlichen Altertum. Luther und seine Anhänger fordern und erzwingen eine religiöse Entscheidung. Ihr Anliegen wird zu einer regelrechten Volksbewegung, welche den Humanismus überflügelt und in gewisser Beziehung zum Erliegen bringt.

Die Literatur dieses Zeitalters ist reichhaltig, dichterisch und künstlerisch aber völlig unergiebig. Die Tätigkeit der Humanisten ist in erster Linie wissenschaftlich. Ihre Schriften verfolgen erzieherische Zwekke. Das Ideal heißt: Brüderlichkeit unter den Menschen, ein geistig betontes, edles Leben in einer freien Gemeinschaft. Angeregt ist der Humanismus vor allem von der italienischen Renaissance (13. und 14. Jahrhundert), Petrarca, Boccaccio, Dante sind Geistesfürsten, die man verehrt. Außerdem natürlich die ganze lateinische Welt (Vergil, Horaz, Cicero.) Die Sprache ist wiederum das Lateinische, das haushoch über das Deutsche gestellt wird. Schon aus diesem Grunde konnten die Humanisten innerhalb unserer Literatur keine Bedeutung gewinnen. Jedenfalls waren ihnen Wirkungen versagt, die über den eigenen Stand hinausgereicht hätten.

Johannes Reuchlin (1455–1522) ist einer der ersten und bedeutendsten Humanisten in Deutschland. Durch seine »Epistolae clarorum virorum« (1514) forderte er ein Jahr später die berühmten »Epistolae obscurorum virorum« (Die Dunkelmännerbriefe) heraus. Mit ihrem absichtlich schlechten und falschen Latein besitzen diese für den Kenner einen gewissen Reiz. Neben Philipp Melanchthon ist dann vor allem Erasmus von Rotterdam (1467–1536) der beachtlichste Kopf unter den Humanisten. Sein »Laus stultitiae« (Lob der Torheit) wurde viel bewundert. Es gehört zu der damals sehr beliebten Gattung der Narrenbücher. Schon Sebastian Brandt war 1494 mit seinem »Narrenschiff« ein starker Erfolg beschieden. Bücher dieser Art schildern zum Zwecke der allgemeinen Belehrung in satirischer Form alle möglichen menschlichen Sitten, vor allem aber Unsitten. Für die heutigen Auffassungen

Sebastian Brant (1456–1521)

ist die Darstellung nicht so besonders witzig. Damals aber übte sie doch beträchtliche Wirkung aus.

Eine besondere Stellung nimmt ULRICH VON HUTTEN ein (1488–1523). Von ihm stammt der bekannte Ausruf, der gewissermaßen als Überschrift des Zeitalters gedacht war: »O Jahrhundert, O Wissenschaften! Es ist eine Lust zu leben!« Der Humanist Hutten schlug sich im Religionsstreit schließlich nachdrücklich auf die Seite Luthers, im Gegensatz zu den meisten anderen Kollegen, die eine zögernde Neutralität bevorzugten. Sein Wahlspruch war ja auch: »Ich habs gewagt!« So wurde er

Ulrich von Hutten (1488–1523)

zu einem der sprachgewaltigsten Streiter der Reformation. Ganz folgerichtig entschloß er sich später dann auch zur Anwendung der deutschen Muttersprache:

»Latein ich vor geschriben hab,
Das war eym yeden nit bekandt
Yetzt schrey ich an das vatterlandt

Teutsch nation, in ihrer sprach
Zu bringen dissen dingen rach.«

Hutten ist der Verfasser zahlloser Kampfschriften und Flugblätter, in denen er sich immer wieder in den heftig wogenden Streit der Geister mischte. Er war ein großartiger Schreiber, Urbild des kämpferischen Journalisten, der eine echte Aufgabe hat.

Sein erfolgreichster Gegenspieler auf katholischer Seite war der Franziskanermönch THOMAS MURNER (1475–1537). Er stand als Mensch an der Schwelle des Übergangs vom Alten zum Neuen. In der spätmittelalterlichen religiösen und literarischen Überlieferung tief verwurzelt, ist er doch nicht ohne Verständnis für die Probleme seiner Zeit, vor allem auch derjenigen der Kirche. Er selbst ist von starkem Reformwillen beseelt, ohne dabei allerdings begriffen zu haben, welche Zeichen die Zeit gesetzt hatte. Dieser gescheite Kopf zeichnete sich auch gegen die eigenen Glaubensbrüder durch eine ungewöhnliche Derbheit des Ausdrucks aus. Er formulierte aber seine Grobheiten so gut, daß sie eine treffsichere, bisweilen tödliche Wirkung erzielten. Leider war er nur ein Streiter. Eine solche Sprachbegabung hätte zu anderer Zeit auch anderes vollbracht.

Er führte seinen Kampf noch vorwiegend mit den Waffen des Spätmittelalters, der Moralpredigt und der Moralsatire, die sich der schweren Zeitkrise gegenüber schon längt als unzulänglich erwiesen hatten. Als er später in das Spannungsfeld des lutherischen Glaubenskampfes geriet, stellt er sich dem großen Reformator mehr unbesonnen als mutig entgegen. Zunächst mit theologischen Streitschriften, dann mit der wuchtig ausholenden Satire »Von dem großen Lutherischen Narren«. Dieses Werk erregte jedoch mehr Unwillen als Beifall und Murner wird von da an selbst zum Gegenstand beißenden Spotts seiner Gegner. Er büßte auch die durch seine launigen Moralsatiren errungene Volkstümlichkeit rasch wieder ein, so daß er nach einem mißlungenen Versuch, auch in der Schweiz der Reformation entgegenzuwirken, in seinem Geburtsort Oberehnheim im Elsaß in Vergessenheit sein Leben beschloß.

Streit ist das Kennzeichen der ganzen Epoche. Satire, Pamphlet und Flugschrift waren die Mittel. Für Dichtung war kein Raum mehr vorhanden. Die Wogen gingen zu hoch. Schade um die großen Begabungen!

Nicht nur im religiösen Kampf, auch in der Literatur ist MARTIN LUTHER die hervorragendste Erscheinung des bewegten Zeitalters. Seine Bibel ist der Beginn einer einheitlichen deutschen Schriftsprache. Darüber hinaus besaß seine Persönlichkeit auch im Stilwillen eine so starke prägende Kraft, daß er bis auf den heutigen Tag zum Vorbild und Lehrer vieler Schreibender wurde.

Martin Luther wurde am 10. November 1483 als Sohn eines Bergmanns zu Eisleben in der Grafschaft Mansfeld geboren. Nach dem Besuch der Universität Erfurt trat er dort in den Augustinerorden ein. Mit den 95 Thesen, die er am 31. Oktober 1517 an der Schloßkirche zu Wittenberg anschlug, löste er die Reformationsbewegung aus. Auf dem Reichstag zu Worms 1521 weigerte er sich, seine Ansichten zu widerrufen: »Hier stehe ich. Ich kann nicht anders. Gott helfe mir! Amen.« Mit dieser Haltung rief er nicht nur religiöse Unruhen, sondern auch soziale Aufstände hervor. Er wurde zum Hort aller Freiheitsliebenden. Das

Martin Luther (1483–1546)

aber wollte er gar nicht. Ganz betont wahrte er Abstand vom Bauernkrieg und seinen Folgen. Später vertrat er sogar deutlich die Rechte der Fürsten. Während er in Acht und Bann war, machte er sich auf der Wartburg daran, die Bibel aus dem Griechischen und Hebräischen ins Deutsche zu übersetzen. Das ist seine einmalige literarische Tat. Am 18. Februar 1546 starb er in Eisleben.

Luthers Menschenbild ist bestimmt durch den bei Paulus vorgebildeten Gedanken der Unterscheidung des kreatürlichen und des durch Christus erneuerten Menschen, des Menschen nach dem Fleisch und des Menschen im Geist. Oder nach Luthers Worten: Des äußerlichen und des innerlichen Menschen. Diese Unterscheidung des Menschen nach dem Fleisch und des Menschen im Geist ist grundsätzlich verschieden von dem Gegensatz der sinnlich-triebhaften und der geistig-vernünftigen Natur des Menschen. Seine Besonderheit ist seine Auffassung des Menschen, daß er ihn in seiner Gesamtheit nimmt und bestehen läßt und in seiner Ganzheit Gott gegenübergestellt sieht: Leibhaftigkeit, Sinne, Triebe, Verstand, Vernuft, Wille, bilden zusammen das, was er die kreatürliche Seite des Menschen, den Mensch nach dem Fleisch nennt. Der leib, die Sinne werden nicht herabgesetzt zugunsten anderer Kräfte, des Willens oder der Vernunft. In seiner »Vorrede zum Römerbrief« warnt er ausdrücklich vor solcher Vergewaltigung. Fleisch bezeichne nicht allein, was die Unkeuschheit betreffe, heißt es hier, sondern »alles, was aus Fleisch geboren ist, den ganzen Menschen mit Leib und Seele, mit Vernuft und allen Sinnen«. Der äußerliche Mensch, der Mensch im Fleisch, ist also der Mensch in seiner Ganzheit. Der innerliche Mensch, der Mensch im Geiste, ist der durch Christus erlöste, der Mensch im Stande der Gnade, der freie Christenmensch. Dieser Gegensatz ist bei Luther von kompromißloser Schärfe. Der Mensch von Natur ist völlig verdorben, er hat »Unlust zum Guten, ist willig nur zum Bösen«. Er ist gebunden, wie Luther dies in seiner Schrift gegen Erasmus' Schrift »Vom unfreien Willen« mit aller Schärfe verficht. Luthers Menschenbild ist also dualistisch wie das des Spätmittelalters; aber dieser Dualismus ist nicht mehr der unversöhnliche Antagonismus von Weltlust und Weltverneinung, sondern einer, dessen Überwindung und Versöhnung außerhalb des menschlichen Bemühens auf transzendenter Ebene im Zeichen des Kreuzes geschieht.

In der Einleitung zur Grammatik der deutschen Sprache urteilt Jakob Grimm: »Luthers Sprache muß ihrer edlen, fast wunderbaren Reinheit, auch ihres gewaltigen Einflusses halber für Kern und Grundlage der neuhochdeutschen Sprachniedersetzung gehalten werden.« Tatsäch-

Titelseite der ersten vollständigen, von Martin Luther übersetzten Bibel

lich ist es dem mächtigen Formwillen Luthers gelungen, den deutschen Sprachenwirrwarr zu beseitigen. Schon vor ihm gab es zahlreiche Bibelübersetzungen. Keine von ihnen aber vermochte den Rahmen der Mundart zu sprengen und zum Allgemeingut des Volkes zu werden.

Von der Freyheyt
eynisz Christen
menschen.

Martinus Luther.

Vuittembergae.
Anno Domini
1520.

»Von der Freiheit eines Christenmenschen«, Titelseite der Reformationsschrift von Martin Luther, Wittenberg 1520

Gerade das aber war Luthers Absicht. Dafür mußte er sich allerdings überhaupt erst eine Sprache schaffen, die das Unterfangen ermöglichte. Mit unbändiger, leidenschaftlicher Willenskraft machte er sich an die Arbeit. Der Versuch gelang. Seine Bibel wurde ein beispielloser Erfolg. Von nun an hatten die Deutschen eine einigende Sprache, die über allen Mundarten stand.

Wichtige Vorarbeit hatten die kaiserlichen und fürstlichen Kanzleien geleistet. Schließlich waren diese darauf angewiesen, mit ihren Erlassen überall verstanden zu werden. Also bemühten sie sich immer um eine Art Mittelweg zwischen den verschiedenen Mundarten. Darauf baute Luther bewußt auf. Als Grundlage wählte er die obersächsische Mundart der Meißner Kanzlei. Er ergänzte sie noch aus anderen Mundarten. Überhaupt war die Volkssprache alles in allem Ausgangspunkt seiner Bemühungen. In seinem »Sendbrief vom Dolmetschen« erläuterte er seinen Grundsatz: »Man muß nicht die Buchstaben in der lateinischen Sprache fragen, wie man soll deutsch reden, sondern man muß die Mutter im Hause, die Kinder auf der Gassen, den gemeinen Mann auf dem Markt drum fragen und denselbigen auf das Maul sehen, wie sie reden.« Den letzten Ausschlag aber dürfte doch die eigene sprachschöpferische Begabung Luthers gegeben haben.

Die lebendige Kraft seiner Bilder war so groß, daß sie dem Leser sofort ins Bewußtsein drangen und auch darin hafteten. Es ist seiner Wortkunst zu danken, daß wir heute manche Dinge mit dem Wort auch schon leibhaftig vor uns sehen. Ausdrücke, die wir für selbstverständlich nehmen, sind von Luther regelrecht erfunden. Von ihm stammt das Wort »Muttersprache«. Die Wendungen »dichten und trachten«, »himmelschreiend«, »Zeichen und Wunder«, »seine Hände in Unschuld waschen«, »Zeichen der Zeit«, »sein Licht unter den Scheffel stellen«, »wie Sand am Meer« sind Prägungen von ihm.

Mit der Bibel hat er außerdem eines der größten Kunstwerke der Welt zum geistigen Allgemeinbesitz gemacht. Eine ursprüngliche dichterische Kraft hat es ihm ermöglicht, ihre Bilder und Gleichnisse in ebenbürtiger Weise wiederzugeben. Im Gedächtnis der meisten leben sie mit seinen Worten und Vorstellungen. Man denke nur an die hymnische Gewalt der Psalmen oder an die unvergleichliche Stelle im 13. Kapitel des Korintherbriefes:

> »Wenn ich mit menschen und mit engel zungen redet, und hette der liebe nicht, so wäre ich eyn dohnend ertz oder eyn klingende schelle. Und wenn ich weyssagen kunnt und wußte alle

gehevmnis, und alle erkenntnis, und hette allen glauben also, daß ich berge versetzete, und hette der liebe nicht, so were ich nichts. Und wenn ich alle meyn habe den armen gebe, und ließ meynen leyb brennen, und hette der liebe nicht, so were myrs nichts nutze.«

Aber Luther war nicht nur Übersetzer und Sprachschöpfer, sondern auch ein eigenständiger Dichter. Das beweisen seine Kirchenlieder. Nicht wegen ihrer konfessionellen oder theologischen Bedeutung sind einige noch so lebendig wie am ersten Tage, sondern wegen der künstlerischen Gewalt, die in ihnen wohnt. Ein machtvolles Gefühl, das alle bewegt, ist in gültiger Form zum unmittelbaren Ausdruck gebracht. Das ist das Entscheidende. In dem erhebenden Gesang: »Ein feste Burg ist unser Gott« ist das unerschütterliche Vertrauen Ungezählter zu einem Chor vereint. Das Weihnachtslied »Vom Himmel hoch da komm ich her« bringt Menschen aller Konfessionen jedes Jahr die gleiche Freude. Der Psalm: »Aus tiefer Not schrei ich zu Dir« gibt die Verlorenheit aller Schicksalsverlassenen wieder.

Nicht zu vergessen ist Luthers publizistische Tätigkeit. Sie war von einem ungeheuren Erfolg begleitet. Seine Flugschriften waren meist in wenigen Tagen in Tausenden von Exemplaren verbreitet. Wie vulkanische Ausbrüche schleuderte er sie in die Welt, um sein Anliegen zu verteidigen. »Wenn ich wohl dichten, schreiben, beten und predigen will, so muß ich zornig sein. Da erfrischt sich mein Geblüt, mein Verstand wird geschärft, und alle unlustigen Gedanken und Anfechtungen weichen.« Nachhaltigste Wirkung hatten Streitschriften wie: »Von der Freiheit eines Christenmenschen«, »Über die babylonische Gefangenschaft der Kirche«, »Von den guten Werken«, »Sermon vom Wucher«, »An den christlichen Adel deutscher Nation von des christlichen Standes Besserung«. Darin stehen die unvergänglichen Worte: »Gott hat geboten, man soll Eid und Treue halten auch den Feinden«. Selten hat jemand größere Macht über unsere Sprache besessen, als dieser Sohn eines Thüringer Bergarbeiters.

Grobianische Zeit

Auf die Reformation folgte auch in der Literatur ein Niedergang. Das allgemeine Geschehen hatte Kräfte entfesselt, die nicht so schnell zu bändigen waren. Urtümliche, ursprüngliche Menschentriebe feierten geradezu Triumphe, auch in der Literatur. Anrüchigkeiten, Zoten, Beschimpfungen und Kraftmeiertum wurden die große Mode. Je ungebärdiger es zuging, desto größer war der Anklang. Auf solchem Boden konnte kein Kunstwerk gedeihen. Selbst die Satiren, die sich gegen dieses Tun richteten, gelangten über eine gewisse Tagesbedeutung nicht hinaus (Dedekinds »Grobianus« etwa oder Caspar Scheidts »Grobianus, von groben Sitten und unhöflichen Geberden«). Insbesondere auf der Bühne begannen sich neben den künstlerisch bedeutungslosen Dramen der Reformation und Gegenreformation die blutigsten Räuberstücke breitzumachen.

Der einzige, der über die Zeitgenossen hinausreicht, ist Johann Fischart (etwa 1546 bis 1590). Dieser Straßburger besaß von Natur aus

Johann Fischart (ca. 1546–1590)

hohe Gaben. Aber auch er wußte sie nicht recht zu nutzen. Seine beste Leistung ist noch das »Glückhafte Schiff«. Hier wird in Versen eine ausgelassene Reise von Züricher Bürgern auf Limmat und Rhein geschildert. Die Insassen des Schiffs haben sich geschworen, einen heißen Hirsebrei von Zürich nach Straßburg zu bringen, ehe er kalt wird. Auf diese drollige Weise wollen sie den Straßburgern beweisen, daß sie ihnen nahe genug seien, um ein nachbarliches Bündnis mit ihnen schließen zu können. Das harmlose Ereignis ist in lustiger Art erzählt, es wirkt stellenweise recht unterhaltsam. Fischarts Hauptanliegen jedoch war, den »Gargantua« des Franzosen RABELAIS ins Deutsche zu übertragen. Der Titel seines Versuches lautet »Geschichtsklitterung«. Aus der Übersetzung wurde allerdings eine eigenwillige Bearbeitung mit vielen Abschweifungen und fremden Einsprengseln (Schwänke, Gedichte). Alles gedieh dem Verfasser zu sehr in die Breite. So ist er über das erste Buch nicht hinausgekommen. Ohne Zweifel besaß auch er ein ungewöhnliches sprachschöpferisches Talent. Aber er wußte es überhaupt nicht zu bändigen. Die Sucht nach Wortprägungen, Witzen, Verdrehungen, gewaltsamen Wendungen überwältigte ihn immer wieder. An Einfällen fehlte es ihm wahrhaftig nicht. Für Provision sagt er Brotfrission, für monarchisch mannherrisch, statt melancholisch maulhenkolisch. Leider geriet er ständig ins Uferlose. Die Lust am Übertreiben überschwemmte alles andere. Ein ursprüngliches Talent, das an der eigenen Maßlosigkeit scheiterte.

Die Sprachgesellschaften

Den Gegenstoß gegen die Verwilderung der Grobianischen Zeit brachte in der Literatur erst das 17. Jahrhundert, jene Epoche also, die politisch zu den unglückseligsten der deutschen Geschichte zählt. Die Autorität des Kaisers wurde immer mehr zu einem Schattengebilde. Nun, er war ohnehin fast immer in ausländische Interessen verwickelt. Um so mehr Gewalt erlangten zu Hause natürlich die einzelnen Fürsten. Gegenseitig freilich befehdeten sich die Herren auf das heftigste. Kein Wunder, daß Deutschland ein Bild beispielloser Zerrissenheit bot. Im Dreißigjährigen Krieg wurde es dann in einem Grade verwüstet und ausgezehrt, wie man es bis dahin noch nie gekannt hatte. Zu alledem begannen vom Osten her die Türken immer sichtbarer den Bestand des Abendlandes zu bedrohen (im Jahre 1583 waren sie sogar bis vor Wien gekommen). Und von Westen her trugen die Franzosen Unruhe und Zerstörung ins Herzland Europas (1689 Verwüstung der Pfalz). Das Zeitalter des Absolutismus brach an. 1640 begann der Große Kurfürst in Brandenburg sein Regiment, 1652 bestieg Ludwig XIV. von Frankreich, der »Sonnenkönig«, seinen Thron. Die Politik zerstörte die Wirtschaft. Der große Wohlstand, der sich in vergangener Zeit gerade in den Städten angesammelt hatte, verschwand im Rachen des Krieges. Ein beträchtlicher Teil des Bürgertums wurde in das allgemeine Volkselend mit hineingezogen. So blieb für geistige Belange nur noch eine ganz dünne Oberschicht von Gebildeten und Gelehrten. Häufig genug waren sie noch von der Gnade der Fürsten abhängig. Zufluchtstätten der Kultur waren einzelne Städte und ein paar Höfe.

Die Literatur erhielt einen Zug ausgesprochener Gelehrsamkeit. Das war nie sonderlich bekömmlich für sie, auch damals nicht. Im Jahre 1617 wurde unter der Leitung und Obhut des Fürsten Ludwig von Anhalt-Köthen nach dem Vorbild der Florentiner Akademie die *Fruchtbringende Gesellschaft* gegründet. Sie sollte die Verrohung der Sprache und Literatur hemmen, womöglich wieder gültige künstlerische Leitsätze aufstellen. Neben vielen erlauchten Herren und Damen gehörten ihr auch die namhaftesten Dichter und Schriftsteller der Zeit an, Opitz also, Gryphius, Neumark, Moscherosch, Logau, Harsdörffer, vor allem aber die ganze Unzahl der Kleinen und Kleinsten. Das Hauptanliegen, das Gewissen der Zeit wachzurütteln, hat die Gesellschaft in gewisser Beziehung sogar erfüllt. Auch die Grammatik von Schottel, »Teutsche Sprachkunst«, die von ihr angeregt wurde, dürfte gute Wirkungen gehabt haben. Bald wurden im Gefolge der »Fruchtbringenden

Gesellschaft« noch andere Vereinigungen gegründet. Sie hatten meist ähnliche Ziele. Fast in jeder großen Stadt, die etwas auf sich hielt, taten sich die Literaturbeflissenen zusammen. In Nürnberg war es unter der Führung HARSDÖRFFERS der »Blumenhirtenorden« (auch »Orden der Pegnitz-Schäfer« genannt), in Hamburg unter PHILIPP VON ZESEN die »Deutschgesinnte Gesellschaft«. Aber haben Vereine je die Kunst gerettet?

Den größten Einfluß in der Literatur übte MARTIN OPITZ aus (1597 bis 1639). Es geschah bezeichnenderweise nicht durch das Vorbild, durch Dichtung also – obwohl er sich fleißig darin übte–, sondern durch ein theoretisches Werk: »Prosodia Germanica oder Buch von der deutschen Poeterey, in welchem alle ihre Eigenschaft und Zugehör gründlich erzählet und mit Exempeln ausgeführet wird.« Das Buch erschien 1624. In ihm schuf der Verfasser erstmals wieder seit langer Zeit strenge Regeln für Sprache und Dichtung. Dem allgemeinen Zug der Zeit ent-

Martin Opitz (1597–1639)

sprechend, übernahm er sie von Frankreich. Wieder einmal wurde der westliche Nachbar zum vergötterten Vorbild. Opitz hat vor allem von RONSARD viel übernommen. Fremde Kunstformen wurden der deutschen Sprache aufgepfropft. Damals hat die Versform des Alexandriners für lange Zeit ihre Herrschaft in Deutschland angetreten. So belanglos und unwesendlich uns heute die Vorschriften erscheinen, die Opitz erließ, so muß man doch anerkennen, daß sie ihren guten Grund in der vorhergehenden Zuchtlosigkeit hatten. Gegen das Ungebärdige erhob sich nun mit einem gewissen Recht die starre Regel. Nur so konnte das Gleichgewicht erzielt werden, das dann im nächsten Jahrhundert eine neue Blüte ermöglichte. Als Dichter war Opitz keineswegs bedeutender als die anderen seiner reimenden Kollegen, von denen ZINCGREF, CANITZ, HARSDÖRFFER, WECKHERLIN, KLAJ, SIGMUND VON BIRKEN zu den bekanntesten ihrer Zeit zählten. Neben den Franzosen waren auch Spanier und Italiener als Vorbilder beliebt. Manche dieser lyrischen Nachahmungen fristen noch in Literaturgeschichten und in Anthologien ein künstliches Leben. In Wirklichkeit haben sie ihre Zeit nicht überdauert.

Noch eine besondere Mode war damals im Schwange. In zahllosen Gedichten wurde zu allegorischen Zwecken mit Vorliebe die Sagen-

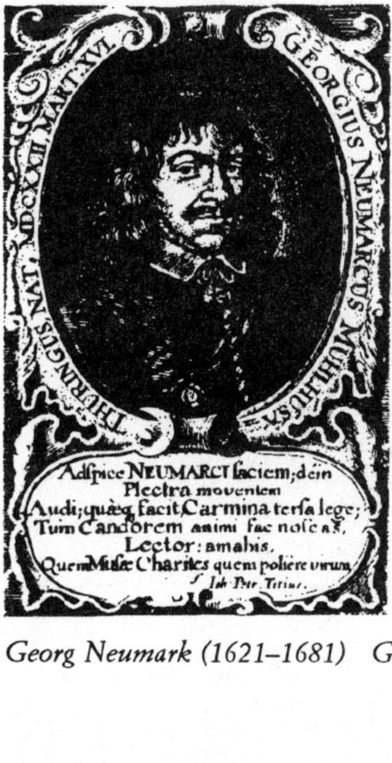

Georg Neumark (1621–1681) *Georg Philipp Harsdörffer (1607–1658)*

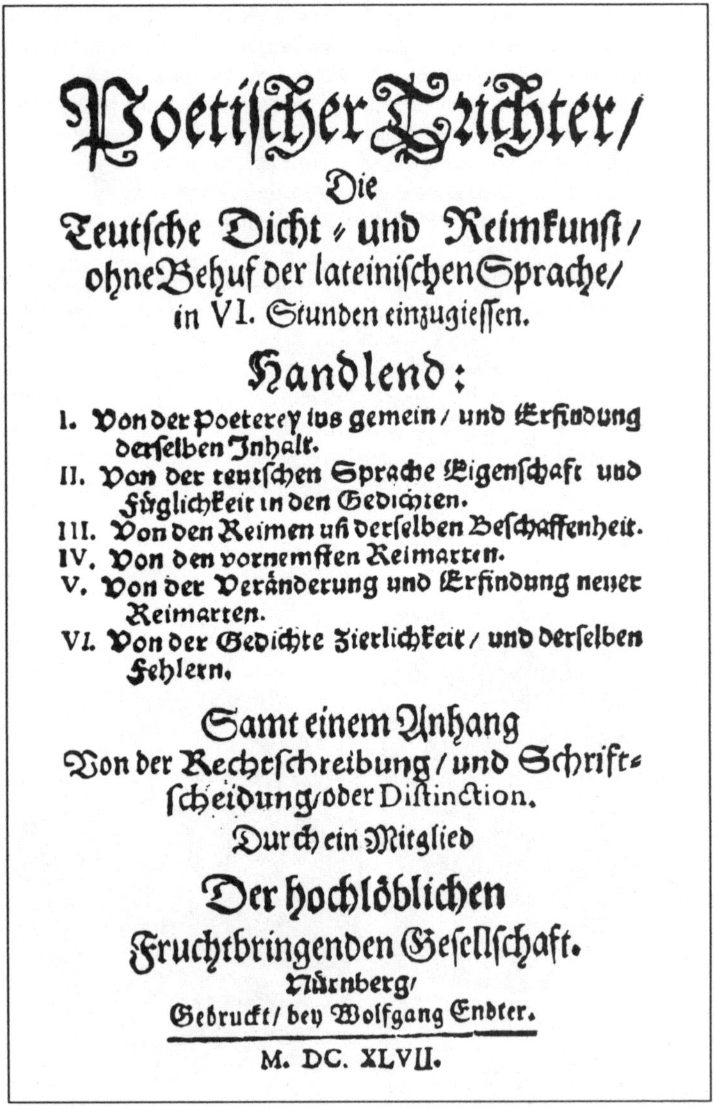

Poetischer Trichter/
Die
Teutsche Dicht- und Reimkunst/
ohne Behuf der lateinischen Sprache/
in VI. Stunden einzugiessen.
Handlend:
I. Von der Poeterey ins gemein/ und Erfindung derselben Inhalt.
II. Von der teutschen Sprache Eigenschaft und Füglichkeit in den Gedichten.
III. Von den Reimen und derselben Beschaffenheit.
IV. Von den vornemsten Reimarten.
V. Von der Veränderung und Erfindung neuer Reimarten.
VI. Von der Gedichte Zierlichkeit/ und derselben Fehlern.
Samt einem Anhang
Von der Rechtschreibung/ und Schriftscheidung/ oder Distinction.
Durch ein Mitglied
Der hochlöblichen
Fruchtbringenden Gesellschaft.
Nürnberg/
Gedruckt/ bey Wolfgang Endter.
M. DC. XLVII.

Titelseite des »Poetischen Trichters« von Georg Philipp Harsdörffer, Nürnberg 1647

dichtung der Antike bemüht. Dabei nun hatten die Hirtengedichte VERGILS und das Werk von LONGUS (»Daphnis und Chloe«) einen besonderen Erfolg. Sie riefen geradezu eine internationale Modekrankheit hervor. Es ist die sogenannte *Schäferdichtung,* die nicht wenige Dilettanten ans Dichterpult rief und noch bis weit ins nächste Jahrhundert hinein alt und jung ergötzte. Den Stoff lieferte jedes nur denkbare Tagesereignis. Beliebteste Anlässe waren die üblichen Familienfestlichkeiten wie Hochzeit, Geburt, Begräbnis. Alles wurde in Reime um-

Eine Sitzung der »Fruchtbringenden Gesellschaft»

gesetzt. Das war ein allgemeines Geklingel und Gebimmel. Nur fehlte den Liedern das Herzhafte und Ungezwungene, und damit die Hauptsache. Es war sozusagen eine Lyrik mit künstlichem Zuckerüberguß. Ähnlich wie beim Meistersang glaubte man, durch Beachtung möglichst künstlicher Regeln ein Gedicht herstellen zu können. Der berüchtigte Nürnberger Trichter HARSDÖRFFERS: »Poetischer Trichter, die teutsche Dicht- und Reimkunst, ohne Behuf der lateinischen Sprache in sechs Stunden einzugießen« war nicht spöttisch, sondern ernst gemeint.

Immerhin gab es ein Gebiet, auf dem die gesunde Liedfreudigkeit des Volkes sich erfüllte. Es ist das *Kirchenlied.* Hier verlangt ja schon der Zweck ein natürliches Gefühl und eine ungekünstelte Form. Kluge Regeln und Bestimmungen erreichen nur wenig. So kam es, daß religiöse Lieder und Gesänge die bleibende Lyrik der Zeit darstellen. Einige Dichter haben zum Glück auch für die weltliche Verskunst das Prinzip walten lassen, das sie für ihre Kirchenlieder hatten. So sind ihnen ein paar Gedichte gelungen, die sogar zu Volksliedern wurden.

Simon Dach (1605–1659)

Simon Dach (1605–1659) ist der Verfasser des »Ännchen von Tharau«. Über die Freundschaft schrieb er die einfachen Worte:

»Der Mensch hat nichts so eigen
So wohl steht ihm nichts an
Als dass Treu erzeigen
Und Freundschaft halten kann.«

Paul Fleming (1609–1640) schrieb eine ganze Anzahl schöner Kirchenlieder (»In allen meinen Taten lass ich den Höchsten raten«), ferner ein Gedicht, das unsterblich wurde: »Ein getreues Herze wissen, hat des höchsten Schatzes Preis«. Sein Themenkreis reicht aber noch weiter. Er ist auch Verfasser des übermütig-verwegenen Liedleins: »Wie er wolle geküsset sein«:

Nirgends hin als auf den Mund
Da sinkts in des Herzens Grund
Nicht zu frei, nicht zu gezwungen
Nicht mit gar zu fauler Zungen ...«

Georg Neumark (1621—1681) sang »Wer nur den lieben Gott läßt walten«, Johann Rist (1607—1667) das unvergeßliche »O Ewigkeit, du Donnerwort«, Martin Rinkart (1586—1649) »Nun danket alle Gott, mit Herzen, Mund und Händen«.

Der bedeutendste unter den protestantischen Liedersängern ist Paul Gerhardt (1607–1676). In der barocken Mystik setzte sich ein erwachtes Ichbewußtsein gegenüber der autoritären Kirche durch. Dieser Wandel vom 16. zum 17.Jahrhundert wird vor allem dadurch deutlich, wenn man die Liedanfänge der Kirchenlieder Martin Luthers mit denen von Paul Gerhardt vergleicht. Während es bei Luther in der Regel lautet: »*Wir* glauben all an einen Gott«, »Eine feste Burg ist *unser* Gott«, oder »Erhalt *uns* Herr bei Deinem Wort«, schrieb Paul Gerhardt »Ist Gott für *mich,* so trete gleich alles wider *mich*«, »*Ich* singe Dir mit Herz und Mund« und »Wach auf, *mein* Herz, und singe«.

Auch andere Liedertexte von Gerhardt zeigen eindrucksvoll, daß es ihm gelang zu zeitlosen und einprägsamen Formulierungen zu gelangen, die auch nach Jahrhunderten nichts von ihrer Wirksamkeit eingebüßt haben. Man braucht nur einige dieser Liedanfänge zu hören, und schon geht einem jeden das Herz auf: »Befiehl du deine Wege«, »O Haupt voll Blut und Wunden«, »Nun ruhen alle Wälder«. Ein echter Dichter fand einen guten Weg jenseits des schwülstigen Kunstbetriebs.

Friedrich von Spee (1591–1635)

Paul Gerhardt (1607–1676)

Auf katholischer Seite schrieb der Jesuit FRIEDRICH VON SPEE (1591–1635), bekannt durch seinen mutigen Kampf gegen die Hexenprozesse, zahlreiche geistliche Lieder, von denen auch noch heute manche im Gottesdienst zu hören sind. Sie sind ein wenig süßlich geraten, die Unmittelbarkeit fehlt. Nach seinem Tode wurden sie in dem Buch »Trutz Nachtigal oder Geistlich-Poetisch Lustwaldlein« gesammelt.

ANGELUS SILESIUS (Johannes Scheffler, 1624–1677) ist viel echter und tiefer, nicht gerade als Lyriker, aber als Spruchdichter. In seiner Sammlung »Cherubinischer Wandersmann« stehen wahrhaft große Gedanken voll seliger Gottverbundenheit, wie das folgende Beispiel zeigt:

Auf die Schönheit des Jesuskindes

Du allerschönstes Bild, wem soll ich Dich vergleichen?
Den weißen Lilien, dem bunten Tausendschön?
Dem Zuckerröselein? ach nein, denn sie vergehn,
Verdorren und verbleichen.

Vielleichte soll ich dich die guldne Sonne nennen?
Den silberfarbnen Mond? den schönen Morgenstern?
Vielleicht die Morgenröt? ach nein, es fehlet fern.
Ich müßte Dich verkennen.

Die Sonne borgt von Dir ihr Licht und alle Strahlen,
Der Monde seinen Schein, die Sternen ihren Glanz,
Aurora ihre Zier, der Himmel muß sich ganz
Von Deiner Schönheit malen.

Vielleichte gleichst Du Dich dem Blitz der Seraphinen?
Dem Thronenkönige, dem schönsten Engelein?
Dem Cherubinerfürst? ach nein es kann nicht sein,
Sie müssen Dich bedienen.

Nun schau, ich finde nichts, und weil ichs doch soll zeigen
So sag ich klar und frei: daß Du, o Jesus Christ
Die ewige Schönheit selbst und unvergleichlich bist:
Drum ist es besser schweigen

Für die Mystik seiner Zeit (JAKOB BÖHME, DANIEL VON CZEPKO, VALENTIN WEIGEL) war er eine reine, wohlklingende Stimme, die in vielen seiner Sinngedichte, wie dem folgenden Ausschnitt, zum Ausdruck kommt:

Ich weiß nicht, was ich bin, ich bin nicht, was ich weiß:
Ein Ding und nicht ein Ding: ein Tüpfchen und ein Kreis
Gott hat sich nie bemüht, auch nie geruht, das merk'
Sein Wirken ist sein Ruhm und seine Ruh sein Werk.

Ein Spruchdichter ersten Ranges war auch FRIEDRICH VON LOGAU (1604–1655). Leider hat er viel zu viel geschrieben (über 3500 »Sinngedichte«). Masse wirkt aber schließlich immer ermüdend. So mußte ihn LESSING im nächsten Jahrhundert geradezu neu entdecken, indem er 1759 eine Neuausgabe edierte und damit Logau in die neuere Literatur wieder einführte. Eine einfache, anmutige Bildkraft ist ihm zu eigen. Einige seiner Weisheiten sind in den Sprichwörterschatz des Volkes übergegangen (»Gottes Mühlen mahlen langsam«). Tatsächlich gelangen ihm manchmal echte Treffer:

»Luthrisch, Päpstisch und Kalvinisch, diese Glauben alle drei
Sind vorhanden, doch ist Zweifel, wo das Christentum dann sei.«

Das Drama

Andreas Gryphius (1605–1664) aus Glogau in Schlesien nimmt eine Sonderstellung in der Literatur seines Jahrhunderts ein. Mit einem Wollen ohnegleichen machte er sich daran, ein deutsches Drama gewissermaßen aus dem Boden zu stampfen. Ein Boden aber war gar nicht da. Es fehlte jede Voraussetzung, sogar eine entsprechende Bühne. Als Vorbilder gab es höchstens die leidigen *Haupt- und Staatsaktionen,* die durch die immer zahlreicher werdenden englischen Komödianten in Mode kamen. Die Versuche des Herzogs von Braunschweig und Jakob Ayrers aus dem vorangegangenen Jahrhundert waren gar zu kümmerlich. Die religiöse Dramatik und das humanistische Schuldrama aber spielten ohnehin eine untergeordnete Rolle. Der Natur der Dinge nach mußte es also bei Versuchen und Ansätzen bleiben. Angeregt wurde Gryphius, der weit herumkam, von dem holländischen Dramatiker Joost von den Vondel. Er schrieb fünf Tragödien – die wichtigsten sind »Leo Arminius«, »Cardenio und Celinde«, »Papinianus« – und drei Lustspiele: »Peter Squenz«, »Horribiliscribifax« und »Die geliebte Dornrose«. Formal war er an der Antike und am Westen geschult. Außerdem brachte er eine natürliche Sprachbegabung mit und die Lebenskraft einer im Boden verwurzelten Natur. Leider ist ihm in den Dramen die endgültige Form nicht geglückt. Sein großer Wille stieß auf ein Nichts. Er hätte einer Entfaltungsmöglichkeit auf der Bühne bedurft, um das zu erreichen, was ihm vorschwebte. So mangelte es ihm am Ausgleich durch die Wirklichkeit. Er blieb ohne Nachhall. Nicht zu unrecht sieht man in Gryphius eine barocke Erscheinung.

Die Mittel seiner Sprache sind Bilder und Vergleiche mit unmäßig angehäuften, schwellenden und pathetischen Worten, die einander noch zu überhöhen suchen. Ein Sonett von Gryphius macht diesen Stil deutlich:

Daß du den Bau gemacht, den Bau der schönen Welt,
Und so viel tausend Heer unendlich heller Lichter
Und Körper, die die Kraft gleich fallender Gewichter
An dem gesetzten Ort durch deinen Schluß erhält,
Daß du die Körper selbst mit so viel Schmuck bestellt
Und auf der Erden Haus unzählig Angesichter,
Die ungleich, dennoch gleich als vorgesetzte Richter
Aussprechen, daß nur dir nichts gleich wird hier vermeldt,
Dies rühm ich; *doch noch mehr,* daß du mir wollen gönnen,
Daß, Herr, dein Wunderwerk ich habe rühmen können;

Daß du die Augen mir zu schauen aufgemacht.
Dies rühm ich, *doch noch mehr,* daß du mir *mehr* wilt zeigen,
Als diese Welt begreift, und mir versprichst zu eigen
Dein Haus, *mehr* dich, den nichts satt schaut und satt betracht.

Immer wieder neigt er zu Fülle, Pathos und Übertreibung. Die Unzahl von Bildern, die ihn bedrängten, vermochte er kaum zu bändigen. Große innere Gegensätze erfüllten sein Wesen mit starken Spannungen. Auf der einen Seite überwältigte ihn der Reichtum des Daseins, auf der anderen wußte er um die Nichtigkeit aller Dinge. Auch im folgenden Beispiel drückte er es aus:

Die Herrlichkeit der Erden
Muß Rauch und Aschen werden.
Kein Fels, kein Erz kann stehen.
Dies, was uns kann ersetzen,
Was wir für ewig schätzen
Wird als ein leichter Traum vergehn.

Andreas Gryphius (1616–1664)

Romane

Mit unverwüstlicher Lebenskraft behielt auch im 17. Jahrhundert der alte ritterliche Abenteuerroman seine führende Stellung. Mit der Verbesserung der Drucktechnik nahm seine Verbreitung natürlich zu. Der Lesehunger war noch immer im Wachsen. Meist wurde er mit Prosaübersetzungen und Bearbeitungen alter Stoffe, vor allem französischer Herkunft, befriedigt. Die Spitze hielt anfänglich nach wie vor der »Amadisroman«. Aber auch neue Autoren traten auf den Plan. Stoffgebiet war wie eh und je die Welt ritterlicher Heldentaten. Hinzukam – dem Geist des Jahrhunderts entsprechend – die Schilderung zahlloser Liebesabenteuer. Dargestellt wurden diese in einem süßlich-lüsternen, aufgeplusterten Ton. Übertreibung war große Mode. Schwulst und Phrase wurden zur Selbstverständlichkeit, ja zur Notwendigkeit. Man wundert sich heute, mit welcher Begierde diese literarischen Riesengebilde verschlungen wurden, im Umfang in der Regel viele hundert Seiten stark, beladen mit falschem Pathos, durchdrungen von innerer Verlogenheit.

An deutschen Schreibern waren besonders beliebt: Anselm von Ziegler (1663–1696) mit seiner bis weit ins folgende Jahrhundert vielgelesenen »Asiatischen Banise oder Das blutig – doch muthige Begu«, Caspar von Lohenstein (1635–1683) mit »Arminius und Thusnelda«, Andreas Heinrich Buchholtz mit »Herkules und Valiska«, Philipp von

Caspar von Lohenstein (1635–1683)

Philipp von Zesen (1619–1689)

Der Abentheurliche
SIMPLICISSIMUS
Teutsch /
Das ist:
Die Beschreibung deß Lebens eines
seltzamen Vaganten / genant Melchior
Sternfels von Fuchshaim / wo und welcher
gestalt Er nemlich in diese Welt kommen / was
er darinn gesehen / gelernet / erfahren und auß-
gestanden / auch warumb er solche wieder
freywillig quittirt.
Überauß lustig / und männiglich
nutzlich zu lesen.
An Tag geben
Von
GERMAN SCHLEIFHEIM
von Sulsfort.

Monpelgart /
Gedruckt bey Johann Fillion /
Im Jahr M DC LXIX.

Titelseite der Erstausgabe des »Simplicissimus«, 1669

ZESEN (1619–1689) mit »Die Adriatische Rosemund« und »Assenat«. Derartige Romane hatten zu ihrer Zeit einen Erfolg, der selbst Bestseller-Autoren der Gegenwart zum Erblassen bringen könnte. Heute werden höchstens noch einzelne Stücke zu Studienzwecken oder aus neugieriger Unterhaltungsfreude gelesen.

Der wirkliche Dichter dieser Zeit heißt HANS JAKOB CHRISTOFFEL VON GRIMMELSHAUSEN. Über sein Leben weiß man wenig Genaues. Sein Hauptwerk, der Roman »Simplicius Simplicissimus« erschien unter einem Decknamen. Der vollständige Titel lautet: »Der abentheuerlich Simplicissimus teutsch, das ist die Beschreibung des Lebens eines seltzamen Vaganten genannt Melchior Sternfels von Fuchshain, wo und welcher Gestalt er nemlich in diese Welt kommen, was er darinnen gesehen, gelernt, erfahren und außstanden, auch warumb er solche wieder freywillig quittirt. Überaus lustig und männiglich nutzlich zu lesen. An Tag geben von German Schleifheim von Sulsfort. Mompelgardt, gedruckt bey Johann Fillion, im Jahr 1669«. Vermutlich ist Grimmelshausen um 1610 in Gelnhausen geboren. Die Schicksale, die er in seinem Roman erzählt, scheinen teilweise auf eigenen Erlebnissen zu beruhen. Jedenfalls war er während des Dreißigjährigen Krieges Soldat im Dienste der kaiserlichen Armeen. Nach dem Friedensschluß von Münster und Osnabrück lebte er im Schwarzwald. Als Schultheiß von Renchen (Baden) ist er 1676 gestorben.

Der »Simplicissimus« ist vermutlich durch die spanischen Schelmenromane angeregt, die im damaligen Deutschland weit verbreitet waren (CERVANTES, LAZARILLO). Die Figur des Schelmen gab Grimmelshausen die Möglichkeit, seine künstlerische Absicht auszuführen, zu sagen, was er litt. Er wollte ja ein Lebensbild seiner Zeit, vor allem des Geschehens im Dreißigjährigen Krieg geben. Noch mehr, er versuchte, das Schicksal des Menschen im Strudel dieser Tage zu gestalten, in einer Figur das Antlitz der vielen Namenlosen zu zeichnen. Die Geschehnisse aber waren ihm so erregend nahe, daß er nur mit Hilfe von Ironie und Humor seiner Aufgabe Herr werden konnte. »Es hat mir so wollen behagen, mit Lachen die Wahrheit zu sagen.« So muß der Held notgedrungen als eine Spottfigur erscheinen. Er wird zum Abbild des deutschen Menschen schlechthin. Ein Fremder sagt einmal: »Ihr redet von der Sache wie ein Deutscher. Wenn Ihr also eine andere Nation wäret, so wollte ich sagen, Ihr hättet davon geredet wie ein Narr.« Die Welt wird bei Grimmelshausen sozusagen zu einer Art Irrenhaus. Unter diesem Gesichtspunkt ist sie gerade noch zu ertragen.

Der »Simplicissimus« ist also in erster Linie eine große Kriegs- und Lebensreportage. Etwas freilich kommt noch hinzu. Diese Welt wird dem Helden wie eine Prüfung auferlegt. Dadurch, daß er alles mitmacht, gelangt er schließlich zum Wesen aller Dinge. Er entwickelt sich also. Aus einer unschuldvollen Jugend gerät er mitten in die Wirren des Krieges, beteiligt sich selbst, wird handelnd zum schuldbeladenen Missetäter. Zum Schluß kehrt er der schnöden Welt den Rücken, findet im Verzicht inneren Frieden. Dieser seelische Werdegang macht, zusammen mit den großartigen, realistischen Schilderungen, den Reiz des Werkes aus. Die Darstellung weitet sich zur Bildungsgeschichte. Das verleiht eine steigende Spannung. »Denn gleich wie selten jemand in dieser Welt auf einmal den höchsten Gradum der Heiligkeit erlanget, also wird auch keiner gehling und sozusagen in einem Augenblick aus einem Frommen zu einem Schelmen, sondern jeder Teil steiget allgemach, sacht und sacht, fein staffelweis hinan.«

»Der Wahn betreugt« ist das Leitwort, das über allem Geschehen steht. Dieser pessimistische Grundzug wird erst in einer späteren Fortsetzung des Romans gemildert. Da benutzt dann der Held seine Zurückgezogenheit wenigstens dazu, für andere und damit auch für die verachtete Welt tätig zu sein. Eine Lösung, die in gewisser Hinsicht an den »Faust« erinnert. Darstellung und Stil sind ausgesprochen volkstümlich. Auch hier wird zwar immer wieder allerhand Gelehrsamkeit hervorgekehrt; sonst aber merkt man wenig von den schwülstigen Übertreibungen, die allenthalben üblich waren. Sachlich, manchmal etwas grob und derb, werden die Geschehnisse berichtet. Alles ist sehr anschaulich. Eine fast ingrimmige Wirklichkeitsfreude ist zu spüren. Sie wird dadurch erhöht, daß Held und Verfasser zusammenfallen, das Ganze also in der Ich-Form erzählt ist.

Tief im Spessart wächst fern der Welt und ihrem Treiben ein Bauernbub heran. Er kennt nur seine allernächste Umgebung. Eines Tages überfallen fremde Reiter den elterlichen Hof, rauben, plündern, morden. Entsetzt flieht der Junge in den Wald. Zu seinem Glück findet er einen Einsiedler. Dieser nimmt ihn auf und beginnt ein wohltätiges Erziehungswerk an ihm. Selbst von den einfachsten Dingen des Lebens hat der Bub keine Vorstellung. Er ist gewissermaßen ein »tumber Tor«, steht ahnungslos vor der Welt. So nennt der Alte ihn denn Simplex, den Einfachen. Später wird dieser Name durch die Steigerungsform in Simplicius Simplicissimus erweitert. Der Einsiedler bringt ihm Lesen und Schreiben bei, unterrichtet ihn in den anderen notwendigen Dingen, erzieht ihn in frommer Gottesfurcht. Aber er stirbt nach einiger Zeit. Der Junge will seinen Tod auftragsgemäß beim Pfarrer im nächsten Dorf melden. Da gerät er wieder in die Fänge des Krieges. Das Dorf wird von Soldaten überfallen und gebrandschatzt. Simplicius wird von den Landsknechten kurzerhand mitgenommen. Als Troßbub und Offiziersbursche fristet er zunächst ein kümmerliches Dasein. Mit seinen frommen, einfältigen Vorstellungen wird er zum Gespött seiner neuen Umgebung. Ungläubig nimmt er wahr, daß die Welt keineswegs so ist, wie sie nach den Lehren des guten Einsiedlers sein müßte. Sie ist in Wahrheit verworfen und böse. Mit einemmal tut sich die grausame Wirklichkeit in ihrer erregenden Vielfalt, in Schönheit und Häßlichkeit vor Simplicius auf. In ihr wird er nun hin und her gerissen, auf und ab geworfen. Wie in einem endlosen Bildstreifen ziehen Menschen und Ereignisse vorüber, gute und böse, harmlose und entsetzliche, lustige und tieftraurige. In dem verwirrenden Durcheinander wird er selbst in das schuldvolle Tun aller verstrickt. Er wird Soldat, steigt immer höher, und zuletzt ist er als der gefürchtete Jäger von Soest ein verwegener Abenteurer. In einer Kette von Episoden rundet sich immer deutlicher das heillose Bild des Lebens. Einmal heiratet er auch, seine Frau wird aber ebenfalls ein Opfer des Schicksals und geht elend zugrunde. Wo ist noch Sinn? Das ganze Leben wird zu einem Abbild des Narrentums. Keinem anderen als einem Verrückten legt der Dichter sein nationales Wunschbild in den Mund. Dieser Mann, der sich für Jupiter hält, verkündet einen großen Helden, den er dereinst schicken wolle. In seinem Traum ist die ganze Sehnsucht der geplagten Zeit enthalten:

> »Er wird von einer Stadt zur andern ziehen, einer jeden Stadt ihr Teil Landes um sie her gelegen im Frieden zu regieren übergeben und von jeder Stadt durch ganz Teutschland zween von den klügsten und gelehrtesten Männern zu sich nehmen, aus denselben ein Parlament machen, die Städte miteinander auf ewig vereinigen, die Leibeigenschaften samt allen Zöllen, Accisen, Zinsen, Gülten und Umgelten durch ganz Teutschland aufheben und solche Anstalten machen, daß man von keinem Fronen, Wachen, Contribuieren, Geltgeben, Kriegen, noch einzige Beschwerung beim Volk mehr wissen, sondern viel seliger als in den Elysischen Feldern leben wird.«

Endlich begegnet Simplicius einem alten Bauern, in dem er seinen Vater wiedererkennt. Doch siehe: Er erfährt, daß der Brave gar nicht sein Vater ist. In Wirklichkeit ist er nur in dem Hause dieses Bauern geboren worden, als Sohn einer adligen Frau. Sein eigentlicher Vater

Titelkupfer der »Ertzbetrügerin und Landstörtzerin Courage« von Grimmelshausen

war ein Herr Sternfels von Fuchshain. Dieser hat sich später ganz von der Welt zurückgezogen. Es war – o Wunder! – jener Einsiedler, der ihn erzog. Die märchenhaften Begebenheiten häufen sich. Wie einst Parzival zieht Simplicius in ewiger Unruhe weiter. Er möchte bis an die Grenzen des Lebens und der Welt gelangen. Sogar bis zum Mittelpunkt der Erde hinab dringt er vor. Eine Zeitlang versucht er es dann ebenfalls als Einsiedler inmitten der Wälder. Aber auch da hält es ihn nicht. Zuletzt landet er nach vielerlei Irrfahrten auf einer fernen Insel. Hier endlich gedenkt er in freiwilliger Einsamkeit zu verharren, um sein Leben in Beschaulichkeit vor Gott zu beschließen. Er hat genug. Als ein unschuldiger, dummer Bursche wurde er einst in den Un-Sinn der Welt hineingezerrt, machte ihr Treiben mit, wurde schuldig in ihr. Nun verläßt er sie, denn sie war den Aufwand nicht wert.

Die sogenannten »Simplicianischen Schriften« enthalten noch weitere Anekdoten und Bilder aus dem Dreißigjährigen Krieg. »Die Ertzbetrügerin und Landstörtzerin Courage« ist ein weibliches Gegenstück zum Simplicius. Anschaulich und kräftig ist darin das Leben einer Marketenderin gezeichnet, die am Krieg, der ihr Schicksal ist, zerbricht.

Daß Grimmelshausen ein Dichter war, beweist er mit einem Lied, das im »Simplicissimus« steht. Wer hat es nicht schon einmal gehört?

»Komm, Trost der Nacht, o Nachtigall
Lass deine Stimm mit Freudenschall
Aufs lieblichste erklingen
Komm, komm und lob den Schöpfer dein,
Weyl andre Vöglein schlafen seyn
Und nicht mehr mögen singen.

Schäferdichtung

Im Barock forderte der ganze Lebens- und Kunststil die Gegensätze heraus. Gerade die übersteigerte Künstlichkeit in der Gesellschaft erweckte eine sentimentale Sehnsucht nach Einfachheit und Natur. Auf dem Boden des gesellschaftlichen Lebens entstand die Schäferdichtung, der Schäferroman, das Schäferdrama, das Schäferlied. Diese Dichtung und Lyrik ist die notwendige Kehrseite des höfischen Barocks. Es ist nicht nur eine Idee, die dahinführt, auch wenn das Motiv immer wieder erscheint, wer niedrig steht, könne nicht mehr tiefer fallen, wer arm sei, der könne nichts mehr verlieren, wer nicht nach Ehre, Macht und Glanz verlangt, der sei über den Wandel und Sturz der Zeit erhaben, wer dem Schein der gesellschaftlichen Welt entflieht, der lebe in der Wahrheit. Noch mehr: Die durch die Künstlichkeit, bewußte Gegennatürlichkeit der Gesellschaft geweckte Sehnsucht nach der Natur. Mag auch die Schäferdichtung des Barockzeitalters noch ein ausklingendes Erbe der Renaissance sein, so hat sie sich dort wohl nur als Nachahmung antiker, bukolischer Idyllendichtung ergeben. Erst im Barock findet sie ihren tieferen Sinn und ihre Notwendigkeit. In breiten Kreisen erfreute sie sich einer solchen Beliebtheit, daß noch bis weit ins 18. Jahrhundert vor allem auch »Laiendichter« die Motive der Schäferdichtung für ihre Gefühle als die ideale Ausdrucksmöglichkeit ansahen. Ein anonymes Beispiel kann der Art dieser Dichtung verdeutlichen:

Die Natur

Und wenn es tausend Thoren wähnen,
So lästern alle die Natur;
Nein, sie begehret keine Thränen,
Zufriedenheit und Dank und Freude nur.

Ich hüpfe hier im Strahl der Sonne,
Sie neiget sich zu mir herab,
Und reichet mir die schönste Wonne,
Die die Natur uns zum Genusse gab.

Wie seelig, denen ihr Gewissen
Die Erde nicht zum Orkus macht,
Daß ihre Herzen trauern müssen,
Wenn um sie her auch Erd' und Himmel lacht!

Die Nürnberger Dichter gründeten den pegnesischen Blumenorden, wanderten wirklich als Pegnitzschäfer verkleidet hinaus in die Natur,

Hirtenlieder,
von
F. A. C. W.
und
der verklagte Amor
ein Fragment
von
dem Verfaſſer der Muſarion.

Leipzig,
in Commiſſion
bey Johann Gottfried Müller, 1772.

Von der lang anhaltenden Beliebtheit der Schäferdichtung zeugt dieses 1772 in Leipzig erschienene typische Beispiel

weideten Schafe, tranken Milch, aßen Käse und hefteten gar die Texte ihrer zärtlichen Hirtenlieder an die Bäume. Man wird sich freilich das Schäferkostüm nicht allzu echt vorstellen dürfen. In einem Roman PHILIPP VON ZESENS (»Adratische Rosemund«, 1645), trägt die verkleidete

Hirtin ein Gewand aus blaßblauem Atlas mit seidenem, rosafarbenem Futter. Auch die Sprache und Bildung dieser Hirten ist einem solchen Kostüm ganz angemessen. Es bleibt alles nur Maskerade. Aber unter der Maske darf man doch die sentimental-romantische Sehnsucht einer überzüchteten Gesellschaft nach den Wonnen der Natur und Einfachheit nicht übersehen – die Sehnsucht nach Arkadien. Auch diese Richtung der Literatur weist nach Spanien. War doch selbst der noch zur Zeit der Renaissance in Italien lebende und italienisch schreibende Autor des ersten Schäferromans, der »Arkadia«, SANNAZARO, ein Spanier. Er ist der Ahnherr der europäischen Schäferdichtung geworden. Opitz übersetzte Sidneys »Arkadia« und ließ ihr seine eigene »Schäferei von der Nymphe Hercinie« (1630) folgen.

Aufklärung

Um die Wende vom 17. zum 18. Jahrhundert begann das Bürgertum wieder zu erstarken. Langsam vernarbten die schweren Wunden, die der Dreißigjährige Krieg geschlagen hatte. Rein politisch allerdings bot Deutschland noch immer das gleiche Bild: Viele Fürsten und Herren, die eifersüchtig über ihre Rechte wachten, nur auf Vermehrung der eigenen Macht bedacht waren. Es ist nicht zu leugnen, daß sie auch literarisch einigen Einfluß besaßen, allerdings einen negativen. An ihren Höfen nämlich herrschte unumschränkt das Ideal französischer Bildung. Die französische Sprache galt nicht nur für diplomatische Zwecke, sondern auch im Alltagsgespräch und in Briefen als etwas Selbstverständliches. Das wirkte natürlich auch auf die Allgemeinheit.

Dabei begannen gerade jetzt die langjährigen Bemühungen um die deutsche Sprache Früchte zu tragen. Der berühmte Leipziger Profes-

Immanuel Kant (1724–1804)

sor THOMASIUS hielt schon gegen Ende des 17. Jahrhunderts als erster seine Vorlesungen in deutscher Sprache, für die damalige Zeit eine ganz ungewöhnliche Maßnahme. LEIBNIZ, der größte Philosoph seiner Epoche, war lebhaft um Zucht und Pflege des Sprachgewissens bemüht. Die Universitäten wurden zu echten geistigen Brennpunkten. Leipzig, Halle, Hamburg, Göttingen, Zürich waren Namen von besonderem Klang. Draußen aber begann sich die Hebung des Schulwesens immer deutlicher auszuwirken. Zusehends bildete sich eine Art geistigen Wohlstandes heraus. Eine neue Schicht von Kulturträgern entstand. Sogar größere Teile des Volkes begannen lebhafteren Anteil am kulturellen Geschehen zu nehmen. Das ist der unentwegten Tätigkeit in den Pfarrhäusern und Schulen zu danken.

Eine neue Geistesrichtung hielt ihren Einzug in Deutschland: die Aufklärung. Sie kam von England her. Dort erregten die Philosophen JOHN LOCKE und JOHN TOLAND mit ihren Schriften ziemliches Aufse-

Gottfried Wilhelm von Leibniz (1646–1716)

hen. In Deutschland erzielte CHRISTIAN VON WOLFF (1679–1754) mit seinem Werk »Vernünftige Gedanken von den Kräften des menschlichen Verstandes« eine außergewöhnliche Wirkung. Die Bewegung richtete sich gegen einzelne Punkte des christlichen Dogmen- und Offenbarungsglaubens, nicht gegen das Christentum selbst. Der Verstand wurde zum alleinigen Maßstab aller Erkenntnis gemacht. Er wurde auch zur Richtschnur des gesamten menschlichen Verhaltens. Der Philosoph KANT (1724–1804) faßte das in die Worte: »Habe Mut, dich deines Verstandes zu bedienen, ist der Wahlspruch der Aufklärung.« Die Göttin der Vernunft bestieg den Thron des Lebens. Nicht allen Menschen waren ihre hellen Strahlen gleich zuträglich. Für viele wurden sie zum Blendwerk.

Für die Dichtung war die Entwicklung nicht sonderlich günstig. Jedermann schwelgte in der Mode des Philosophierens. Rein gedankliche Erörterungen überwogen bei weitem die künstlerische Leistung.

Christian von Wolff (1679–1754)

Versuch
Schweizerischer
Gedichten.

. . . Stulta eſt Clementia, cum tot ubique
Vatibus occurras; perituræ parcere Chartæ.
Juvenal.

BERN/
Bey Niclaus Emanuel Haller/
MDCCXXXII.

Titelseite »Versuch Schweizerischer Gedichten« von Albrecht von Haller, Bern 1732

Albrecht von Haller (1708–1777)

Dies erklärt den Erfolg der sogenannten *Moralischen Wochenschriften,* die ebenfalls von England ihren Ausgang nahmen. Sie befaßten sich auch auf das lebhafteste mit literarischen Fragen. Es ist immer dasselbe: Je weniger Dichter es gibt, desto mehr wird geredet. Die Literatur wurde zu einer Sache von Professoren und Gelehrten. Zunächst erschien in Hamburg »Der Vernünftler«, der neben Originalbeiträgen vor allem Übersetzungen aus den englischen Zeitschriften »Spectator« und »Tadler« brachte. Ihm folgte ebenfalls in Hamburg »Der Patriot«. Johann Christoph Gottsched brachte in Leipzig »Die vernünftigen Tadlerinnen« heraus; in Zürich waren es die Professoren Bodmer und Breitinger mit den »Discoursen der Mahlern«. Um die Mitte des Jahrhunderts hatten die »Neuen Beiträge zum Vergnügen des Verstandes und Witzes« aus Bremen einen besonders nachhaltigen Erfolg.

Auch die eigentliche Dichtung selbst stand unter dem Zeichen von Belehrung und Erziehung. Der Schweizer Forscher Albrecht Haller (1708–1777) besang die Natur auf seine Weise in dem umfangreichen

Lehrgedicht »Die Alpen«. Er entdeckt darin die erhabene Natur zugleich mit der Reinheit der einfachen Sitten – zunächst nur Schäferträume einer noch barocken Sehnsucht, dem Drang der Geschichte zu entfliehen, aber jetzt zum geschichts- und kulturphilosophischen Problem umgemünzt. Schon sein Zeitgenosse aus Zürich Johann Jakob Bodmer hat die »wilden«, natürlichen Sitten der schweizerischen Bergbewohner gepriesen. Als »Schauplatz einer Welt« stehen die Alpen dem beobachtenden Dichter gegenüber. Er projiziert sich selbst nicht hinaus und die noch nie geschauten Bilder werden mit kühnen Bezeichnungen gefaßt, selbst das Käsen ist hoher, gedrängter Sprache würdig. Hallers Dichtung hat einer Zeit, der die Gefahr des Platten und Behaglichen drohte, die Möglichkeit einer erhabenen Sprache und eines tiefen sittlichen Ernstes gerettet.

Mit großem Erfolg veröffentlichte der Hamburger Ratsherr Heinrich Brockes (1680–1747) sein »Irdisches Vergnügen in Gott«. Darin ist die Schöpfung in ihrer ganzen Vielfalt in verschiedenartige Reime gebracht. Das umfangreiche Werk ist aus dem Antrieb eines einzigen Gefühls des Glückes und der Dankbarkeit für das Wunder des Lebens in einer schönen und weisen Welt entstanden. Brockes greift ansatzweise auf die Engländer Milton und Thomson zurück. Zum erstenmal wird die Natur um ihrer selbst willen, wenn auch als das Werk Gottes, dichterisch betrachtet, und zwar auch ihr Kleinstes, das im großen Weltraum steht. Eine mühelose, wendige Sprache notiert die feinsten Schattierungen und entzückt sich am Reiz der Übergänge, am stetigen Wandel des natürlichen Geschehen; sie wäre impressionistisch, wenn sie nicht so genaue Konturen zeichnete und den Gegenstand so sehr in rational theologische Ordnung brächte und nur auf die Reflexion des Betrachtens beziehen würde, zum steten Zweck eines sehr hausbackenen erbaulichen Ertrags. So findet man gefällige Stellen und kluge Gedanken in dem umfangreichen Werk (es sind neun Bände). Aber der immer wiederkehrende Gedanke von der Zweckmäßigkeit alles Geschaffenen wird allzu sehr bemüht. Diese Sucht ergibt bisweilen fragwürdige Prägungen:

»So viel hunderttausend Blumen
So viel süße Spezerei ...
Könnte kein Geschöpf gebrauchen
Und müßt ohne Nutz verrauchen
Wär die Nase nicht geschickt
Daß sie sich dadurch erquickt.«

Heinrich Brockes (1680–1747)

FRIEDRICH VON HAGEDORN (1708–1754) führt den Reigen der sogenannten »Anakreontiker« an. Hier findet die Versspielerei vergangener Zeiten ihre Fortsetzung. Das Gefällige, Leichte, Tändelnde ist Trumpf. Man lustwandelt in den heiteren Gefilden der Kunst. Es herrscht der Geist des Rokoko, schlüpfrig, anmutig und verspielt. Großes ist dabei nicht herausgekommen. Dabei ist es heute schwer verständlich, daß KLOPSTOCK in seiner »Zürichersee-Ode« neben HALLER auch die Namen HAGEDORNS und GLEIMS feiert. Daß die Dichtung Hagedorns ebenso wie die ganze anakreontische Lyrik, der selbst noch LESSING mit seinen »Kleinigkeiten« huldigt, so beliebt war, ist nur aus der seelischen Entspannung, die ihr Evangelium der Daseinsfreude war, zu erklären. Hier erscheint Rokoko im eigentlichsten Sinn: Witz, Grazie, Fröhlichkeit im beweglichen Spiel der Verse, Natur- und Menschenglück in zarter arkadischer Idealszenerie – das ist der verdiente Triumph über das verzeifelte

Pathos des Spätbarock. Die antike Thematik von Wein, Liebe und Natur steht in Verbindung mit einer neuen Sittlichkeit, die Mensch mit Mensch gesellig verbindet, den aufrichtigen und zufriedenen Menschen glücklich und tugendhaft, gefühlvoll und vernüftig zugleich sein läßt.

JOHANN CHRISTIAN GÜNTHER besitzt von allen Dichtern seiner Zeit das ursprünglichste Talent mit seinem Durchbruch zu einer ganz persönlichen Lyrik im modernen Sinn. Er ist der einzige, der auch innerlich nur Dichter und nichts anderes ist. Er wurde 1695 zu Striegau in Schlesien geboren. Günthers Tragik liegt nicht in einem moralischen Versagen, nicht in der Grausamkeit des Vaters, der, als Verkörperung des orthodoxen Prinzips, den Sohn immer wieder von sich stößt. Sie liegt in der völlig lebensmäßigen Hingabe einer seiner Zeit vorauseilenden Individualität an überlieferte Formen und Inhalte, die gerade nicht individuell und bekennerisch waren. Günther hat die extrem auseinan-

Friedrich von Hagedorn (1708–1777)

dergetriebene Barockdialektik zwischen Sinnen und Geist gelebt. Er ist persönlich daran zerbrochen, der Kunst aber hat er eine neue Direktheit der Aussage erobert. Nach einem verluderten Studentenleben starb er schon 1723 in Jena. Goethe sagt von ihm, er sei »ein Poet in vollem Sinne des Worts« gewesen, zieht aber gleichzeitig die traurige Summe dieses Lebens: »Er wußte sich nicht zu zähmen, und so zerrann ihm sein Leben wie sein Dichten.« Tatsächlich hätte Günther einer unserer größten Lyriker werden können. Man findet Stellen bei ihm, wie sie seit WALTHER VON DER VOGELWEIDE nicht mehr gehört wurden. Endlich wieder einmal ist alles echt, ursprünglich und unverfälscht. Sprachrhythmus, Schwung, Leidenschaft und Erlebniskraft zeichnen den jungen Dichter aus. Unvergeßlich ist sein Trinklied:

Johann Christian Günther (1695–1723)

»Brüder, laßt uns lustig sein
Weil der Frühling währet
Und der Jugend Sonnenschein
Unser Laub verkläret.
Grab und Bahre warten nicht
Wer die Rosen jetzo bricht
Dem ist der Kranz bescheret.«

Christian Fürchtegott Gellert (1715–1769)

Christian Fürchtegott Gellert 1715 in Hainichen im sächsischen Erzgebirge geboren, wirkte als Professor der Philosophie an der Universität in Leipzig, wo er 1769 starb. Er war seit Erscheinen seiner ersten Sammlung »Fabeln und Erzählungen« (1746) der populäre Lehrer einer vernünftigen und gefälligen Bürgertugend. In seinen »Geistlichen Liedern« erhielt das überlieferte protestantische Kirchenlied seine zeitgemäß lehrhafte und nüchterne Form. Gellert wurde mit dieser gelassenen, aufrichtigen Art der bei weitem erfolgreichste Erbauungslyriker des Jahrhunderts. Die »Fabeldichtung«, von Hagedorn eröffnet, von Gellert weiten Kreisen vermittelt, entwickelt sich bis zu der Prosaform bei Lessing zu einem Panorama der moralischen Situationen des Menschenlebens mit heiter-verständigem Kommentar. Als knappste Verbindung des Lehrhaft-Moralischen mit dem »Wunderbaren« wird die Fabel eine Art Modell der Poesie und ein vieldiskutierter Gegenstand der aufgeklärten Ästhetik. Manche von seinen Fabeln stehen heute noch mit Recht in Lesebüchern oder Volkskalendern. Gellert weiß nämlich auf eine launige, liebenswürdige Weise zu erzählen. Er verfügt über einen kräftigen Humor und gesunden Menschenverstand. Trotz manchmal aufdringlicher Moral hat er über lange Zeiten hinweg eine wohltuende Wirkung gehabt.

Der führende Kopf in der Literatur jener Zeit war jedoch wiederum kein Dichter, sondern ein Theoretiker und Kritiker: Johann Christoph Gottsched (1700–1766). Er war Professor für Dichtkunst in Leipzig und Vorsitzender der dortigen »Deutschen Gesellschaft«, die sich wie viele andere angestrengt um die Belange der Literatur bemühte. Der Einfluß, den Gottsched ausübte, kann heute gar nicht mehr richtig ermessen werden. Dieser Mann war ein absoluter Herrscher und König in der Literatur. Über Jahrzehnte hinweg bestimmte er Richtung und Geschmack. In seinem »Versuch einer kritischen Dichtkunst« stellte er (ähnlich wie Opitz) Regeln auf, nach denen er die Literatur gestaltet wissen wollte. Er selber fertigte eine Unzahl von Gedichten an. Sein Rezept dafür lautete: »Zu allererst wähle man sich einen lehrreichen moralischen Satz, der dem ganzen Gedichte zum Grunde liegen soll, nach Beschaffenheit der Absichten, die man sich zu erlangen vorgenommen. Hierzu ersinne man sich eine ganz allgemeine Begebenheit, worin eine Handlung vorkömmt, daran dieser erwählte Lehrsatz sehr augenscheinlich in die Sinne fällt.« Lessing urteilt darüber: »Gottsched galt in seiner Jugend für einen Dichter, weil man damals den Versmacher von dem Dichter noch nicht zu unterscheiden wußte.« Für das Drama verlangte Gottsched die alte Einheit von Zeit, Ort und Handlung. Seine Vorbilder waren die Franzosen und die Römer. In dem Sammelwerk »Die deutsche Schaubühne« gab er das nötige Anschauungsmaterial, das vor allem in Übersetzungen aus dem Französischen bestand. Der französische Klassizismus lieferte ihm das Material zu seiner überaus erfolgreichen und nach eigenen Regeln geschriebenen Tragödie »Der sterbende Cato« (1732). Ohne Zweifel hat Gottsched Gutes für die Entwicklung des deutschen Theaters getan. Ihm bleibt der Ruhm seiner erfolgreichen Theaterreformation. Mit Hilfe der NEUBERIN, Schau-

Johann Christoph Gottsched (1700–1766)

Versuch
einer
Critischen Dichtkunst
vor die Deutschen;

Darinnen erstlich die allgemeinen Regeln der Poesie,
hernach alle besondere Gattungen der Gedichte,
abgehandelt und mit Exempeln erläutert werden:

Uberall aber gezeiget wird
Daß das innere Wesen der Poesie
in einer Nachahmung der Natur
bestehe.

Anstatt einer Einleitung ist Horatii Dichtkunst
in deutsche Verße übersetzt, und mit
Anmerckungen erläutert
von
M. Joh. Christoph Gottsched.

Leipzig 1730
Verlegts Bernhard Christoph Breitkopf.

Titel der Erstausgabe »Versuch einer kritischen Dichtkunst« von Johann Christoph Gottsched, Leipzig 1730

spieldirektorin in Leipzig, verbannte er den Hanswurst und die üblichen, reichlich unflätigen Narrenspossen von der Bühne. Es gelang ihm, den herkömmlichen Komödianten eine Bühne mit öffentlichem, gesellschaftlichem Charakter entgegenzustellen. Er sorgte dafür, daß die Schauspieler sich an das Wort des Dichters hielten und nicht mehr nach ihren persönlichen Einfällen daherredeten, wie es gerade in ihre Laune paßte. Durch ihn kamen wieder Ordnung und Sauberkeit auf die Bühne. Sein Kampf gegen den »Hanswurst«, gegen das opernhafte Spektakel der Stoffe und Inszenierungen, und seine eigenen oder übersetzten Dramen neuen Stils machten das Theater zu einer »moralischen Anstalt«, wie später einmal SCHILLER sagte.

Gegen ihn und die Aufklärung rührten sich auch neue Kräfte. Wie sehr sich die Gegensätze als bald zuspitzten, ersieht man am besten aus dem Streit zwischen Gottsched und den Züricher Literaturprofessoren BODMER und BREITINGER. Er kämpfte mit wahrem Feuereifer für Regel

Johann Jakob Bodmer (1698–1783)

und Verstand, sie propagierten hingegen die Phantasie und das Wunderbare. Ihr Abgott war der Engländer MILTON (»Das verlorene Paradies«). Sie entdeckten auch die Schönheiten des Minnesangs und das Nibelungenlied. SHAKESPEARE wurde von ihnen hochgeschätzt. Daraus ergaben sich neue Gegensätze. Gottsched nämlich schwor auf die Franzosen, die Züricher (sie wurden von der Zeitschrift »Bremer Beiträge« nachhaltig unterstützt) beteten die Engländer an. Lange Zeit wogte unter ungeheurer Anteilnahme der Leser ein großer Literaturkrieg hin und her.

GOTTSCHEDS »Versuch einer kritischen Dichtkunst« (1730) versuchte noch, mit Hilfe des französischen Vorbildes die Dichtkunst zu regeln und für ihre wahre Aufgabe zu befreien. Auf breiterer Basis, mit dem Blick nach England und Italien, suchten JOHANN JAKOB BODMER (1698–1783) und JOHANN JAKOB BREITINGER (1701–1776) mit ihrem gemeinsam verfaßten Werk »Vom Einfluß und Gebrauche der Einbildungskraft zur Ausbesserung des Geschmackes« (1727) zu ergründen, d. h. eine »Logik der Phantasie« zu entwickeln. Ihre seit Horaz geltende Methode einer wechselseitigen Erhellung der Künste (Malerei und Poesie),

Johann Jakob Breitinger (1701–1776)

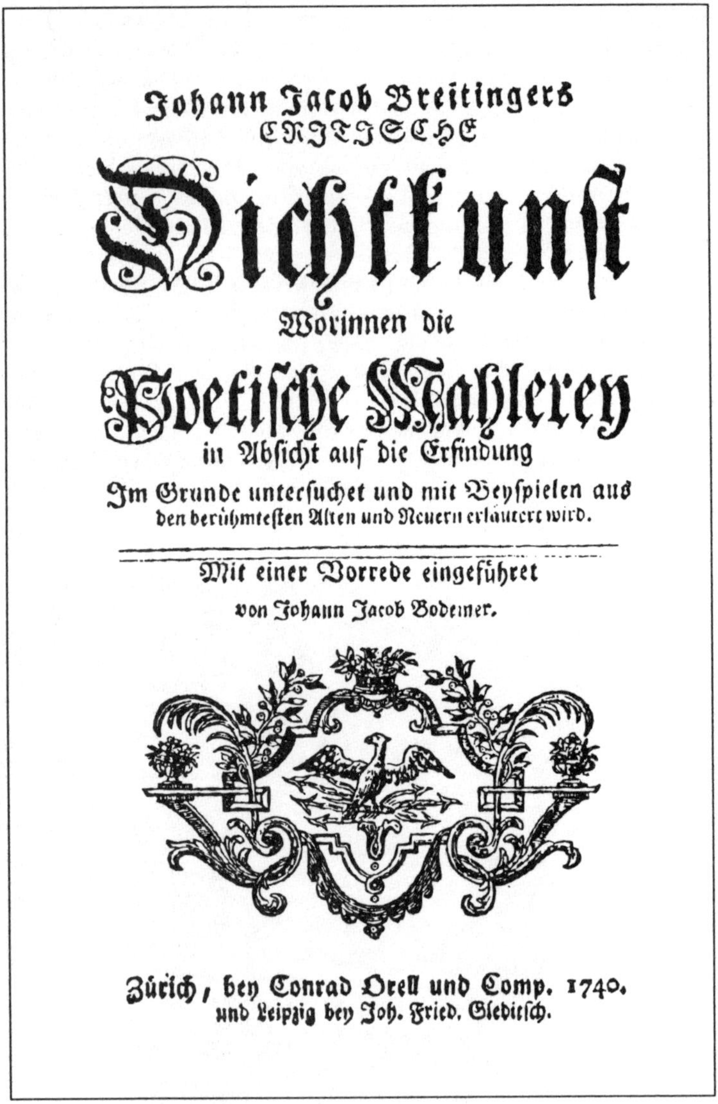

Johann Jacob Breitingers
CRITISCHE
Dichtkunst
Worinnen die
Poetische Mahlerey
in Absicht auf die Erfindung
Im Grunde untersuchet und mit Beyspielen aus
den berühmtesten Alten und Neuern erläutert wird.

Mit einer Vorrede eingeführet
von Johann Jacob Bodemer.

Zürich, bey Conrad Orell und Comp. 1740.
und Leipzig bey Joh. Fried. Gleditsch.

Titelseite der »Dichtkunst« von Johann Jakob Breitinger, Zürich 1740

ihr Versuch, das Wunderbare in seiner Freiheit wie seinen Grenzen zu bestimmen, das widerspruchsvolle Unternehmen, die Dichtung zugleich als »erzieherische Kunst« für die niedere, sinnliche Hälfte der Menschen wie als Vision des Unsichtbaren und Künftigen zu begreifen – dies führt allerdings noch zu keiner verbindlichen Poetik (»Critische Dichtkunst«, 1740). Verdienstlich ist mehr das Sehen der Probleme und das Abtasten der Lösungsmöglichkeiten mit dem beständigen Hinzuziehen der zum Teil neu entdeckten großen Beispiele aus der vergangenen und gegenwärtigen Literatur. Auch der glänzende Hinweis auf SHAFTESBURYS Vergleich des Dichters mit einem Prometheus, der aus schöpferischer Harmonie der Kräfte gestaltet (»Neue Critische Briefe«, 1749), blieb ziemlich folgenlos. Die poetischen Kämpfe, in denen die beiden Schweizer im Leipziger Freundeskreis der »Bremer Beiträge« ihre Bundesgenossen fanden, wurden überschattet durch das Auftreten des führenden unter den »Beiträgern«: Klopstock. Dieser hat das religiöse Erlebnis unmittelbar zum Träger einer großen Dichtung gemacht und damit den religiösen mit dem dichterischen Antrieb verbunden.

Die Sprachschmiede
Frühklassik

Die zuvor angedeuteten Gegensätze und Unvereinbarkeiten spiegeln getreulich wider, wie es im Deutschland dieses seltsam erregenden 18. Jahrhunderts aussah. Das »Heilige Römische Reich Deutscher Nation« war nicht einmal mehr ein Schatten; seine einstigen Glieder bekämpften einander auf Leben und Tod, wobei sie sich der Hilfe fremder Staaten bedienten: So führte das friderizianische Preußen seine Kriege gegen Österreich teilweise mit englischen Geldern. Österreich wiederum bot französische und russische Truppen gegen Preußen auf. Sachsens Kurfürsten waren zugleich Könige in Polen, Hessens Herrscher verkauften ihre Landeskinder als Soldaten an England zur Niederwerfung des Befreiungskampfes der nordamerikanischen Kolonien. Fast alle Landesfürsten ahmten die Bauten und die Lebensführung des französischen Hofes in Versailles nach – im Guten und noch mehr im Schlechten. Wunderlich und erschreckend die Gegensätzlichkeiten innerhalb der Einzelländer selbst. Da sah etwa Preußens großer König höchstpersönlich nach, ob seine Befehle zur Bodengewinnung und -verbesserung auch durchgeführt wurden und ob die Bauern wirklich wie befohlen die Kartoffeln im erforderlichen Umfang anbauten; wenn er aber heim kam von seinen Inspektionen und vom Kriege, dann blies er im Kreise hervorragender Komponisten sanft die Flöte zu anmutiger Rokokomusik oder ergötzte sich an geistvoll-witzigen, französisch geführten Gesprächen einer erlesenen Tafelrunde berühmter französischer Gelehrter und Philosophen. Und dieser König war noch der »deutschesten« einer!

Nicht minder bunt sah es in der Wirtschaft aus. Seit einiger Zeit hatte man sich erstmalig (ausgehend von Frankreich, z. T. auch von England) Gedanken gemacht über wirtschaftliche Zusammenhänge – beileibe nicht aus volkswirtschaftlichen oder sozialen Gründen, sondern ausschließlich, um mehr Geld in die fürstlichen Kassen zu leiten, damit die Herrscher ihre wachsenden Heere bezahlen und damit die kleinen Landesherren ihren standesgemäßen Luxus finanzieren konnten. Das Durcheinander wurde nun um so größer, als jeder die »wirtschaftlichen Zusammenhänge« von seinem eigenen Ländchen oder seinen Privatwünschen aus sah. Höchst verworren mischen sich alle möglichen Schattierungen des Merkantilismus, der durch Einfuhrsperren und eigenen Gewerbefleiß (vielfach mit hereingeholten ausländischen Fachkräften) Ausfuhrüberschüsse zu erzielen versuchte, und des Physiokratismus, der nur die Erzeugnisse der Natur (also vor allem der Landwirtschaft) als »produktiv« ansah, die Gewerbe und Handeltreibenden dagegen als »unfruchtbare« und die Lohnarbeiter als »passive« Klasse bezeichnete. Gleichzeitig aber führte man, wenn es Herrschsucht oder Geschmack verlangten, alle möglichen und unmöglichen ausländischen Erzeugnisse ein und bezahlte sie, wenn es nicht anders ging, kurzerhand mit der »Ausfuhr« von Menschen.

Daß es auch soziale Aufgaben gibt, hatte man nicht einmal erkannt. Die untersten Schichten lebten in kaum vorstellbarem Elend, die niederen Bürgerschichten schleppten sich notdürftig durch, das gehobene Bürgertum beobachtete mit ohnmächtigem Zorn, wie sein wirtschaftliches Arbeiten von oben mit Verachtung bedacht wurde, nur die herrschenden Kasten des Adels lebten herrlich und in Freuden (auf Kosten der Beherrschten und Verachteten), bis die blutigen Wetter der französischen Revolution auch die Verhältnisse in Deutschland ins Wanken brachten.

Uneinheitlich auch das geistige Gefüge. Noch lebten und wirkten in Deutschland einige große Vertreter der letzten geschlossenen Lebens- und Kulturhaltung: des Barocks; überwältigendes Beispiel der Leipziger Thomaskantor JOHANN SEBASTIAN BACH. Im allgemeinen aber zogen sich durch die einst so selbstverständliche, fest auf Volkstum und Kirche gegründete Gesamtheit schwere Risse. Zänkereien zwischen den verschiedenen Glaubensbekenntnissen vertieften die Risse zu Sprüngen, innerhalb der Einzelbekenntnisse traten verschiedengeartete, gegensätzliche Richtungen auf, alle mit Führungsansprüchen. So etwa der ältere und der jüngere Pietismus, der seinerseits wieder in eine »Hallesche« und eine »Württembergische« Richtung zerfiel, von ekstatischer Versenkung bis zu bußfertiger Zerknirschung reichte; so auch die Herrnhuter Brüdergemeine eines Zinzendorf, die bald gegen den Pietismus stand und bald neben ihm. Diesen und anderen Bewegungen war eines gemein: Nicht mehr der im kirchlichen Dogma festgelegte Glaube war entscheidend, sondern das – möglichst werktätige – Verhalten des Menschen. Der Glaube setzt religiös eine Gemeinschaft voraus, das sittliche oder werktätige Verhalten aber erwartet man vom Einzelnen. Immer mehr trat nun der Einzelmensch hervor, das vernunftbegabte Einzelwesen, von dem man verlangte, es müsse den Mut haben, seine Vernunft zu gebrauchen. Diesen Mut zu lehren, zu schaffen und einzusetzen, war das Anliegen der sogenannten Aufklärung. Es waren gewiß nicht die schlechtesten Geister, die da annahmen, der Blitz der Vernunft werde die Menschheit erleuchten, werde sie aus dem Dunkel erstarrter Gewohnheiten herausführen in ein helleres, menschenwürdigeres Leben. Aber vieles entartete in zusammenhanglose Schwärmerei, indem man den natürlichen, schlichten Menschen in sich zu entdecken suchte und als »Freizeitgestaltung« (nicht etwa allgemeine Lebensweise!) ländliches Bauern- und Hirtenleben erkor, also ausgerechnet im vornehm geschneiderten Gewande desjenigen Standes tändelte, der von allen der elendeste und gedrückteste war. Oder aber man verstieg sich in blutlose Geistreicheleien und machte die Aufklärung zum Aufkläricht, das Ebenbild Gottes zu einem sich selbst genügenden »Individuum«.

Kann es wundernehmen, wenn in einem so vielspältigen, zerspaltenen Jahrhundert auch im deutschen Schrifttum ein Wirrwarr sich zeigte? Ein Herumprobieren und Zanken und Bosseln und Quengeln? Ein liebedienerisches Nachäffen des Ausländischen und dann wieder ein Sichbesinnen auf allerpersönlichstes Empfinden? Ein viel größeres Wunder wollte man darin sehen, daß um die Jahrhundertmitte und kurz darnach, also mitten im Raketenfeuerwerk der vernünftlerischen, den Einzelmenschen preisenden Aufklärung, einige Männer wirkten, die teils bewußt und teils unbewußt der deutschen Sprache diejenigen Mittel schmiedeten, deren sie bedurfte, um eine echte, große Dichtung hervorzubringen. Die wichtigsten dieser Männer sind KLOPSTOCK, LESSING und WIELAND. KLOPSTOCK schmiedete die ernste Rüstung für hoch gestimmte Feiern, LESSING das schartenreine Schwvert für die unbestechliche Klarheit des Ausdrucks, WIELAND das zierliche Silbernetz für das geschmeidige Einfangen aller Lebensäußerungen. Die deutsche (Weimarer) Hochklassik ist nicht vorstellbar ohne die Leistung dieser frühklassischen Dichterpersönlichkeiten.

Friedrich Gottlieb Klopstock

Klopstock wurde 1724 in Quedlinburg geboren. Er entstammt einer protestantischen Pfarrersfamilie. Erzogen wurde er an der berühmten sächsischen Fürstenschule Schulpforta. Durch das »Verlorene Paradies« des Engländers Milton wurde er angeregt zu seinem Werk *Der Messias*. Es ist wirklich Dichtung, große Dichtung. Die ersten drei Gesänge erschienen 1748 in den »Bremer Beiträgen«. Eine Begeisterung ohnegleichen war die Folge. Das war für die meisten der göttliche Atem, der das mühsam und armselig in den Niederungen dahinschwelende Gluthäuflein der deutschen Dichtung endlich zur hohen Flamme entfachte. Alle empfanden das Ereignis wie ein Signal: Hier war nach dem allzulangen Vernunftgeschwätz der Aufklärer wieder einmal Begeisterung, Schwung, Pathos und Größe. Von da an war Klopstock für die Deutschen der Dichter schlechthin. Aus diesem Bannkreis wurde er nie mehr

Friedrich Gottlieb Klopstock (1724–1803

entlassen. Mit der ganzen Kraft seines Willens führte er auch das begonnene Werk im Laufe seines Lebens zu Ende. Es schwoll zu einem gewaltigen Umfang an. Der Erfolg der ersten Gesänge wurde nie mehr erreicht; der Ruhm aber blieb dem Autor erhalten. Unter der Anteilnahme des ganzen Volkes wurde er 1803 in Hamburg wie ein Fürst zu Grabe getragen.

Herder kennzeichnete die »Messias«-Begeisterung mit den Worten, es sei gewesen, »als ob nicht nur eine neue Sprache, sondern gleichsam eine neue Seele, ein neues Herz, eine reinere Dichtkunst gefunden sei«. Heute beurteilt man den »Messias« wesentlich kühler. Er schildert in nahezu 20 000 Hexametern den Lebensweg Christi und seine Aufnahme in den Himmel. Uns schreckt nicht nur der Umfang, sondern auch das Pathos, zu dem wir keine Beziehung mehr haben. Die unentwegte Begeisterung ist eben doch künstlich und nur gewaltsam auf gleicher Höhe gehalten. Gerade heutzutage hat man ein besonders feines Gefühl für solche Dinge. Nur heute? Das Feuer der Anteilnahme, das Klopstocks Werk hervorrief, erlosch in Wirklichkeit ziemlich rasch. Immerhin, seine Wirkung war einmalig. Noch heute kündet der Anfang seines Werkes von der großartigen Sprachgewalt:

»Sing, unsterbliche Seele, der sündigen Menschen Erlösung,
Die der Messias auf Erden in seiner Menschheit vollendet
Und durch die er Adams Geschlechte die Liebe der Gottheit
Mit dem Blute des heiligen Bundes von neuem geschenkt hat.
Also geschah des Ewigen Wille. Vergebens erhub sich
Satan wider den göttlichen Sohn. Umsonst stand Juda
Wider ihn auf. Er tats und vollbrachte die große Versöhnung.«

So manchem anderen Dichter löste der »Messias« die Zunge. Auch Klopstocks Oden haben dazu beigetragen. In ihnen finden sich Stellen von hoher Schönheit, sei es, daß sie den Eislauf besingen oder den Rheinwein, eine zauberhafte Landschaft oder eine geschichtliche Persönlichkeit. Vieles aus diesen Oden steht uns näher als der »Messias«. Als Probe geben wir den Beginn der im 19. und 20. Jahrhundert mehrfach vertonten »Frühlingsfeier« (1759):

»Nicht in den Ozean der Welten alle
Will ich mich stürzen, schweben nicht,
Wo die ersten Erschaffenen, die Jubelchöre der Söhne des Lichts,
Anbeten, tief anbeten und in Entzückung vergehn!
Nur um den Tropfen am Eimer,
Um die Erde nur will ich schweben und anbeten!

Der
Meßias
ein
Heldengedicht.

LABORUM DULCE LENIMEN
CHH

HALLE,
bey Carl Herrmann Hemmerde.
1749.

Titelseite des »Messias« von Friedrich Gottlieb Klopstock, Halle 1749

Halleluja, Halleluja! Der Tropfen am Eimer
Rann aus der Hand des Allmächtigen auch!«

Das ist Dichtung nach Gehalt und Gestalt. Und wenn auch Klopstock zuweilen stark vernünftelte, so hat er doch im ganzen die Sprache vom alten klappernden Regelwerk befreit. Von nun an konnte sie sich ihrem eigenen Gesetz gemäß entfalten. Die Verehrung für den Dichter war in weiteren Kreisen grenzenlos. So schrieb mancher in »seinem Stil«, um damit Klopstock zu verehren, wie ein 1792 veröffentlichtes Motto eines sonst unbekannten Lyrikbandes zeigt:

An Klopstock

Als Du an unsrer Elbe Gestaden einst
In unsers Bachmann Blumenhain weiltest:
(Dir sproßt seitdem, schon acht und zwanzig
Sommer, der Lorbeer zu frischen Kränzen.)

Da schwebte Deine Freundin, Urania,
Zu Dir herab. Sie reichte die Harfe Dir;
Du griffest in die goldnen Saiten,
Und es entströmten ihr heilige Hymnen,

Daß höher, wonnevoller das Herz uns schlug,
Des Stroms Najaden staunend ihr Haupt der Fluth
Enthuben, und des Haines Sänger
Schweigend den himmlischen Tönen horchten!

Mit Dir entfloh die Sternenumkränzete, –
Doch wandl' ich jetzt, voll sel'ger Erinnerung,
In jener Bäume Schatten, wo Du
Sangest: dann wehet mir aus der Laube,

Die, Deinen Nahmen heilig, ein Tempel steht,
Harmonisch Säuseln. Heiliger Schauer bebt
Durchs Herz mir! Deiner höhern Töne
Streb' ich nur Einen Accord zu fassen.

Das, was ich sang, ich weih' es, o Klopstock, Dir! –
Philemons kleinre Gabe verschmäheten
die Götter nicht; in ihrem Tempel
Nahmen sie freundlich ihn auf zum Priester!

Gotthold Ephraim Lessing

Wie Klopstock entstammt Lessing dem sächsisch-mitteldeutschen Lebensraum (geb. 1729 in Kamenz: auch er Sohn eines Pfarrers). Nach Besuch der Meißener Fürstenschule studierte er in Leipzig Theologie und Philosophie und schrieb kleinere Bühnenwerke, von denen eines (»Der junge Gelehrte«) durch die Truppe der berühmten Neuberin aufgeführt wurde. Er ging dann nach Berlin, wurde Journalist und Mitherausgeber der Zeitschrift »Beiträge zur Historie und Aufnahme des Theaters«. In den Jahren 1754–1758 gab er die »Theatralische Bibliothek« heraus und entfernte sich bei dieser Arbeit immer mehr von dem damals herrschenden französischen Klassizismus und von dem allmächtigen Gottsched. Wichtigste Eigenarbeit: »Miß Sara Sampson«, das erste deutsche bürgerliche Trauerspiel (1755). Es war ein Wagnis, das

Gotthold Ephraim Lessing (1729–1781)

nur dadurch einigen Erfolg hatte, daß Lessing die Handlung nach England verlegte. Die erste Zeit des Siebenjährigen Krieges verbrachte er in Leipzig, wo er mit dem Dichter-Offizier EWALD VON KLEIST zusammenkam. Nach der Rückkehr nach Berlin trat er in Beziehung zu dem Kreis um MOSES MENDELSSOHN und den Buchhäncher NICOLAI. Mit diesen und E. VON KLEIST gab er seit 1759 abermals eine Zeitschrift heraus, die »Briefe, die neueste Literatur betreffend«. Mit aller Schärfe lehnte er in dieser Zeitschrift die falsch verstandene Nachbeterei französischer Dramen ab, führte vernichtende Schläge gegen GOTTSCHED als einen gefährlichen und anmaßenden Regelmacher und verwies die deutschen Dramatiker auf die Lebendigkeit italienischer und spanischer Bühnendichtungen, vor allem aber auf die großartige Lebenskraft von SHAKESPEARES Werken, die der deutschen Mentalität nahestehend und daher studierenswert seien. Während seiner Tätigkeit in Breslau (1760 bis 1765 als Sekretär des Gouverneurs von Schlesien) schrieb Lessing »Minna von Barnhelm« und die bedeutsame Arbeit »Laokoon« oder »Über die Grenzen der Malerei und Poesie«. Diese großartige Schrift entstand als Auseinandersetzung mit einer Arbeit des damals berühmten Altertumsforschers JOHANN JOACHIM WINCKELMANN (1717–1768). Lessing verkannte keineswegs die Bedeutung dieses Mannes, der seiner Zeit ein umfassendes Bild von der griechischen Kunst zu geben versuchte und ohne den manches der deutschen Klassik niemals hätte geschaffen werden können; aber WINCKELMANNS Auffassung (das Wort von der »edlen Einfalt und stillen Größe« der griechischen Kunst ist noch heute lebendig) schien Lessing bedenklich. Er wies nun in glasklarer Sprache und mit scharfsinnigen Gründen nach, daß jede Kunstgattung ihre besonderen Aufgaben habe. So sei die Malerei durchaus nicht stumme Poesie, und die Poesie sei keine redende Malerei. Der grundlegende Unterschied liege in folgendem: Die bildenden Künste hätten Körper darzustellen, und zwar nebeneinander, also im Raum; die Dichtung aber sei ihrem wahren Wesen nach gehalten, Handlungen zu geben, also ein Nacheinander in der Zeit. Der »Laokoon« bedeutete trotz mancher Einseitigkeit den Tod der damals beliebten beschreibenden Dichtung (Musterbeispiel: HALLERS »Alpen«) und führte einen wirklichen Erzählerstil herauf. In Hamburg, wo Lessing 1767 Dramaturg des neugegründeten Nationaltheaters wurde, entstand dann aus kritischen Einzelbetrachtungen die »Hamburgische Dramaturgie«. Kerngedanke dieser Meisterarbeit ist der: Niemals dürfe der Bühnendichter von Handlungen oder Leidenschaften *berichten,* er müsse sie vielmehr vor den Augen

Der berühmte Altertumsforscher Johann Joachim Winkelmann (1717–1768)

des Publikums *entstehen* und *wirken* lassen, Ursache und Wirkungen hätten lückenlos und sicht- oder hörbar ineinanderzugreifen, so daß der Zuschauer förmlich gezwungen sei, mit jeder Bühnenfigur und deren Verstrickungen mitzugehen, als handele es sich um ihn selbst. Lessings Kampf galt wiederum der Französelei in Deutschland; abermals verwies er auf den großen Gestalter natürlicher Kräfte und lebendiger Menschen: auf SHAKESPEARE. Seit 1769 war Lessing braunschweigischer Hofbibliothekar in Wolfenbüttel. Hier schrieb er u. a. das Trauerspiel »Emilia Galotti«, das dramatische Gedicht »Nathan der Weise« und verschiedene Streitschriften. Persönliches Leid und literarische Zänkereien vergällten ihm den Lebensabend. Er starb 1781 in Braunschweig, sein Tod wurde nicht sonderlich beachtet.

Was von Lessings Werk lebt noch heute? Wer auf die Sprache allein schaut, wird nicht einen einzigen Absatz seines Schaffens missen wollen, nicht die literarischen und dramaturgischen, nicht die philosophischen und theologischen Streitschriften. Als habe er den deutschen Wortschatz und die deutsche Satzbildung durch eine scharfe Säurelösung gezogen, so steht alles da: blank und leuchtend, schlicht und edel, kraftvoll und rein. Kein Wort zuviel, keine nur schmückende Zutat, die Sätze bald wie geschmeidiges Gold, bald wie schneidender Stahl. Jede Streitschrift ein sprachliches Meisterwerk, vorbildhaft, nur mit LUTHERS Stil vergleichbar.

Freilich, die behandelten Fragen sind vielen Lesern von heute ferngerückt. Zu Unrecht.

So selbstbewußt Lessing als Kritiker war, so überbescheiden beurteilte er sein dichterisches Arbeiten: »Ich muß alles durch Druckwerk und Röhren aus mir herauspressen.« Nun, Drücken und Pressen verdichtet – und Lessing war ein Dichter, nicht ein fröhlich Darauflosdichtender, sondern ein Mann mit Zucht und Verantwortungsgefühl. Allerdings haben ihn diese Zucht und sein kritischer Verstand zuweilen gehemmt und manchmal auf Nebenwege geraten lassen. Köstlich sind aber auch diese Seitenpfade. Etwa die *Fabeln.* Diese funkelnden Kostbarkeiten hat Lessing zumeist in Prosa geschrieben; auch das kein Zufall: Er wollte sich bewußt unterscheiden von dem französischen Fabeldichter LAFONTAINE. Die Gattung erschien ihm so wichtig, daß er ganze Abhandlungen darüber verfaßte; sie sind nicht minder lesens- (und studierens-!) wert als die Fabeln selbst. Ein Beispiel für die sprachliche Knappheit und die ätzende Schärfe:

Der Affe und der Fuchs

Nenne mir ein so geschicktes Tier, dem ich nicht nachahmen könnte! so prahlte der Affe gegen den Fuchs. Der Fuchs aber erwiderte: Und du, nenne mir ein so geringschätziges Tier, dem es einfallen könnte, dir nachzuahmen. Schriftsteller meiner Nation! – Muß ich mich noch deutlicher erklären?

Während Lessing hier die »Moral« nicht nur ausspricht, sondern sogar erklärt, arbeitet er sie sonst als echter Dichter meist in die Fabel selbst ein, bleibt aber auch dann deutlich genug. Eine der nachdenklichsten Fabeln des Meisters sollte man auswendig lernen und sich in jeder Lebenslage vor Augen halten: den »Rangstreit der Tiere«. Wie überhaupt Lessings Fabeln ein Nachschlagewerk gesunden Menschenverstandes und praktischer Lebensweisheit darstellen.

Nicht minder fesselnd, nur stofflich uns vielfach ferner, die *Sinngedichte*. Nehmen wir ein berühmtes Beispiel. Um es in seinem ganzen Umfang zu verstehen, muß man sich erinnern: VOLTAIRE, der witzig-spöttische Philosoph der französischen Aufklärung, lange Zeit bevorzugtes Mitglied der Tafelrunde von Sanssouci, hielt sich für einen großen Dichter. Lessing war kurze Zeit bei ihm Sekretär in Berlin, verfeindete sich aber bald mit dem mißtrauischen Franzosen. Später hat er VOLTAIRE häufig sehr scharf kritisiert, ihn jedoch als Bundesgenossen im Kampf gegen Duckmäuserei anerkannt. Und alles das steht meisterhaft kurz in einem Sinngedicht:

Grabschrift auf Voltaire

»Hier liegt – wenn man euch glauben wollte,
Ihr frommen Herrn – der längst hier liegen sollte.
Der liebe Gott verzeih aus Gnade
Ihm seine Henriade
Und seine Trauerspiele
Und seine Verschen viele;
Denn, was er sonst ans Licht gebracht,
Das hat er ziemlich gut gemacht.«

Jeder Satz ist ein sicherer Stoß mit dem Florett, Pardon wird nicht gegeben, alles muß daran glauben, was nicht echt ist – stamme es nun von VOLTAIRE oder von seinen Gegnern. Das ist Lessing, der ewige Wahrheitssucher. Wie er selbst sagt: »Wenn Gott in seiner Rechten alle Wahrheit und in seiner Linken den einzigen, immer regen Trieb nach Wahrheit (obschon mit dem Zusatz, mich immer und ewig zu irren) verschlossen hielte und spräche zu mir: »Wähle!«, ich fiele mit Demut in seine Linke und spräche: »Vater, gib! Die reine Wahrheit ist ja doch nur für dich allein.«

Während sich in Lessings Oden und Liedern nur wenig findet, was uns heute noch ansprechen könnte, wirken seine drei großen *Bühnendichtungen* noch unmittelbar und frisch – gut zweihundert Jahre nach ihrer Entstehung!

Lessings Bedeutung für das Drama liegt besonders in der Abkehr vom französischen Zeitgeschmack, der kritischen und theoretischen Wegbereitung einer für das Zeittheater neuen Linie, die an Klassisches (Aristoteles) und Shakespeare anknüpft und damit in der Grundsteinlegung für den vielgestaltigen Bau deutscher Dramatik. Das eigene dramatische Schaffen dient dabei mehr dem Vorführen dramaturgischer und philosophisch-philologischer Erkenntnisse als dem der dramatischen Dichtkunst selbst. Doch verschafft sich vor allem in »Emilia Galotti«, »Minna von Barnhelm« und »Nathan der Weise« auch das Dichtertum Lessings Durchbruch durch das Gelehrtentum des Geistesphilosophen.

Im Kampf gegen die französische »tragédie classique« wendet sich Lessing gegen Corneille und Voltaire und deren Nachahmer, stützt sich aber dabei wieder auf Franzosen, nämlich Diderot und Beaumarchais, die die »tragédie classique« bereits überwunden hatten und das sogenannte bürgerliche Schauspiel nach englischem Muster pflegten. Wenn auch heute dieser Kampf längst gewonnen ist, wenn es fast seltsam erscheint, daß er je durchfochten werden mußte, so wird das Verdienst Lessings um das deutsche Bühnenstück eigener, »neuer« Richtung deshalb nicht geringer. Gewiß sind Ehrbegriffe wie der Tellheims, Odoardos oder gar des Philotas mit den ihnen entspringenden vergeblichen (tragischen) Opfer kaum noch verständlich. Aber die Menschen, die diese Ehrbegriffe lebendig machen sollen, sind so ausgezeichnet charakterisiert, sprechen eine so klare, natürliche Sprache, erscheinen so wahrscheinlich, ja wahr, daß die Dinge, um die es geht, völlig vergessen werden über dem »Wie«, mit dem es um sie geht. Das Theoretische, Konstruierte, Hypothetische, beim ersten großen Theoretiker des deutschen Dramas eigentlich selbstverständlich, wird in den reifen Dramen dem Unbefangenen überhaupt nicht auffallen, dem Kenner dagegen den Genuß der meisterlichen Anwendung der mathematischen Gesetze der Dramaturgie vermitteln.

Die frühen Bühnenwerke brauchen nicht ausführlich behandelt zu werden. Es genügt auch, zu wissen, daß »Miß Sara Sampson« (1755) das erste von einem Deutschen geschriebene bürgerliche Trauerspiel ist. Der Stoff erinnert stark an antike Motive. Allerdings ist das wahre Tragische noch nicht erreicht. Der schwache Mann zwischen zwei Frauen als Trauerspielfigur muß notwendigerweise einen tragischen Einfluß auf mindestens eine der beiden Frauen ausüben, einen Einfluß, der außerhalb des menschlichen Verschuldens der Frau liegt. Das ist die Schwäche dieser Art von Tragödien. Die »Miss Sara Sampson« ist die Leidensgeschichte eines jungen verführten Mädchens. Statt unsühnbarer tragischer Schuld ein sühnbarer Fehltritt. Die Katastrophe entsteht daher nicht mit innerer Notwendigkeit; ein ganz anderes Motiv, die rachesüchtige Eifersucht einer gekränkten Nebenbuhlerin, wird gewaltsam herbeigezogen. In dem einaktigen Trauerspiel »Philotas« (1758) wird etwas skizznhaft, aber mit klarer, schlagfertiger Dialektik die dramatische Situation des »sich für ein Ideal opfern« ähnlich wie in CALDERONS »Der standhafte Prinz« behandelt. Das Drama gilt als Ausdruck für Lessings Vaterlandsliebe und kriegerische Begeisterung, die – im Zeitalter Friedrichs des Großen – der Berührung mit dem spartanischen Geist der preußischen Armee entsprangen. Der gefangene Prinz Philotas opfert sich für den Sieg seines Vaters und Vaterlandes, als er gegen den Sohn des feindlichen Königs, dessen Gefangener er ist, ausgetauscht werden soll. Um das wertvolle Pfand des gefangenen Königssohnes dem Vaterlande zu erhalten, begeht er Selbstmord. Die Figur des Philotas hat fruchtbar auf spätere Dramatiker gewirkt. Der junge, opferbereite Held geht mit ihm in das deutsche Drama ein.

Bedeutend und unverlierbar dagegen die drei Großwerke. Zu beachten, daß Lessing sie nicht als »reine Dichtungen« schrieb, sondern mit ihnen Musterbeispiele für das geben wollte, was er in seinen kritischen Schriften als Forderung aufgestellt hatte.

Zunächst »Minna von Barnhelm«. »Mit dem Prinzen von Homburg ist der Major von Tellheim einer der wenigen sympathischen preußischen Charaktere in der deutschen Literatur« (Klabund). Diese Feststellung erscheint zweifach wesentlich: Einmal zeichnet sich scharf die Blickrichtung des als durchaus zeitkritisch anzusprechenden Zeitstückes ab, die mit dem Helden objektiv-anständig ist; zum anderen klingt in ihr die Feststellung durch, daß Pflichterfüllung im preußisch-totalen Sinn nicht unbedingt Unmenschlichkeit und Intoleranz bedeuten muß, wenn hinter ihr eine charaktervolle Persönlichkeit steht. Das ist der von Lessing wohl bedachte sittliche Kern des Stückes. Die Bezeichnung Lustspiel, die der Dichter für sein Werk gewählt hat, trifft für die Haupthandlung um den Helden eigentlich nicht zu; denn diese ist ernst. Darüber vermag auch die Fülle heiterer Nebenhandlungen nicht hinwegzutäuschen. Aber gerade diese Fülle des Heiteren ist es, die der Dichtung den Ehrennamen des nicht nur ernsten, sondern auch besten deutschen Lustspiels (in höherem Sinne) verliehen hat.

Der Stoff zur Fabel ist frei erfunden. Seine Wahl entspringt den Zeitverhältnissen nach dem Siebenjährigen Krieg, dessen Wogen mit manchem leichten Strandgut auch Wertvolles aufs Trockene gesetzt haben. In der »Minna von Barnhelm« sind diese Erscheinungen sowohl in den Personen der Haupthandlung wie in denen der Nebenhandlung klar herausgearbeitet. Wirren und Verwirrungen, wie sie ein langer Krieg für alle schafft, geben den Hintergrund für die Handlung. So zeitbedingt sie bei der Entstehung des Stückes erschienen sein mögen, so zeitlos muten sie uns auch heute noch an. Es ist dabei gleichgültig, daß der Held, Major von Tellheim, dem preußischen Soldatenstande angehörte, gleichgültig, daß Riccaut de la Marlinière ein »würdiger« Vertreter dieses Standes wenig vorteilhaft erscheint, daß der geschäftstüchtige Wirt aus den mißlichen Verhältnissen seiner Tage Kapital zu schlagen versucht. Die Gegebenheiten sind für alle Personen der Handlung die gleichen wie für Angehörige anderer Stände und anderer ähnlich wirrer Zeiten.

Der dramaturgische Aufbau des Werkes ist von bewunderswerter Klarheit. Die Schulung des Dichters an französischen Vorbildern (besonders an DIDEROT) in bezug auf die Handlungsführung ist unverkennbar, wie auch die Behandlung »eines« bestimmten Standes auf DIDEROTS Vorbild zurückzuführen ist. Der Einfluß SHAKESPEARES wird in der Charakterisierung der Personen, besonders in den Frauenrollen (Minna – Beatrice, Franziska – Nerissa) sichtbar.

Vor allem an dieses Werk hat GOETHE gedacht, als er sagte: »Der erste wahre und höhere eigentliche Nationalgehalt kam durch Friedrich den Großen und den Siebenjährigen Krieg in die deutsche Poesie.« Man bedenke: Der Sachse Lessing schreibt ein Stück um das Ehrgefühl eines preußischen Offiziers, aufgeführt wird es erstmalig in Hamburg (1767), Ort der Handlung ist Berlin, es vermählen sich ein preußischer Edelmann und ein thüringisches Edelfräulein ..., das Sinnbildhafte springt in die Augen.

Minna von Barnhelm,

oder

das Soldatenglück.

Ein Lustspiel in fünf Aufzügen,

von

Gotthold Ephraim Lessing.

Berlin,

bey Christian Friederich Voß.

1767.

Titelseite von »Minna von Barnhelm« von Gotthold Ephraim Lessing, Berlin 1767

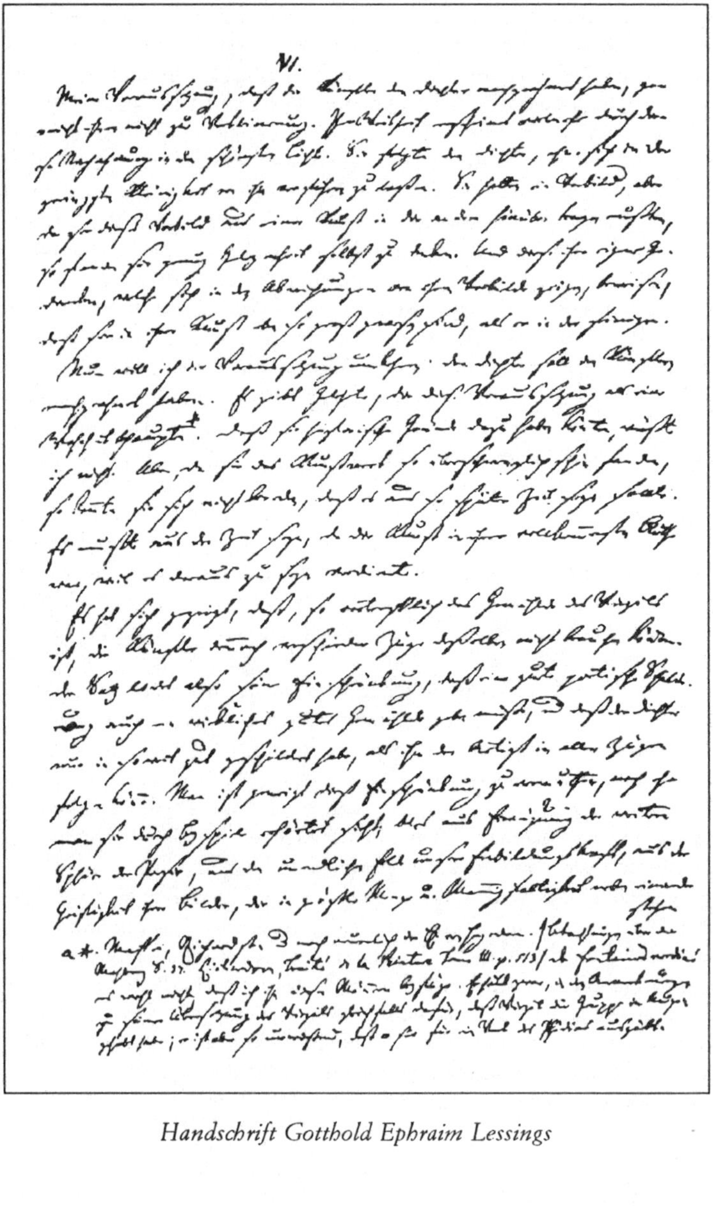

Handschrift Gotthold Ephraim Lessings

Nicht ganz so stark als Kunstwerk, aber bedeutungsvoll als geschlossenes bürgerliches Trauerspiel deutscher Prägung: »Emilia Galotti« (Uraufführung 1772). Es ist das erste musterhafte Trauerspiel der deutschen dramatischen Literatur. Der Stoff entstammt der Geschichte der römischen Virginia. Das antike Vorbild ist in eine zeitgenössische, italienische Umgebung übertragen. Wenn auch die Ortswahl auf einen außerdeutschen Raum getroffen ist, so werden doch im Drama deutsche Verhältnisse mitberührt und einer Kritik unterzogen. Das Grundthema, das viele Nachahmer gefunden hat, ist der schwache charakterlich unbeständige Mann zwischen zwei Frauen. Trotz der knappen, fast dürftig wortkargen Dialogführung sind die Personen treffend und lebenswahr geschildert. Der glänzende, aber innerlich haltlos morsche, verderbte Prinz mit dem schurkisch-intriganten, gewissenlosen Hofdiplomaten und die fürstliche Maitresse, die, bei gutem Kern, doch durch höfische Sittenverderbnis bis zum Verbrecherischen hinabgesunken ist, geben ein Zeitbild von außerordentlicher Schärfe. Ihnen gegenüber stehen in den Galottis Vertreter eines Standes, den die allgemeine höfische Verderbnis des Adels im 18. Jahrhundert noch nicht angegriffen hat. Emilia, Titelheldin des Stückes und Opfer der tragischen Verwicklung, ist in ihrer Sittenreinheit und sanften Unschuld so recht das Ergebnis der väterlichen Erziehungs- und Lebensauffassung. Die Mutter in ihrer oberflächlichen Eitelkeit ist fast anzusprechen als nur durch Herkommen und Erziehung verhinderte Kupplerin, der es mehr auf die äußerliche Bewahrung sittlicher Form ankommt als auf deren echte Erfüllung. Dieser Zug im Charakter der alten Galotti erscheint deshalb wesentlich, weil durch ihn das, man möchte sagen »wenn nur der Freier Appiani nichts merkt« mitauslösend für die Katastrophe wird. Bei der Knüpfung des Knotens spielen verhängnisvolle Zufälle eine bedeutende Rolle. Scheinbare Zufälle; in Wirklichkeit hat sie der Dichter so meisterhaft unterbaut, daß sie bei eingehender Betrachtung wie höheres gesetzmäßiges Wirken erscheinen. Lessing beschränkt sich bei dem dramaturgischen Aufbau auf eine einzige große tragische Situation. Die außergewöhnliche Klarheit der Handlung, die er damit erreicht, ist – noch über die Thematik des Stückes hinaus – vorbildlich für spätere Dramatiker geworden. Die ganze Voraussetzung für den tragischen Konflikt liegt im Drama selbst. So bleibt nichts, auf das zurückgegriffen werden müßte. Ohne Vorgeschichte wird der Zuschauer sofort mitten in das Geschehen geführt.

Das mehr Rührend-Traurige als Tragische zeigt sich besonders bei Emilia, diesem trefflich gezeichneten Mädchen-Inbild jener Zeit. Selbst dieses Rührende vermag der Atem der Lessingschen Sprache zu beflügeln. Dafür ein Beispiel. Emilia Galottis Verlobter hat durch Schurkereien des Prinzen und seines schuftigen Kammerherrn kurz vor der Eheschließung sein Leben verloren. Die bebende Emilia wird ins Schloß des Prinzen gebracht. Vor dem Lüstling rettet sie in letzter Minute ihr Vater. Aber der Prinz weiß es einzurichten, daß Emilia »bis zur Untersuchung des Mordfalles« im Hause eines seiner Günstlinge untergebracht werden soll. Dort hofft er sie seinen Wünschen gefügig machen zu können. Vater Galotti kann sich diesem Befehl des Prinzen nicht widersetzen. Emilia aber will lieber sterben.

Vater: »Was? Dahin war es gekommen? Nicht doch, nicht doch! Besinne Dich. Auch Du hast nur ein Leben zu verlieren.«
Emilia: »Und nur *eine* Unschuld!«
Vater: »Die über alle Gewalt erhaben ist.«
Emilia: »Aber nicht über alle Verführung. – Gewalt! Gewalt! Wer kann der Gewalt nicht trotzen? Was Gewalt heißt, ist nichts: Verführung ist die wahre Gewalt. – Ich habe Blut, mein Vater, so jugendliches, so warmes Blut als eine. Auch meine Sinne sind Sinne. Ich stehe für nichts. Ich bin für nichts gut. Ich kenne das Haus der Grimaldi. Es ist das Haus der Freude. Eine Stunde da, unter den Augen meiner Mutter; – und es erhob sich so mancher Tumult in meiner Seele, den die strengsten Übungen der Religion kaum in Wochen besänftigen konnten ... Geben Sie mir, mein Vater, geben Sie mir diesen Dolch!«

Die Gesprächsführung wird fast durchweg mit knappen, ja, kargen Andeutungen bestritten, Handlung, unablässig dahinjagende Handlung ist alles. Wahrhaft meisterlich aber, wie aus scheinbaren Zufälligkeiten ursächlich bedingte Kettenglieder eines straff verbundenen Geschehens werden.

In seinem dritten Großwerk für die Bühne, in »Nathan dem Weisen« (geschrieben 1779, Uraufführung 1783)), tritt das Handlungsmäßige zurück. »Nathan der Weise« ist das hohe Lied der Duldsamkeit. Lessing bezeichnet sein Werk selbst als dramatisches Gedicht. Damit wird bereits die verhältnismäßige Handlungsarmut und (dramaturgisch gesehen) flache Breite des Stückes erklärt. Es geht rein handlungsmäßig um einen geringen Konflikt und eine schwache Erkennungsgeschichte.

Spannungen, die den Zuschauer fesseln, halten mehr durch ihre Träger als durch ihre eigene Kraft die Aufmerksamkeit des Zuschauers gefangen. Die handelnden Personen allerdings, die die Spannungen tragen müssen, sind höchst lebendig charakterisiert. Das Stück ist polemischen Erwägungen entsprungen. Der Inhalt wurde bereichert aus persönlichem Erleben beim Tod der Frau und des Sohnes des Dichters und aus der übernommenen Fabel von den drei Ringen, die von Boccaccio aus uraltem orientalischen Sagenschatz ins Abendland verpflanzt wurde. Das Einweben der Fabel in das Geschehen wird für den Dichter wohl auch den Anlaß gegeben haben, seinen Schauplatz in die fremde Welt des Orients zu verlegen. Die Frage der Toleranz nimmt in Lessings Schriften einen erheblichen Raum ein. Ihre Erhöhung zur Dichtung krönt gleichsam das Ringen Lessings um sein geistiges Ideal.

Dargestellt wird der geistige Kern des Werkes am Beispiel der drei großen Religionen Christentum (Tempelherr), Judentum (Nathan) und Mohammedanismus (Sultan). In letzter Verdichtung erscheint Lessings Anliegen in der alten, von ihm neu geformten Erzählung von den drei Ringen. Der Sultan fragt Nathan, welche von den drei Religionen die echte sei. Nathan antwortet mit einem Gleichnis. Ein Mann hatte einen Ring, der seinen Träger vor Gott und den Menschen wohlgefällig sein ließ. Da er sich nicht entscheiden konnte, welchem seiner drei Söhne er den Ring vererben sollte, ließ er zwei täuschend ähnliche Nachbildungen anfertigen und gab jedem Sohn einen der drei Ringe, mit dem Bemerken, es sei der echte. Nach des Vaters Tode stritten die Brüder darüber, wer nun wirklich den echten Ring besitze. Sie riefen schließlich einen Richter an. Dessen weise Entscheidung lautete:

»Es strebe von euch jeder um die Wette,
Die Kraft des Steins in seinem Ring an Tag
Zu legen! komme dieser Kraft mit Sanftmut,
Mit herzlicher Verträglichkeit, mit Wohltun.
Mit innigster Ergebenheit in Gott
Zuhilf! Und wenn sich dann der Steine Kräfte
Bei euern Kindes-Kindern äußern:
So lad ich über tausend, tausend Jahre
Sie wiederum vor diesen Stuhl. Da wird
Ein weis'rer Mann auf diesem Stuhle sitzen
Als ich und sprechen.«

Eine echt Lessingsche Wendung, eine Verklärung seines eigenen Denkens und Werkens. Die Aufführung dieser seiner letzten Dichtung hat er nicht mehr erlebt.

Christoph Martin Wieland

Auch der dritte große Sprachen-Schmied, Wieland, war Sohn eines Pfarrers (geboren 1733 zu Oberholzheim in Oberschwaben, gestorben 1813 in Weimar). Ein schmiegsamer Charakter, der sich jedem neuen Einfluß öffnete, ständig neue Stellungen bezog, ohne sich jedoch im Innersten preiszugeben. Erzogen wurde er im Geist des Pietismus; als junger Mann lebte er zwei Jahre lang in Zürich beim alten Bodmer, dem er schwärmerisch nacheiferte. Von seiner Wolkenkuckucksheimerei wurde er geheilt, als er eine Beamtenstellung in seiner Vaterstadt (Biberach a.d.Riß) und damit festen, sicheren Boden unter die Füße bekam. Sein Blick für die lebendige Wirklichkeit und deren dichterische Darstellung wurde noch mehr geschärft, als er begann, Shakespeare zu übersetzen. Als er bei Freunden eine ganze Bücherei französischer und englischer, römischer und griechischer Schriftsteller fand, sog er sich mit deren Gedanken voll, wurde Freigeist und setzte mit Erzählungen und Ge-

Christoph Martin Wieland (1733–1813)

dichten bald alle Welt in Erstaunen ob seines großen Wissens, kecken Witzes und freigeistigen Denkens. In dem Roman »Don Silvio«, einer Nachbildung von Cervantes' »Don Quixote«, spottete er über seine frühere überirdische Schwärmerei und entzückte ganz Deutschland mit seiner geschmeidigen Sprache und vollendeten Erzählkunst. Zwei Jahre später (1766) erschien dann der Roman »Agathon«. In ihm zeigt sich zum ersten Male der Meister. Wieland bringt es nämlich fertig, sein eigenes Rokoko-Zeitalter ins alte Griedhenland zu verlegen, sich gleichzeitig einer alten Romanform zu bedienen, indem er Geschehen auf Geschehen, Verwicklung auf Verwicklung, Wandlung auf Wandlung häuft; zugleich aber verficht er dichterisch seinen Standpunkt, der Wandel sei das einzig Wahre, man müsse ihn nur lebenskünstlerisch zu gestalten und zu genießen verstehen. Solches behagte zu jener Zeit vielen, und es ist daher kein Wunder, daß ihm dieser Roman eine Philosophieprofessur in Erfurt einbrachte. Auch sein nächster Roman trug ihm eine ehrenvolle Berufung ein. Im »Goldenen Spiegel« versuchte er nämlich, seine (reichlich phantastischen) Anschauungen über ein gut geleitetes Staatswesen niederzulegen. Folge: Wieland wurde Erzieher des Erbprinzen Karl August in Weimar. Hier bildete sich bald ein Kreis geistig hervorragender Männer: Die Zeit der Weimarer Klassik wurde eingeläutet. Um in die Ferne wirken zu können, gab er die Zeitschrift »Der teutsche Merkur« heraus und ließ in ihr die besten Geister der Zeit zu Worte kommen. Gleichzeitig verspottete er in seinem Roman »Die Abderiten« (griechische Schildbürger) die kleinliche Enge deutscher Spießbürgerlichkeit. Von seinen späteren Werken geht uns heute nur noch die Versdichtung »Oberon« an (1780). Das Werk ist die künstlerische Verdichtung von Wielands Gesamtschaffen. Man spürt sehr bald, woher er den Stoff der Handlung genommen hat, von wo ihm die Formen kamen; vor allem aber offenbart sich im »Oberon« die ungewöhnliche Vielseitigkeit des Dichters, sein ständiger Stimmungswechsel, dem sich die Sprache meisterhaft anschmiegt. Es ist die bekannte Geschichte (Weber hat sie zu einer gleichnamigen Oper gemacht) vom Ritter Hüon und seiner Gemahlin Rezia, die lieber den Tod erleiden als untreu sein wollten, vom Knappen Scherasmin mit seinem Wunderhorn, nach dessen Klang sich alles im Kreise drehen mußte, vom Elfenkönig Oberon und seinem Streit mit seiner Elfengemahlin Titania. Vielfalt der Sprache gleich zu Beginn. Hochgemut beginnt es:

»Noch einmal sattelt mir den Hyppogryphen, ihr Musen,
Zum Ritt ins alte romantische Land

Wie lieblich? um meinen entfesselten Busen
Der holde Wahnsinn spielt! Wer schlang das magische Band
Um meine Stirne? ...«

Dann aber reißt sich der Dichter selbst zurück ins nüchterne Leben, man möchte sagen: in die gemütliche Wohnstube:

»Doch, Muse, wohin reißt dich die Adlerschwinge
Der hohen trunknen Schwärmerei!
Komm, laß dich nieder zu uns auf dies Kanapee
Und erzähl uns fein gelassen,
Wie alles sich begab ...«

Schlechthin für alles findet Wieland die rechten dichterischen Stimmungen und Worte. Wenn die Liebenden auf einem Zauberwagen dahinschweben und sich zueinanderfinden, dichtet Wieland:

»Aus ihren Augen strahlt ein überirdisch Licht,
Worin die Seelen selbst sich ineinander spiegeln.
Nacht ist nicht Nacht für sie: Elysium
Und Himmelreich ist alles um und um.
Ihr Sonnenschein ergießet sich von innen
Und jeder Augenblick entfaltet neues Sinnen ...«

Wie derb und barock dagegen der stürmende Humor an jener Stelle, wo der Ritter Hüon (diese Buße hatte ihm Karl der Große um eines Totschlages willen auferlegt) vom Sultan vier seiner Zähne und ein Büschel Haare aus seinem Bart verlangt:

»Wo nehm ich Atem her, den Grimm
Des alten Herrn mit Worten euch zu schildern,
Wie seine Züge sich verwildern,
Wie seine Nase schnaubt! Mit welchem Ungestüm
Er auf vom Throne springt! Wie seine Augen glotzen
Und wie vor Ungeduld ihm alle Adern strotzen! ...«

Ja, dieser Wieland, den nur noch wenige kennen, den mancher Kenner nur als netten alten Herrn mit Pfeifchen und Käppi gelten läßt, der behaglich-umständlich mit lustigem Zwinkern allerlei altmodische, wenngleich zuweilen recht frivole Geschichten zum besten gibt – dieser Wieland hat uns noch allerlei zu sagen. Die wichtigsten Werke haben wir genannt; man sollte sie lesen. Lesen, laut lesen aber *muß* man den »Oberon«.

Musarion,

oder

die Philosophie der Grazien.

Ein Gedicht,

in drey Büchern.

Leipzig,

bey Johann Christian Brendel.

1772.

Titelseite des »Musarion« von Christoph Martin Wieland, Leipzig 1772

»Der Sieg der Natur über die Schwärmerei ...«,
Roman von Christoph Martin Wieland. Titelkupfer zum ersten Teil des Werkes, Leipzig 1795

Wielands Lyrik hat in dem Werk »Musarion, oder die Philosophie der Grazien« unter seinen Zeitgenossen besonders große Verbreitung und Anerkennung gefunden. Seine dichterischen Vorstellungen beschreibt er selbst in der Vorrede zu der Ausgabe von 1772:

»... Denn weil ich nun einmal im Bekennen bin, so gestehe ich Ihnen auch, daß dasjenige, was man sonst von allen Schriftstellern sagt, ›daß sie sich selbst, sogar wider ihren Willen, in ihren Werken abbilden‹, in diesem Gedichte eine meiner Absichten war. Ich wollte, daß eine getreue Abbildung der Gestalt meines Geistes vorhanden sein sollte; und ich bemühete mich, Musarion zu einem so vollkommenen Ausdruck desselben zu machen, als es neben meinen übrigen Absichten nur immer möglich war. Ihre Philosophie ist diejenige, nach welcher ich lebe; ihre Denkart, ihre Grundsätze, ihr Geschmack, ihre Laune sind die meinigen. Das milde Licht, worin sie die menschlichen Dinge ansieht; dieses Gleichgewicht zwischen Enthusiasmus und Kaltsinnigkeit, worein sie ihr Gemüth gesetzt zu haben scheint; dieser leichte Scherz, wodurch sie das Überspannte, Unschickliche, Schimärische, auf eine so sanfte Art, daß sie gewissen harten Köpfen unmerklich ist, vom wahren abzuscheiden weiß; diese sokratische Ironie, welche mehr das allzustrenge Licht einer die Eigenliebe kränkenden oder schwachen Augen unerträglichen Wahrheit zu mildern, als andern die Schärfe ihres Witzes zu fühlen zu geben sucht: diese Nachsicht gegen die Unvollkommenheiten der menschlichen Natur – welche, mit allen ihren Mängeln doch immer das liebenswürdigste Ding ist, das wir kennen. Alle diese Züge wodurch Musarion einigen modernen Sophisten und Hierophanten, Leuten, welche den Grazien nie geopfert haben, zu ihrem Vortheile so unähnlich wird – diese Züge – sind die Lineamenten meines eignen Geistes und Herzens, und ich wage es, um so dreister zu sagen, da sich unter unsern Zeitgenossen, und in der That unter den Menschen aller Zeiten, keine geringe Anzahl befindet, denen ein moralisches Gesichte, das dem ihrigen so wenig gleicht, nothwendig häßlich vorkommen muß. ...«

Und als kleine Kostprobe folgen die ersten Zeilen aus Wielands »Musarion«:

In einem Hayn, der einer Wildnis glich
Und nah am Meer ein kleines Gut bekränzte,
Ging Phanias mit seinem Gram und sich
Allein umher; der Abendwind durchstrich
Sein fliegend Haar, das keine Ros' umkränzte;
Verdrossenheit und Trübsinn malte sich

In Blick und Gang und Stellung sichtbarlich,
Und was ihm noch zum Timon fehlt', ergänzte
Ein Überrock, so fasricht, so entfärbt
Und abgenützt, daß es Verdacht erweckte,
Er habe den, der einst den Crates deckte,
(Ihr wißt ja, wo?) vom Diogen geerbt.

Wielands Art, die deutsche Sprache zu bereichern, unterscheidet sich wesentlich von der KLOPSTOCKS oder LESSINGS. Während diese gegen die damals übermächtige Sprache und Dichtung Frankreichs etwas Eigenes setzten, bediente sich Wieland geradezu der französischen Technik, um das Französische mit dessen Mitteln aus dem Sattel zu heben. Zierliche Sätze verschlingen sich zu anmutigem Reigen, plaudern gewandt und fließend, spötteln treffsicher und geistvoll, tänzeln behende von Ernst zu Vorwitz, spinnen feine Goldfäden zu einem straffen, unzerreißbaren Gewirk. Die literarische Welt von damals war bezaubert, las Wieland und immer wieder Wieland und merkte erst ganz allmählich, daß unter des Dichters Händen die deutsche Sprache zu einem Instrument umgeschmiedet wurde, das sich nicht minder elegant handhaben ließ als die französische.

Die »Original-Genies«
Sturm und Drang

Die Geschichte marschiert nicht im Gleichschritt. Auch die Geschichte der Dichtung nicht. Männer wie Klopstock, Lessing und Wieland hatten zwar – jeder auf seine Weise – das Regelwerk der Franzosen und ihres Vorkämpfers Gottsched über den Haufen geworfen und die kalte Vernünftlerei der Aufklärung überwunden. Aber nicht alle Schreibenden und Dichtenden waren geneigt, ihnen ohne weiteres zu folgen. In den siebziger Jahren des 18. Jahrhunderts standen einige unbekümmerte Naturen auf, denen die drei genannten Dichter immer noch zu

Sturm und Drang.

Ein Schauspiel

von

Klinger.

1776.

Titel des Schauspiels »Sturm und Drang« von Maximilian Klinger, das einer Epoche seinen Namen gab

maßvoll, zu nüchtern erschienen; sie hofften, sie noch übertrumpfen, die von jenen gewiesenen Wege verbreitern und neue Pfade durch das herrliche Dickicht der Natur gehen zu können. Natur! – das war das Wort. Gegenüber dem großen Vernünftler und Spötter VOLTAIRE hatte der Schweizer JEAN JACQUES ROUSSEAU (1712–1778) in mehreren, besonders in Deutschland viel gelesenen Büchern das Recht des Herzens, des Gefühls, der natürlichen Ursprünglichkeit vertreten; alles Elend in der Welt schien ihm der überlieferten Kultur zu entstammen. Sein leidenschaftlicher Ruf »Zurück zur Natur!«, zu echter Fessellosigkeit fand in vielen Deutschen einen ungeahnten Widerhall. Überall tauchten Dichter auf, die nun gleich alle bisher geschriebene Literatur für gekünstelt und unecht erklärten. Sie wollten nichts zu tun haben mit Beherrschtheit und Anstand, mit gebosselten Formen und seelischer Zucht. Daß man lernen müsse, um ein wahrer Dichter zu sein, schien ihnen lächerlich und dumm. Da war ja die große Natur: Man brauchte nur hineinzugreifen in ihre Rätsel, und schon hatte man etwas gestaltet, wild und groß wie die Natur selbst! Die Fähigkeit, so zu verfahren, gewissermaßen aus dem Nichts etwas zu erzeugen, bezeichnete man als »genial«, sich selbst aber als »Original-Genie«.

Ein mitreißendes Gefühl muß in diesen Feuerkopfen, nein: Feuerherzen lebendig gewesen sein, die da glaubten, ohne Fesseln durch den Raum schweben zu können, frei von menschlichen Bindungen und Vorbildern, gottähnlich, rauschhaft, schaffend aus dem Nichts. Damals schrieb der Schweizer LAVATER (1741–1801) seine berühmten Sätze über das, was man unter »Genie« zu verstehen habe (und in diesen Sätzen lodert viel vom Geist des Genialischen): »Nenn's Fruchtbarkeit des Geistes, Unerschöpflichkeit, Quellgeist, Urkraft, Elastizität der Seele – oder nenn's schlechtweg nur Erfindungsgabe, Instinkt, allemal bleibt das gewiß: das Ungelernte, Unentlehnte, Unerlernbare, Unentlehnbare, Unnachahmliche, Göttliche, Inspirationsmäßige ist Genie. Genie blitzt, Genie schafft; Genie veranstaltet nichts, wie es selbst nicht veranstaltet werden kann, sondern *ist!*«

Aber das Feuer der Leidenschaft verlosch sehr schnell; es gibt eben auch in der Dichtung keine Flamme an sich, sondern die Flamme bedarf der Nahrung – die aber wurde von den »Genies« verachtet. Heute kennt nur noch der Fachmann die Namen jener Begeisterten, die Blitze in ihr Jahrzehnt schleudern wollten (etwa 1770/80). Und doch ist es unrecht und töricht, wenn man, wie das so oft geschieht, in wohlbebarteter Väterlichkeit diesen Brauseköpfen nachsichtig-lächelnd auf die Schultern klopft. Ohne diese Jünglinge und ihr wildes Schaffen hätte die nach ihnen einsetzende Weimarer Klassik auf ihrer Klaviatur manchen Ton nicht zur Verfügung gehabt. Außerdem sind einige Werke jener Zeit auch heute noch lebendig und wahrhaft kennenswert.

Unter den vielen Namen sei an erster Stelle der von MAXIMILIAN KLINGER (1752–1831) genannt; nach dem Titel seines Schauspiels *Sturm und Drang* (1776) bezeichnet man nämlich die ganze Dichtergruppe jener Jahre. Klingers »Sturm und Drang« ist gleichsam die letzte Konsequenz des süddeutschen Geniekreises unmittelbar vor seiner Auflösung nach Goethes Weggang nach Weimar. Schon die Sprache vor allem Guelfos in den »Zwilligen« zeigt im Wort- und Bildschatz Züge

Maximilian Klinger (1752–1831)

einer Maßlosigkeit, die etwas Unbeherrschtes verrät. Die Welt wird hier auch sprachlich in Kontraste aufgelöst, die als Übertreibungen wirken. Dem »wilden Ungestüm meines Herzens«, von dem Guelfo spricht, entsprechen die Kraftausdrücke seines Kumpanen Grimaldi: »Kaum sind's acht Tage, schmißt du mich zu Boden, daß meine Gebeine zusammenrasselten«. Von solchen Ausdrucksformen ist die verbale Sprache Klingers geradezu durchtränkt. Dieses »rasseln«, »brausen«, »brüllen und heulen«, dieses »nagen«, »würgen«, »kriechen«, »schmeißen« ist die Ausdrucksbasis. Die ist ungeformt volkstümlich, bewußt nachlässig. Alles dies ist von dem Dichter in dem Schauspiel »Sturm und Drang« übersteigert worden. Die Billigkeit von Wortbildern wie »O könnte ich in dem Raum dieser Pistole existieren, bis mich eine Hand in die Luft knallte« erlaubten sich weder der junge GOETHE noch der junge SCHILLER, nicht einmal REINHOLD LENZ, und vor allem nicht in dieser Häufung wie sie uns bei Klinger begegnet. Nicht in der Tiefe des »Sturm und Drang«, auf die man selbst bei BÜRGER stößt, befindet man sich hier, sondern ganz und gar an der bewegten Oberfläche, und noch dazu an einer sich selbst kokettierenden. Solches Kokettieren mit dem eigenen wilden Herzen und von dem sprachlichen Kraftmeiertum des damals vierundzwanzigjährigen Dichters künden gleich die ersten Sätze des Werkes:

> »Heida! nun einmal in Tumult und Lärmen, die die Sinne herumfahren wie Dachfahnen beim Sturm. Das wilde Geräusch hat mir schon so viel Wohlsein entgegengebrüllt, daß mirs wahrhaftig anfängt ein wenig besser zu werden. Soviel hundert Meilen gereiset, um dich in vergessendes Lärmen zu bringen – tolles Herz! du sollst mirs danken! Ha, tobe und spanne dich dann aus, labe dich im Wirrwarr! ...«

»Wirrwarr« hieß auch der ursprüngliche Titel des Schauspiels und das heißt hier lässig, ohne andere Idee als den Zufall, eine Orgie des Triebhaften und Abstoßenden, dazu krasse Zufälle einführend, so die überdies in Amerika spielende Handlung. Ein Dreigespann von Kraftburschen, die verworrene Gefühle ausdrücken, eine Geschlechterfeindschaft, die schauderhafte Taten des Hasses erzeugt, wobei Lords wie verdorbene Landsknechte reden und handeln, endet das Stück auf unwahrscheinliche Weise mit teils rührender, teils widerwilliger Versöhnung im abgegriffenen Motiv der Heirat der jüngeren Generation der verfeindeten Familien. Jede Logik ist außerachtgelassen. Mit der gleichen Folgerichtigkeit hätte das Stück auch anders ausgehen können. Kein Wunder, daß Klinger sich damit nicht einmal im genialen Weimar der großen Zeit von Herzog Karl August einführen konnte. Hier wurde niedergerissen, aber nicht aufgebaut. Und selbst der krasse Naturalismus ist hingeschleuderte phantastische Wirklichkeit, die schwerlich echter ist als die attaktierte bürgerliche Welt. Hier ist die Sturm- und Drang-Bwegung um ihrer selbst willen und ohne Ziel.

Wohl noch wichtiger mit seiner Wirkung bis in die Gegenwart ist REINHOLD LENZ (1751–1792) mit seinen Komödien *Die Soldaten* (1775), und *Der Hofmeister oder Vorteile der Privaterziehung* (1778) zwei gesellschaftskritische Stücke von teilweise faszinierendem Realismus, sichtlich entstanden unter der Nachwirkung des zwei Jahre früher geschriebenen »Götz von Berlichingen«, fünfunddreißig, zum Teil winzige Szenen – fort, nur fort von den unnatürlichen Regeln und Fesseln des Überlieferten! Hauptgegensatz des Stückes »Die Soldaten« ist der unüberwindbare Rangunterschied zwischen Adel und Bürgertum. Doch Lenz plädiert nicht für die Aufhebung des Standesunterschieds, sondern rät dem Adel, seinen Dünkel fallenzulassen, den Bürgern, ihre Ambition aufzugeben durch Heirat in den Adel aufzusteigen. Einen Grund für das lasterhafte Leben der Offiziere sieht Lenz im Heiratsverbot für Soldaten. In der letzten Szene, einem Gespräch zwischen der Gräfin de la Roche und einem Obristen, kommen beide – als Sprachrohr des Autors – zum Schluß, das Heiratsverbot für Soldaten müsse, seiner demoralisierenden Folgen und Widernatürlichkeit wegen, aufgehoben werden. In weiteren reflektiven Zwischenszenen wird die französische Komödie angegriffen, weil sie, den Ehebruch als folgenloses Amüsement verniedlichend, zur verantwortungslosen Leichtlebigkeit geradezu provoziere. Mit der Komödie »Der Hofmeister« hat Lenz – trotz der dort vorhandenen Häufung von Zufällen und Unwahrscheinlichkeiten ein die Zeiten überdauerndes Stück geschaffen. Er zeichnet ein realistisches Bild der Misere der jungen bürgerlichen Intelligenz seiner Generation, und greift ein Thema auf, das nach wie vor aktuell ist: Die Abhängigkeit der Lehrer von ihren Arbeitgebern. Bertolt Brecht knüpft an diesem Problem mit seiner Bearbeitung des »Hofmeister« an; im Prolog der Bearbeitung, in dem sich der Hofmeister dem Publikum vorstellt, heißt es:

Der Adel hat mich gut trainiert
Zurechtgestutzt und exerziert
Daß ich nur lehre, was genehm.

Da wird sich ändern nichts in dem.
Wills euch verraten, was ich lehre:
Das ABC der teutschen Misere!

Lenz warf moderne soziale Fragestellungen auf, formte seine Bühnensprache dem gesprochenen Deutsch nach und entwarf eine glaubhafte Psychologie seiner Figuren abseits der zeitüblichen Zimperlichkeit. Lenz' Stücke weisen voraus auf die Dramen von GRABBE und BÜCHNER. Dies wird auch dadurch unterstrichen, daß im 20. Jahrhundert so bedeutende Dramatiker wie BRECHT und KIPPHARDT Lenz' Dramen neu bearbeitet haben.

Reinhold Lenz (1751–1792)

Eine Unzahl von Szenen, rücksichtslose Genialität auch in GOETHES *Götz von Berlichingen*; dieses 1773 entstandene Werk galt den Stürmern und Drängern als Bibel ihres Wollens. Auch SCHILLERS frühe Werke gehören dieser genialisch zupackenden Welt an. Zwei Stellen aus seinen *Räubern* mögen zeigen, worauf es diesen Stürmern und Drängern ankam. Der kalt berechnende Franz Moor: »Philosophen und Mediziner lehren mich, wie treffend die Stimmungen des Geistes mit den Bewegungen der Maschine zusammenlaufen ... Leidenschaften mißhandeln die Lebenskraft ...« Dagegen ruft sein kraftstrotzender Bruder Karl, den es »ekelt vor diesem tintenklexenden Säkulum«, zornig aus: »Ich soll meinen Leib pressen in eine Schnürbrust und meinen Willen schnüren in Gesetze!«

Manchem ist die Zeit solch wilder Gärung wohlbekommen: GOETHE und SCHILLER wurden »Klassiker«. Andere lachten später über ihre sogenannten Jugendtorheiten: KLINGER nahm den Militärdienst an und stieg in Rußland bis zum Generalleutnant auf.

Einzelne aber lebten, was sie verkündeten: GOTTFRIED AUGUST BÜRGER (1747—1794) war zwar Justizbeamter – später Professor – in Göttingen, aber über das geschriebene Recht setzte er sich kühn hinweg; denn außer seiner Frau liebte er noch deren Schwester, die er dann nach dem Tode seiner Frau auch heiratete. Seine leidenschaftliche Lebensweise hat ihn zugrunde gerichtet – aber was tat's: er hatte gelebt! Bürger hatte das Zeug, ein überragender Dichter von Volksballaden zu werden. Sein »Lied vom braven Mann« ist noch heute bekannt. Mit stürmischer Begeisterung wurde 1774 seine »Lenore« begrüßt. Ihr sprachlicher Ausdruck scheint unmittelbar der Volksnatur entnommen:

»Der Mond, der scheint so helle,
Die Toten reiten so schnelle;
Feines Liebchen, graut dir nicht?

Und hurre hurre, hopp hopp hopp,
Ging 's fort in sausendem Galopp,
Daß Roß und Reiter schnoben
Und Kies und Funken stoben.«

Das war nun freilich eine ganz andere Poesie-Tonart, als man sie bisher gewöhnt war. Und es ist kein Zufall, daß Bürger die Münchhausengeschichten aus dem Englischen herüberholte und diese wild wuchernde Lügennatur in die gestutzten Allee-Hecken des deutschen Dichterhains schleuderte – und dabei dem sogenannten Göttinger Hain-

Musenalmanach

für

das Jahr 1770.

Göttingen

bey Johann Christian Dieterich.

Titel des »Musenalmanach« von Gottfried August Bürger, Göttingen 1770

bund nahestand. Die innere Zerrissenheit Bürgers zeigen zuweilen auch makabre Züge im Wortschatz wie in den Äußerungen. Bei ihm kann sich der gefangene und in einen Hungerkäfig gesetzte »Der Raubgraf« kannibalisch Glied um Glied selber auffressen oder in »Lenardo und Blandine« einem unerwünschten Liebhaber bei lebendigem Leib das Herz herausgerissen werden. Das gleiche Motiv findet sich bei Bürgers »Die Entführung«, wo der Liebhaber den Schwur tut, er wolle nicht rasten, bis er dem Nebenbuhler das Herz ausgerissen und es der Geliebten »nachgeschmissen« habe. Er derartiges Schwelgen im Krassen ist die mißverstandene und ins Überrealistische pervertierte Todes- und Schicksalstragik, die man aus der alten Balladendichtung als Stilforderung herauslesen kann. Aber wenn auch aus heutiger Sicht geschmacklos – es ist die Anwendung des Willens zum Unbedingten, wie er für den »Sturm und Drang« charakteristisch ist.

Dichtung als Aufgabe
Die Deutsche Klassik

Die Spannungen, deren das 18. Jahrhundert übervoll war, drängten zur Explosion oder zum Ausgleich. Greifen wir noch einmal einige heraus aus dem furchtbaren und fruchtbaren Wirrwarr des geistigen Brodelns und Gärens. Vernünftlerei der Aufklärung und bußfertige Zerknirschung des Pietismus, gewissenloses Sichausleben und Kants verantwortungsbewußter Pflichtbegriff, Gottscheds Regel-Drechslerei und die Ungebärdigkeit des Sturms und Dranges. Klopstocks Hochstimmung und Lessings sachliche Klarheit, Lamettries »Der Mensch eine Maschine« und die schwärmerische Naturpoesie, die Französelei der Fürsten und die Deutschbewußtheit der Dichter, Verschwendungssucht der oberen Stände und Elend der unteren, Absolutismus der Regierenden und erwachendes Selbstbewußtsein der Regierten, Staats- (besser: Hof-) Wirtschaft und aufdämmernder Freihandel – das sind wirklich nur einige wenige der unversöhnlich nebeneinanderstehenden Gegensätze. Im politisch mächtigen Frankreich führten sie am Ende des Jahrhunderts zur Revolution und anschließend zu einer neuen politischen Machtstraffung (Napoleon), im politisch ohnmächtigen Deutschland zum denkerisch-dichterischen Ausgleich und Aufschwung.

Was galt es, auszugleichen? Um es einmal auf eine ganz kurze Formel zu bringen: Gesetz und Freiheit. Ein Ausgleich zwischen diesen beiden Polen hatte zu Beginn des Jahrhunderts im künstlerischen Wirken vereinzelt noch bestanden; wir erwähnten bereits Johann Sebastian Bach. Aber diese Gleichgewichtslage verstand sich damals von selbst, war verhältnismäßig problemlos, stellte sich dar als Nachhall einer Zeit, die wesentlich in einem unmerklich gewordenen Gefüge geruht hatte: in einem gemeinsamen Glauben. Der schnelle Siegeszug der »Vernunft« und damit im Zusammenhang das nach oben drängende Persönlichkeitsbewußtsein des Einzelnen machten es unmöglich, etwa auf dem zerbröckelnden Gesamtgefüge neu aufzubauen. Das Werk der Gemeinschaft von einst mußte ersetzt werden durch das Wirken der großen Persönlichkeit von jetzt, der Persönlichkeit, die imstande war, Altes mit Neuem zu einer anderen Einheit zu verschmelzen. Und diese Persönlichkeiten waren da – nicht nur in der Dichtung; denn beispielsweise die Wiener musikalische Klassik Haydns, Mozarts und Beethovens liegt auch zeitlich dicht neben der Weimarer Klassik Goethes und Schillers. Woher sie kamen, warum sie mit einem Male da waren, wird stets ein Geheimnis menschlichen Werdens bleiben.

Wir sprachen vom Ausgleich zwischen Gesetz und Freiheit. Ins Künstlerische übersetzt könnte man auch sagen: Zwischen Form und Inhalt, zwischen Schönheit und Wahrheit. Damit wären wir bereits mitten in dem Begriff »Klassik«, der ja im heutigen Sinne nichts anderes bedeutet als vollkommene Entsprechung von Gestalt und Gehalt auf Grund einer einheitlichen Gesamtschau. Aus vielen Zeitaltern und Ländern und Geistesgebieten trug die Klassik ihre Stoffe zusammen, aus Dichtung, Bildhauerei und Philosophie des alten Griechenland, aus der Formenstrenge des barocken Frankreich, aus der Lebensüberfülle des Engländers SHAKESPEARE, aus der nüchternen Vernunft der Aufklärer, aus der sprachlichen Hochgestimmtheit KLOPSTOCKS, aus der künstlerisch-biegsamen Zucht LESSINGS, aus dem überschäumenden Ichgefühl der Stürmer und Dränger. Solches und manches andere einheitlich zu binden, Vergangenheit und Gegenwart zu verschmelzen, Gesetz und Natur einander zu nähern, gewordene Gemeinschaft und selbstschöpferische Einzelpersönlichkeit ineinander zu verflechten, das bedurfte zunächst einmal ungewöhnlicher *denkerischer* Arbeit. Denken allein aber bringt nur Mosaikbilder hervor. Es bedurfte also des künstlerischen, des *dichtenden* Menschen, um diesem zusammengesetzten Bilde Kraft und Wirkung zu verleihen. Darin ist die Begnadung der deutschen Klassiker, insbesondere GOETHES und SCHILLERS zu sehen, daß sie beides vermochten: zu denken und zu dichten. Sie waren denkende Dichter und dichtende Denker. Sie begnügten sich nicht mit ihrer Begabung, sondern fühlten sich verantwortlich, sahen in der Dichtung eine Aufgabe. Und mit dieser Aufgabe wuchsen sie selbst, wurden aus Hessen und Schwaben zu Deutschen, zu Europäern, zu Weltbürgern: »Seid umschlungen, Millionen! Diesen Kuß der ganzen Welt«, singt Schiller.

Man mag zu den Anschauungen und der Dichtung der Klassik stehen, wie man will, drei Dinge bleiben bewundernswert: Die vom Geist aus bestimmte Einheitlichkeit des Gesamtgefüges (»Idealismus«), der tiefe sittliche Ernst und nicht zum wenigsten das organisch Gewachsene, das nicht zum »System« erstarrt, sondern genügend Spielraum läßt zu weiterer Entwicklung und neuem Wachstum.

Es ist erstaunlich, wie diese Großartigkeit sich auch im Kleinen voll widerspiegelt. Da ist etwa MATTHIAS CLAUDIUS aus Holstein (1740–1815), jahrelang Herausgeber des »Wandsbecker Boten«. Unscheinbar und schlicht nach außen, aber bereits ganz vom Geist der Klassik erfüllt. So, wenn er 1799 in dem herrlichen »Vermächtnis an meinen Sohn Johannes« sich etwa vernehmen läßt: »Und der ist nicht frei, der da will tun können, was er will, sondern, der ist frei, der wollen kann, was er tun

Matthias Claudius (1740–1815)

soll«. Klassischer kann man klassische Geisteshaltung kaum aussprechen. Gewiß, viel allzu Heimeliges, ja Kleinliches findet sich in seinem Werk. Aber in manchen seiner Gedichte steht er auf einer Höhe, die ihm keiner der Größten streitig machen kann. Abseits der literarischen Schulen und nur mit dem Göttinger Dichterkreis befreundet, hat Claudius seine unvergänglichen Lieder gedichtet. Der »Wandsbecker Bote« will mit seiner unreflektierten Frömmigkeit und seinem gesunden Verstand weder mit der Empfindsamkeit oder dem Pathos der Klopstockianer noch mit der Rationalität der späten Aufklärung etwas zu tun haben; dafür ersteht hier neu und wie selbstverständlich das große Erbe des geistlichen Liedes des 16. und 17. Jahrhunderts und mit ihm eine der menschlichsten, christlichsten Gestalten, die deutsche Innerlichkeit je gefunden hat. Dabei sei nicht nur an so bekannte Lieder wie »Bekränzt mit Laub den lieben vollen Becher« oder »Stimmt an mit hellem hohen Klang« gedacht, so frisch und ursprünglich sie auch sein mögen. Wir denken an unsterbliche Lyrik wie den Vierzeiler:

»Ach, es ist so dunkel in des Todes Kammer,
Tönt so traurig, wenn er sich bewegt
Und nun aufhebt seinen schweren Hammer
Und die Stunde schlägt.«

Oder das volksliedhafte »Abendlied« mit dem Beginn:

»Der Mond ist aufgegangen,
Die goldnen Sternlein prangen
Am Himmel hell und klar;
Der Wald steht schwarz und schweiget,
Und aus den Wiesen steiget
Der weiße Nebel wunderbar ...«

Oder man denke an das kurze Gedicht »Der Tod und das Mädchen« und an »Täglich zu singen«. Was manchem Dichter nur einmal zu sagen beschert ist, das findet sich bei Claudius gleich dutzendweise. Doch dieser edle Lyriker kann auch anklagen, wie kaum ein anderer. So im »Kriegslied« mit der ersten Strophe:

»'s ist Krieg! 's ist Krieg! O Gottes Engel, wehre
Und rede Du darein!
's ist leider Krieg – und ich begehre,
Nicht schuld daran zu sein ...«

Auch Schärfe und Ironie fehlt diesem Manne nicht, er zückt, wo es ihm erfordertich scheint, die spitze Feder der Kritik gegen LESSING und GOETHE oder schreibt eine »Vergleichung« wie diese:

»Voltaire und Shakespeare: der eine
Ist, was der andere scheint.
Meister Arouet sagt: ich weine;
Und Shakespeare – weint.«

Einem ganz anderen Bereich der Klassik zuzuordnen ist JOHANN HEINRICH VOSS (1751–1826). Er gehörte dem Göttinger Hainbund an (»Religion, Tugend, Empfindung und unschuldiger Witz« galten diesen Klopstock-Schwärmern als Wegweiser). Von seinen eigenen Werken lesen wir heute allenfalls noch die Idyllen »Der siebzigste Geburtstag« und die »Luise« – diese aber auch nur, weil sie GOETHE zu »Hermann und Dorothea« angeregt hat. Wichtig, in vielfacher Hinsicht bahnbrechend, war Voß als Übersetzer. Er wollte den Deutschen vieles näherbringen: den Shakespeare, die Römer und die Griechen. Entscheidend wurden seine Übersetzungen von Homers »Ilias« (1781) und »Odyssee« (1793). Seit WINCKELMANNS Schriften und LESSINGS »Laokoon« war

Johann Heinrich Voß (1751–1826)

das klassische griechische Altertum in Deutschland ein geachteter Begriff geworden; mit den Homer-Übersetzungen von Voß wurde es lebendiges Leben. Mit heute kaum faßbarer Begeisterung wurde in jenen Jahrzehnten HOMER auf Deutsch gelesen und zitiert. Tief war der Eindruck auch auf GOETHE und SCHILLER, und die Wirkung verringerte sich nicht im 19. Jahrhundert; erst in jüngster Zeit schwindet Johann Heinrich Voß aus dem Bewußtsein vieler Menschen. Wer den »Voß« zur Hand nimmt (und wer täte es nicht immer wieder, wenn er einmal damit angefangen hat!), dem geht es seltsam. Der deutsche Satzbau wird nämlich oft genug ziemlich vergewaltigt, weil es Voß darauf ankam, als getreuer Nachdichter vor allem das Versmaß HOMERS (Hexameter) möglichst in jeder Zeile zu erhalten:

»Alle nunmehr bei den Schiffen, die edleren Helden Achaias,
Schliefen die ganze Nacht, von sanftem Schlummer gefesselt;
Nur nicht Atreus' Sohne, dem Hirten des Volks, Agamemnon,
Nahte der liebliche Schlaf, da vieles im Geist er bewegte.
Wie wenn der Donnerer blitzt, der Gemahl der lockigen Here,
Oder ein Schneegestöber, das weiß die Gefilde bedecket,
Oder daß etwa des Krieges Scheusal weit öffne den Rachen:
So vielfältig erseufzt', im Busen beklemmt, Agamemnon,
Tief aus dem Herzen hervor, und Angst durchbebte die Brust ihm«.

Hat man sich aber erst einmal eingelesen, spürt man die pralle Fülle, wenn auch zuweilen wunderliche, so doch immer künstlerische Kraft dieser dichterischen Übertragung, dann begreift man den Rausch, der damals die gebildete Welt erfaßte, und beginnt zu ermessen, was die Homer-Übersetzung von Voß für die Weimarer Klassik bedeutete.

Übersetzung und Nachdichtung ausländischer Werke – das war überhaupt einer der Wege, auf denen man damals seinen Gesichtskreis erweiterte, sich an Formen erprobte, den Geist der großen Zeiten und Völker hereinholte in seine eigene kleine (wenn auch bereits ausgezeichnet arbeitende) Werkstatt. Man denke an die Shakespeare-Übersetzungen von WIELAND (1762/66) und Schlegel (1797/1810), man denke an GOETHES und SCHILLERS Übertragungen.

Die bedeutsamsten Übertragungsarbeiten aber leistete JOHANN GOTTFRIED HERDER (1744–1803). Diesen ostpreußischen Lehrerssohn trieb sein unruhiges Blut viel in der Welt umher. Seine Lehrer waren KANT und HAMANN; besonders HAMANN, der »Magus des Nordens«, beeinflußte ihn außerordentlich mit seiner Auffassung, die Vernunft zerstöre das Leben. Nach Reisen durch Frankreich und Italien traf er 1770 in

Straßburg mit dem einundzwanzigjährigen Studenten GOETHE zusammen. Ihm öffnete er die Augen für die Größe HOMERS, des Mittelalters und der nordischen Dichtungen. Mit ihm zusammen gab er wenig später auch eine Zeitschrift heraus, in der er klärend auf die Stürmer und Dränger einzuwirken suchte. Er wurde dann Hofprediger in Bückeburg und schließlich 1776 Generalsuperintendent in Weimar. Immer wieder neue Gegenstände griff er auf, versprühte seine glänzenden Ein-

Volkslieder.

— Sind Veilchen in des Jahres Jugend, sind
Erstlinge der Natur, früh und nicht daurend,
Süß, aber bald dahin: der Duft, die Blüthe
Von wenigen Minuten —

Shakespear's Hamlet.

Erster Theil.

Leipzig,
in der Weygandschen Buchhandlung
1778

Titelseite der Sammlung »Volkslieder« von Johann Gottfried Herder, Leipzig 1778

fälle, korrigierte an allem herum (auch an GOETHE, der seiner Kritik viel zu verdanken hat), wurde immer nörglerischer, entfremdete sich seinem ganzen Freundeskreis und starb schließlich verbittert und verärgert – vor allem vielleicht darüber, daß seine Einsichten stärker waren als sein allerdings schwaches eigenschöpferisches Vermögen.

So unentbehrlich es sein mag, immer wieder in Herders Schriften zu blättern und zu lesen (vor allem: »Über den Ursprung der Sprache«,

Johann Gottfried Herder (1744–1803)

»Ideen zur Philosophie der Geschichte der Menschheit« und »Briefe zur Beförderung der Humanität«) – uns gehen hier andere Arbeiten an. Wer heute das Wort »Volkslied« ausspricht, denkt meist kaum daran, daß dieses Wort 1773 von Herder in die deutsche Sprache eingeführt wurde. Allerdings verstand er unter diesem Begriff etwas mehr als wir. Gemäß seiner Auffassung über den Ursprung der Sprache, gemäß seinem Satz, jede Nation habe ihren Mittelpunkt der Glückseligkeit in sich, nannte Herder *jedes* Lied (also auch ein entsprechendes Kunstlied) Volkslied, wenn es aus dem seelischen Kern eines Volkes empfunden und gestaltet war. Der in solcher Auffassung enthaltene Wachstumsbegriff, das »Organische«, scheint uns heute selbstverständlich. Damals aber wirkte diese Ansicht überwältigend. Es genüge nur der Hinweis, daß GOETHES »organische Anschauung« erst auf diesem wohlvorbereiteten Boden erwachsen konnte.

Unter solchen Gesichtspunkten brachte Herder 1778 eine Sammlung heraus, die heute bekannt ist unter dem Titel »Stimmen der Völker in Liedern«. (Diese Bezeichnung wurde von einem späteren Herausgeber gewählt, weil die ursprüngliche Benennung »Volkslieder« nicht mehr mit dem übereinstimmte, was man in der ersten Hälfte des 19. Jahrhunderts unter »Volksliedern« verstand.) Neben deutschen Volksliedern in unserem Sinne finden sich da auch Gedichte von SIMON DACH, MATTHIAS CLAUDIUS, GOETHE und anderen. Aber Herder konnte sich, wenn er seiner Auffassung Ausdruck verleihen wollte, nicht auf Lieder aus Deutschland beschränken. Und so gab er Übertragungen von Volksliedern aus aller Welt: aus den Baltikumstaaten, aus Skandinavien, aus Schottland und England, aus Frankreich, Spanien, Italien, Griechenland, aus dem Alten Testament und so fort. Wer einmal Originale mit den Übertragungen Herders vergleicht, ist zunächst verblüfft. Herder denkt zumeist gar nicht daran, sklavisch zu übersetzen, sondern lebt sich wahrhaft künstlerisch ein in die Stimmung des jeweiligen Volkes und des jeweiligen Gedichtes, und dann erst gestaltet er nach. Besonders erstaunlich wirkt das dort, wo er die Ursprache des Gedichtes gar nicht beherrscht. Die unter der Bezeichnung »Cid« zusammengefaßten spanischen Romanzen dichtete er z. B. nach französischen Prosaübersetzungen. Eine beliebige Stelle aus diesem Werk mag zeigen, wie Herder dennoch Stimmung und Stil des Spanischen traf:

»Nah der Mauer von Zamora
War zum grausen Toteskampfe
Zubereitet schon der Platz.

Schon durchschritt ihn Don Diego,
Mit der Stärke des Alciden
Seinen jungen Feind erwartend.

Schweigt, unglückliche Trommeten!
Eines Vaters Eingeweide
Wenden sich bei eurem Hall.«

Durch eine so organische Erlebensweise, die im Einzelnen das Ganze, im Ganzen das Einzelne erkannte, schuf Herder die Voraussetzungen, von denen aus die Klassik denk- und erlebensmäßig ihre Breitenwirkung entfalten konnte vom Einzelnen zur größeren Gemeinschaft und weiter zur Menschheit. In einem etwas anderen Sinne hat schließlich auch die Romantik mit ihren Volksliedsammlungen (etwa »Des Knaben Wunderhorn«) bei Herder angeknüpft.

Johann Wolfgang Goethe

Als glückhaft mag man es bezeichnen, daß Goethe in einer Zeit lebte. die sich von Klopstock, Lessing, Wieland über die Stürmer und Dränger, dann Herder, Schiller bis hin in die Romantik erstreckte. Persönlich und für sein Werk entscheidend aber war, was er in ständigem Ringen und Arbeiten, bald empfindungsmäßig nach allen Seiten tastend und bald in strenger Selbstzucht auf bestimmte Ziele zustrebend, aus dem Erlebten machte. Dabei hat man daran zu denken, daß Goethe nicht nur ein Dichter war, sondern erster Staatsminister, Theaterleiter, Gesteinsforscher, Pflanzenwissenschafter, sich in der Knochenkunde nicht minder auskannte als in der Farbenlehre, von seiner Vielseitigkeit als Dichter ganz zu schweigen.

Da Goethe als Dichter – und nur mit diesem haben wir uns hier zu beschäftigen – immer wieder erkennen läßt, wie Ereignisse und Begegnungen, wie Welt und Mensch auf ihn gewirkt haben (»Bruchstücke einer großen Konfession« nannte er selbst sein Werk), wird man gut tun, sich gewisse Einzelheiten seines Lebens einzuprägen.

Geboren wurde Johann Wolfgang Goethe 1749 in Frankfurt a. M. als Sohn eines Privatgelehrten. Dessen klardenkende Art erbte er nicht minder als die »Frohnatur« der Mutter. 1765 ging er nach Leipzig, um Rechtswissenschaften zu studieren. Drei Jahre später kehrte er wegen einer langwierigen Krankheit ins Vaterhaus zurück und blieb dort bis 1770. Dann studierte er in Straßburg, wo er mit Herder zusammentraf. Bekannt seine Liebe zu der Sesenheimer Pfarrerstochter Friderike Brion; daß er sie im Stich ließ, hat ihm Jahrzehnte zu schaffen gemacht. In Frankfurt verlobte er sich mit Lili Schönemann, löste jedoch die Verbindung einige Jahre später wieder auf. Seit 1772 war er am Reichskammergericht in Wetzlar tätig. Abermals überwältigte ihn die Liebe zu einem einfachen Mädchen: Charlotte Buff. Dieses Erlebnis schrieb er sich mit dem »Werther« von der Seele. Eine Rheinreise (1774) und die erste Reise in die Schweiz (1775) deutet man zumeist als Verzweiflungstaten: Er wollte vor seiner Ungebärdigkeit und der Frankfurter Enge fliehen. Entscheidend wurde eine Einladung des Herzogs Karl August nach Weimar. 1775 kam er dort an, 1782 wurde er leitender Staatsminister des Herzogtums und zugleich in den Adelsstand erhoben (zwischendurch eine weitere Schweizer Reise). Vier Jahre darauf floh er abermals vor seiner (viel umstrittenen) Liebe zu Charlotte von Stein und vor der Last seines Amtes, die seiner künstlerischen Arbeit immer hinderlicher wurde. Diese Reise nach Italien dauerte zwei Jahre und eröffnete ihm ganz neue Einsichten. 1788 begegnete er CHRISTIANE VULPIUS; ein Jahr darauf schenkte sie ihm außerehelich einen Sohn (Goethe ließ sich erst siebzehn Jahre später mit ihr trauen). 1791 begann er seine Tätigkeit als Theaterleiter, die er erst nach fünfundzwanzig Jahren niederlegte. 1792/93 nahm er als Beobachter an dem Kampf gegen die französischen Revolutionsheere teil. 1794 begann die fruchtbare Freundschaft mit Schiller, dessen frühere Werke ihn stets abgestoßen hatten. Nachdem er 1816 die Leitung des Theaters abgegeben hatte, lebte er im wesentlichen nur mehr seinem literarischen Schaffen. Als Siebziger rührte ihn nochmals die Liebe an (CHRISTIANE war 1816 gestorben): die Liebe zu ULRIKE VON LEVETZOW. 1832 starb er in Weimar.

Über Goethe als Gesamterscheinung gibt es so viele Deutungen wie Literatur- und Philosophieprofessoren (und vielleicht noch darüber hinaus). Jede dieser Deutungen ist nicht ganz richtig und nicht ganz falsch. Goethe war als Mensch wie als Schaffender zu umfassend, als daß nicht jeder Deuter etwas Richtiges oder Falsches über ihn aussagen könnte. Der Laie, tut am besten, alle Deutungen beiseite zu legen, seinen Goethe aufzuschlagen und zu lesen. Es ist wahrlich ohne Belang, ob man auf der ersten Seite anfängt und gewissenhaft Seite für Seite weitergeht, ob man die Werke liest, wie sie entstehungsmäßig aufeinanderfolgen, ob man erst die Gedichte, dann die Bühnenwerke, dann die Prosaschriften und so weiter liest. Wenn man Goethe ein klein wenig zu kennen glaubt, dann zieht man am besten einen beliebigen Band aus der Reihe, stellt ihn auf den Rücken, läßt das Buch aufklappen und beginnt auf der Seite zu lesen, die der Zufall geöffnet hat. Mitten im »Götz«, im »Faust«, im »Tasso«, mitten in »Dichtung und Wahrheit«, im »West-östlichen Diwan«, in der »Farbenlehre«. Daß solches möglich, daß man sogleich »mittendrin« ist und nicht wieder losgelassen wird, *das* scheint das Schönste zu sein, was man über Goethe sagen kann. Und – man darf es sich eingestehen – manches sagt ganz und gar nicht zu: Da wird der Handlungsfaden nicht recht weitergesponnen, dort scheint sich statt Patina ein wenig Rost angesetzt zu haben, an dieser Stelle denkt man anders als der Dichter, sein Altersstil mutet manchmal fremd an –, aber deshalb aufhören oder die Stelle überschlagen? Nein, das ist unmöglich. Selbst sich gelegentlich einmal rechtschaffen zu ärgern über den alten Herrn aus Weimar, ist fruchtbarer als manche Freude über einen jüngeren Herrn aus Berlin oder Paris oder New York. Wir verehren Goethe, weil er »kein ausgeklügelt Buch« ist, sondern – als Mensch wie

Zeitgenössische Darstellung des Geburtshauses von Johann Wolfgang Goethe in Frankfurt am Main

als Schaffender – ein »Mensch mit seinem Widerspruch«. Ehrfürchtig stehen wir vor diesem Riesen des Geistes, vor diesem dichtenden Denker, diesem naturgewachsenen und zugleich sorglich gepflegten Welten-Erleuchter. Aus seinem Werk strahlt ein lebendiges Licht, das wir für unser Leben und das unserer Nachfahren hüten sollten. Dagegen dürfen wir unverzagt vorübergehen am Goethe der Denkmäler – seien sie aus Bronze oder Papier.

Vergebliches Bemühen, wollte man Goethes dichterisches Gesamtwerk auf einen »Nenner« bringen: Es entzieht sich allen verstandesmäßigen Rechenkunststücken. Mit aller Behutsamkeit sei daher nur folgendes gesagt: Zufolge seiner Veranlagung, alle Strömungen der Zeit zu »begreifen«, sie im Umriß wie im Kern »anschaulich« aufzunehmen, war Goethe in jedem Schaffensabschnitt, sosehr sie sich im einzelnen voneinander unterscheiden mögen, ehrlich und aufrichtig den jeweiligen »Richtungen« verschrieben. Um nur ein Gegensatzpaar zu nennen:

Johann Wolfgang Goethe (1749–1832)

Vor dem Straßburger Münster und im frühen Umgang mit HERDER entbrannte er begeistert für das deutsche Mittelalter – zwei Jahre Italien machten ihn zum ehrfürchtigen Bewunderer des klassischen Altertums. Eine solche tiefe Aufnahmebereitschaft stellte ihn in den Ablauf der Entwicklung, in das organische Wachstum seiner Zeit. Aber er verlor sich nicht. Dem aufnehmenden und dann gestaltenden Dichter stand der ordnende, planende Denker zur Seite. Der Denker, der die Vielfalt der Erscheinungen nicht zergliederte, sondern sie zusammenfaßte, ihre Nebensächlichkeiten und Zutaten beiseite legte, ihr eigentliches Wesen aber zu einem neuen Gesamtwesen zu vereinigen strebte. Im Grunde wäre das Aufgabe des Philosophen. Aber die Philosophie, wie sie nun einmal geworden ist, wäre einer solchen Aufgabe nicht mächtig gewesen. Nur der denkende Dichter, der dichtende Denker war ihr gewachsen. Gefühl und Verstand, Herz und Kopf arbeiten bei Goethe, nimmt man die sechs Jahrzehnte seines Schaffens als vielgestaltige Einheit, nicht nebeneinander; sie greifen ineinander, sind ein und dasselbe. Goethes Gesamtwerk mutet an, als sei es mit dem Herzen gedacht und mit dem Kopf erfühlt. Das verstehen wir unter dem vielerörterten »Organischen« seines Wesens. Nur soll man nicht glauben, man könne irgendwo bei Goethe eine Krönung, das vollendete »System« solchen Schaffens antreffen. Das findet sich selbst nicht im »Faust«, nicht in den Urworten, nicht in der Farbenlehre. Es durchkörnt das *Gesamtwerk* wie edles Metall das Gestein. Bald hebt man ganze Goldklumpen ans Licht, bald rieseln nur Körnchen, bald adert es nur wie ein dünner Streifen. Immer aber findet man Gold, wenn man sich die Mühe nimmt, das Gestein zu durchforschen.

Es ist seltsam, daß im Durchschnittsbewußtsein der Menschen von heute die *Theaterdichtungen* Goethes bekannter sind als sein übriges dichterisches Werk. Zwar hat sich Goethe sein Leben lang mit dem Theater beschäftigt, und zwar als Praktiker wie als Schaffender, doch im Grunde gehören seine Theaterstücke mehr in die Außenbezirke seines Schöpfertums. Auf jeden Fall war er – etwa im Gegensatz zu SCHILLER – kein Dramatiker von Geblüt. Erst in reiferen Jahren hat er sich zu einer gedanklichen Auffassung vom Theater durchgerungen; sie läßt sich mit drei Worten aussprechen: »idealisch vorgestellte Natur«. Das hieße also, natürliche Darstellung, Nachahmung der Natur, jedoch idealisiert, beinahe stilisiert; Bühne und natürliches Leben sind verwandt, aber durch das »Idealische« wird eine strenge Grenze zwischen beiden aufgerichtet. Freilich hat sich Goethe in seinen Bühnendichtungen nur selten an diese gedankliche Richtschnur gehalten.

Alles andere als »idealisch vorgestellt« ist der »Götz von Berlichingen« in der ursprünglichen Fassung von 1773. Aus der schlichten, zuweilen einfältigen Lebensbeschreibung, die der wackere Raubritter und nicht ganz feste Charakter Götz von Berlichingen von sich selbst gegeben hatte, machte der junge Goethe ein Schauspiel, das seinerzeit gewaltiges Aufsehen erregte und späterhin immer wieder nachgeahmt wurde. Daß Goethe die geschichtliche Wahrheit und den Charakter

Götz von Berlichingen

mit der

eisernen Hand.

Ein

Schauspiel.

1773.

Titelseite des »Götz von Berlichingen« von Johann Wolfgang Goethe

seines Helden etwas umbog, braucht uns in diesem Zusammenhang nicht zu berühren. Entscheidend ist vielmehr, daß der junge Feuerkopf alle geheiligten und scheinbar unumstößlichen Regeln der Theaterdichtung in einer für die damaligen Anschauungen geradezu unvorstellbaren Weise vernachlässigte und sich in herrlicher Unbekümmertheit den Stil schuf, der ihm für seinen Gegenstand richtig erschien. Daß die Gestalten Prosa redeten, statt Verse vorzutragen, war das geringste. Aber sie führten nicht mehr wohlbemessene Gespräche, sondern redeten frisch von der Leber weg, wie es unter den mehr oder minder einfachen Menschen der Bauernkriege üblich gewesen sein mag. Keine langen Triaden, sondern Kurzsätze, wie eingegeben vom Augenblick. Vollends verwirrend für den Geschmack jener Zeit war der bunte Wechsel des Schauplatzes und der Szenerie; in ihnen wird zuweilen kaum ein halbes Dutzend Sätze gesprochen – und schon fällt der Vorhang. Also nicht Drama, sondern Leben, wirres, buntes, wechselvolles, sprühendes Leben. Dazu noch ein Stoff aus der deutschen Geschichte – kein Wunder, daß die Jugend jubelte, dem Zwang der ewig wiederkehrenden Gestalten und der einengenden Regeln entronnen zu sein. Ein frischer Wind wehte durch das deutsche Theater. Aber er wirbelte aus den Kulissen auch allerhand Staub auf: Manche der späteren Räuber- und Ritterstücke gehen – freilich ohne Schuld Goethes – auf den Erfolg des »Götz« zurück. Natürlich waren die damaligen Bühnen einem derartigen Ansturm der Szenen, einem solchen Personenaufgebot nicht gewachsen, und Goethe selbst hat noch dreißig Jahre später eine neue Bühnenfassung des Werkes herausgegeben. Mochte eine solche Bühnenfassung auch manche Aufführungsvorteile bieten, mochte sie manche dramaturgische Schwäche beseitigen – der »Götz« von 1773 ist und bleibt das herrlichste und lebendigste Charakter- und Volksdrama des Dichters.

Keck warf der jugendliche Dichter alles über den Haufen, was je an Vorschriften und Regeln und Gesetzen über das Schauspiel aufgestellt worden war. Sechs Jahre zuvor war LESSINGS »Minna von Barnhelm« aufgeführt worden. Aber was war die Natürlichkeit dieses Stückes gegen die wilde, wuchernde Natur des »Götz«! Eine Unzahl von längeren und von winzigsten Szenen, hundert Haupt- und Nebenpersonen, aus dem Augenblick geborene Kurzsätze, der Wirklichkeit abgelauschte Ausdrücke – das Werk sprüht und lebt, tobt und blitzt. Hier die berühmte Stelle. Der belagerte Ritter Götz wird durch einen Trompeter zur Übergabe aufgefordert. Götz antwortet:

»Mich ergeben! Auf Gnad und Ungnad! Mit wem redet ihr! Bin ich ein Räuber! Sag deinem Hauptmann: Vor Ihro Kaiserliche Majestät hab ich, wie immer, schuldigen Respekt. Er aber – sag 's ihm – er kann mich ... (schmeißt das Fenster zu).«

Man beachte die vielen Ausrufzeichen, die abgerissenen Sätze, aus denen der Zorn lodert. Dann das kurze Zusammennehmen (»Vor Ihro Majestät ...«), weiter das brüllende Lospoltern, schließlich das Wort »schmeißt«. Solche scheinbar ungeformten Sätze wirken besonders naturhaft, weil ihnen die Wortdrechseleien des haltlosen Weislingen und des bischöflichen Hofes sehr geschickt gegenübergestellt sind.

Schon ein Jahr (1774) darauf wurde der »Clavigo« erstmals aufgeführt. Und schon sind wir mitten drin in einer nicht urwüchsigen, naturwüchsigen Welt, sondern in einem empfindsamen Lebenskreis der vornehmen Gesellschaft. Weder als Drama noch als Dichtung überragend, dagegen ein flüssiges Theaterstück, leicht zu überschauen, folgerichtig weitergeführt, locker und teilweise federnd im Dialog. Goethe hat als Grundlage die damals viel gelesenen Erzählungen des französischen Dichters BEAUMARCHAIS gewählt, sehr vieles übernommen und mancherlei von sich selbst (vor allem den Wankelmut in der Liebe) und seinen Freunden hinzugefügt. Geschrieben wurde das Stück in einer Woche. Bei einer Pfandauslosung gelegentlich eines Gesellschaftsspiels erhielt Goethe den Auftrag, ein Drama zu verfassen. Mit dem »Clavigo« erfüllte er diesen Auftrag. Wäre das Trauerspiel nicht von Goethe, so würde es kaum so hoch geschätzt werden. Goethes Freund Merck schalt es kurzweg »Quark«, der Dichter selbst dagegen war stolz auf dieses Ergebnis einer Wochenarbeit. Beachtlich ist vor allem auch die schnelle, vollkommene Abwendung von der Art des »Götz«.

Abermals eine neue Seite wird aufgeschlagen in der »Iphigenie auf Tauris«, und zwar in der Vers-Fassung von 1786. Es ist eines jener edlen, sprachlich vollklingenden und inhaltlich reichen Werke, in denen das griechisch-klassische Altertum wieder auftönen sollte. Welch eine Verschiedenheit gegenüber dem wilden »Götz« und dem empfindsamen »Clavigo«! Die Handlung auf äußerste beschränkt und undramatisch. Die Bewunderung, mit der die gebildete Welt seit mehr als anderthalb Jahrhunderten immer wieder vor das Werk tritt, gilt ausschließlich der Dichtung, ihren ausgeglichenen Maßen, ihrer edel tönenden und inhaltsreichen Sprache, ihrem in die Seelen verlagerten Geschehen. Mehr oder weniger bewußt wird es auch manchen anrühren, daß durch den griechisch-klassischen Stoff eine neuzeitlich-abendländische Gesittung ebenso hindurchschimmert wie der christliche Erlösungs- und Gnadengedanke. Weit mehr als bei der »Iphigenie« des Euripides entscheiden innere Vorgänge über Wohl und Wehe der Gestalten. Iphigeniens Gebete sind die eigentlichen Kraftquellen für den Strom des Geschehens, und der Schluß mit seinen Menschlichkeits- und Freundschaftsgefühlen wird zart umlichtet von christlicher Milde und Gnade. Dem hohen Rang des Dicht- und Denkwerkes entspricht nicht die Breitenwirkung der »Iphigenie« als Schauspiel. Und als Schauspiel, als Bühnenstück ist die »Iphigenie« ziemlich handlungsarm, vor allem die ersten drei Akte schleppen sich nur langsam vorwärts. Als Festspiel dargeboten, wird das Werk jedoch noch lange seine tiefgehende Wirkung behalten. Goethe fand Worte und Sätze in feierlichem Erinnern an das Einst, das man in stiller Stunde noch einmal heraufbeschwört: »das Land der Griechen mit der Seele suchend«, wie Iphigenie selbst es ausdrückt. Dies der Beginn:

»Heraus in eure Schatten, rege Wipfel
Des alten, heilgen, dichtbelaubten Haines.
Wie in der Göttin stilles Heiligtum,
Tret ich noch jetzt mit schauderndem Gefühl,
Als wenn ich sie zum erstenmal beträte,
Und es gewöhnt sich nicht mein Geist hierher.«

Der »Egmont« (1789) ist das einzige Bühnenwerk, in dem Goethe an die Gestaltungsart seines »Götz« wieder anknüpft. Wie auch dort realistisch gezeichnete Volksszenen, denen politische und intrigenhafte Erörterungen in fürstlichen Gemächern gegenüberstehen; wiederum die lockere Folge von Bildern anstelle dramatsich gebauter Geschlossenheit (nur die Zahl der Bilder ist wesentlich weniger). Wirkt der »Egmont« nicht so urwüchsig, unmittelbar und naturhaft wie der »Götz«, so packt er umsomehr durch das durchgehend angewendete Kunstmittel des Gegensatzes. Bereits die Handlung selbst bildet einen echten, daß heißt dramatischen Gegensatz: Auf der einen Seite die lyrischen, weltverlorenen Clärchen-Szenen, auf der andren Seite das Brausen weltpolitischen Geschehens. Im einzelnen drängen sich die Gegensätze selbst dem unbefangenen Auge förmlich auf: Katholizismus – Protestantismus, spanische Zwingherrschaft – niederländische Freiheitsliebe, unbekümmerte Sorglosigkeit (Egmont) – überlegene Vorsicht (Oranien), eiskaltes Zweckhandeln (Alba) – warmherzige Begeisterungsfähigkeit

(Ferdinand), stilles, erfolgloses kleinbürgerliches Werben (Brackenburg) – hell strahlende Siegeszuversicht (Egmont). Womöglich noch wirkungsvoller sind die Gegensätze zwischen den einzelnen Szenen. Da sitzt im Staatsgemach die Regentin und versucht zusammen mit ihrem klugen Berater Machiavelli weltpolitische Fäden zu entwirren und neu zu spannen – und unmittelbar darauf folgt im kleinen Bürgerhaus Clärchens Satz: »Wollt ihr mir nicht das Garn halten, Brackenburg?«. Grell schießt der Vernichtungsblitz auf Egmont, als Alba den Grafen festsetzen läßt – und gleich darauf irrt Clärchen mit Brackenburg in der Straßendämmerung umher, den Freund und Volkshelden zu retten. Das Werk ist keine Tragödie, schon weil ihm die schuldlose Schuldhaftigkeit fehlt; eher könnte man es als ein Spiel der Charaktere bezeichnen. Ein Spiel, nicht ein Drama. Denn diese Charaktere prallen nicht hart aufeinander, sondern gehen meist den Weg des geringsten Widerstandes. Egmont ist alles andere als ein handelnder Held. Sorglos, seinem Glück vertrauend, ja leichtfertig geht er durchs Leben, und wenn er Alba gegenüber für das niederländische Volk eintritt, so ist das mehr eine schöne menschliche Regung als zwingender, überlegter Ausdruck innerer Überzeugung. In der Schlußszene des zweiten Aktes, wo der klug-behutsame, zugleich freundschaftlich empfindsame Oranien ihn vergeblich warnt, spricht Egmont einen Satz, der sein Wesen erhellt:

> »... und dieser Mensch trägt seine Sorglosigkeit in mich herüber. –
> Weg, das ist ein fremder Tropfen in meinem Blute.
> Gute Natur, wirf ihn wieder heraus!
> Und von meiner Stirne die sinnenden Runzeln wegzubaden,
> gibt es ja wohl noch ein freundlich Mittel.«

Wo nicht starke Charaktere rücksichtlos das Geschehen bestimmen, wo der Held tatenlos dahinlebt, da vermag sich auch keine starke Handlung zu entwickeln. Und so erleben wir im »Egmont« weniger ein Geschehen als ein Sein. Daraus mag es sich auch erklären, daß Egmonts Traum im Gefängnis, dieser »salto mortale in eine Opernwelt« (SCHILLER), sich dem Dichter unwillkürlich aufgedrängt hat: Er mag gefühlt haben, daß dem innerlich Großartigen der entsprechende äußere Widerschein mangelte, und griff zu übertriebenen Mitteln.

Ausgeglichene Maße in Gehalt und Gestalt sind alles. Auch der »Torquato Tasso« von 1789, vollendet nach der italienischen Reise, ist kein Drama im üblichen Sinne, sondern ein Gedicht von einer kühlen Schönheit, wie sie uns entgegenweht aus einem Marmortempel von edlen Maßen, voll edler Säulen und edler Bildwerke. Nehmen wir als Probe, was Gräfin Leonore über den italienischen Dichter Tasso sagt:

»Sein Auge weilt auf dieser Erde kaum:
Sein Ohr vernimmt den Einklang der Natur;
Was die Geschichte reicht, das Leben gibt,
Sein Busen nimmt es gleich und willig auf:
Das weit Zerstreute sammelt sein Gemüt,
Und sein Gefühl belebt das Unbelebte ...«

Jenseits der klang- und zuchtvollen Sprache und der spärlichen Handlung steht der Sinn, der uns heute nicht minder angeht, als er damals (und wohl zu fast allen Zeiten) die Gemüter bewegte: Das Gespaltensein in Wollen und Wirken, in Seele und Geist, Empfindung und Verstand. Der geschichtliche Tasso, der italienische Dichter des berühmten »Befreiten Jerusalem«, war lange Jahre gemütskrank. Goethe macht aus der Gemütskrankheit ein Gespaltensein im modernen Sinne, zwei Seelen in einer Brust, und er verdeutlicht diese Seelenlage, indem er aus dem einen Menschen zwei Figuren macht: Tasso und Antonio sind im Grunde ein Mensch, nur doppelt gespiegelt:

»Zwei Männer sind's, ich hab es lang gefühlt,
Die darum Feinde sind, weil die Natur
Nicht *einen* Mann aus ihnen beiden formte.«

Der leidenschaftliche, überreizte, die Dichtkunst über alles stellende, sein Eigenschaffen jedoch oft unterschätzende Tasso – der kühlkluge, beherrschte, der Staatskunst huldigende, seiner selbst gewisse Antonio, das ist die zwiespätige Einheit Goethes in mancher Lebenslage, das ist die seelische Verfassung vieler geistiger Einzelmenschen, das ist aber auch eine soziale Grundfrage unserer Tage. Wenn wir beim lesen dieser Dichtung weder Tasso noch seinem Widerspiel Antonio recht oder unrecht geben können, so nur deshalb, weil der Mensch und die menschliche Gesellschaft auf dem »Nur-Geistigen« ebensowenig beruhen können wie auf dem »Nur-Wirklichen«. Beides sinnvoll zu vereinen, gelingt nicht dem klugen Vermitteln und einsichtsvollen Verstehen, sondern lediglich dem beiderseitigen »Erkenne, was du bist«, wie es Antonio im Augenblick der Versöhnung ausspricht, oder mit Tassos Worten:

»... Du stehest fest und still,
Ich scheine nur die sturmbewegte Welle.

Faust.

Ein Fragment.

Von

Goethe.

Ächte Ausgabe.

Leipzig,
bey Georg Joachim Göschen,
1790.

Titelseite von »Faust« von Johann Wolfgang Goethe, Leipzig 1790

Allein bedenk, und überhebe nicht
Dich deiner Kraft!
Die mächtige Natur,
Die diesen Felsen gründete, hat auch
Der Welle die Beweglichkeit gegeben ...«

Zugleich schrieb sich Goethe den Zwiespalt seines Daseins am Hofe zu Weimar vom Herzen, zwischen staatsmännischem Amt und dichterischer Berufung. Auch das Leid spielt hinein, das den Dichter heimsuchte, weil er Charlotte von Stein nur als Freundin, nicht als Frau sein eigen nennen durfte.

Zusammenfassung des Goetheschen Wirkens wurde der »Faust«. Mit dem Stoff hat er sich länger als ein halbes Jahrhundert beschäftigt. Ein Bühnenschauspiel im traditionell-dramaturgischen Sinne ist das zweiteilige Werk nie geworden, wohl aber eine Menschen- und Weltschau in dichterischer Form, dergleichen nur selten geschrieben wurde. Das Werk reicht vom Einzelmenschenlichen bis zur Weltschau; es wurde – bald langsam, bald stoßweise – niedergeschrieben von einem Manne, der Dichter und Denker und vor allem ein sich ständig entwickelnder Mensch war; es bedurfte zu seiner Entstehung mehr als eines halben Jahrhunderts, und mitten in diese Entwicklungs- und Schaffenszeit fiel der geistig wie allgemeinpolitisch so tiefgehende Einschnitt der französischen – hinsichtlich der Wirkung jedoch europäischen – Revolution. Der Werkbeginn liegt in der Zeit des Rokoko, die Werkmitte in der Klassik, das Werkende ragt hinein in die frühe Romantik; getrieben wurde das reich beladene Schiff von allen Windstärken, die zwischen deutschem »Sturm und Drang« und griechisch-klassischer Ruhe überhaupt denkbar sind. Was Wunder, daß berufene und unberufene Erklärer seit mehr als hundert Jahren in dieser bald zerklüfteten, bald anmutig glatten Geisteslandschaft herumwandern und versuchen, ihre Meinung über das Wesen des »Faust« auch denen mitzuteilen, die glauben, ohne fremde Hilfe der mächtigen Dichtung nicht näherkommen zu können. Und so umfassend, so beseelt und belebt ist diese Landschaft, so vieldeutig und widerspruchsreich die Fülle ihrer Lebensweisheit, daß jeder der einigermaßen ernstzunehmenden Erklärer mit seiner Meinung recht hat. Der Faust-Stoff hat Goethe von der frühen Kindheit bis in das hohe Alter begleitet. Wichtig für sein Schaffen waren in der Hauptsache die 1712 erschienene Bearbeitung der Faust-Volksbücher »von einem Christlich Meynenden« und die Puppenspiele, die sich ihre Handlung aus den Volksbüchern zusammengestellt hatten. Gelebt hat der (angebliche Doktor) Johann Faust tatsächlich. Er war ein Zeitgenosse Luthers (ca. 1480–ca. 1540), wurde entweder in Knittlingen/Württemberg oder Salzwedel/Anhalt geboren, studierte in Wittenberg und Krakau, zog dann durch halb Europa, wurde ob seines gelehrten Wissens und Könnens allenthalben bestaunt und machte sich anscheinend den Aberglauben der Zeit zunutze, indem er mit seinen chemischen Vorführungen die Welt verblüffte und betrog. Seine chemischen, alchimistischen Kenntnisse konnte man sich nicht anders erklären als durch einen Pakt Fausts mit dem Teufel. Und auf diesem angeblichen Teufelspakt beruht der Inhalt der Volksbücher und Puppenspiele, die sich mit dem merkwürdigen Mann beschäftigen. Natürlich wurde dieser Faust vom Teufel geholt – wahrscheinlich ist er bei einem chemischen Versuch, d. h. einer Explosion umgekommen. Festzuhalten gilt jedenfalls, daß Goethe bestimmte Ereignisse und Figuren (Faust, Teufel, Helena, Bürgermädchen) bereits vorfand, als er an die Ausgestaltung der eigenen Dichtung ging.

Die Faust-Gestalt aus dem bloßen Aberglauben herauszuheben und ihr einen Sinn zu verleihen, hatte bereits der Engländer MARLOWE und später LESSING (allerdings wohl nur in Bruchstücken) versucht. Man darf auch nicht annehmen, Goethe habe von vornherein geplant, eine der größten Dichtungen der Welt zu schreiben. Während der jahrzehntelangen Beschäftigung mit dem Werk sind ihm vielmehr die Gedanken allmählich zugewachsen und er selbst wuchs mit den Gedanken. Ja, es bedurfte recht dringender Mahnungen seines Freundes Schiller (nach 1794), bevor er sich zu weiterer Arbeit entschloß. Hatte er doch, in der Überzeugung, das Werk nicht fortführen zu können, das bisher Geschaffene 1790 und der Bezeichnung »Faust. Ein Fragment« drucken lassen (Der sogenannte »Urfaust« liegt noch weiter zurück). Der erste Teil in der heutigen Gestalt wurde 1808 veröffentlicht. In der vorangesetzten »Zueignung« (1797) spricht Goethe selbst zu Beginn davon, wie unsicher er gewesen ist, ob es ihm gelingen werde, das Ganze zu formen:

Ihr naht euch wieder, schwankende Gestalten,
Die früh sich einst dem trüben Blick gezeigt.
Versuch ich wohl, euch diesmal festzuhalten?

Mit der Arbeit am zweiten Teil beschäftigte sich der Dichter teilweise schon, während er den ersten Teil fertigstellte; aber erschienen ist er erst im Jahre 1832.

Man hat sich immer wieder gefragt, ob der »Faust« ein Bühnenwerk sei. Diese Frage ist vom Grundsatz zu verneinen. Nicht, weil manches selbst in der letzten Fassung noch bruchstückhaft geblieben ist; nicht, weil etwa die Form gänzlich theaterfremd wäre. Sondern einzig und allein aus folgender Erwägung. Eine Dichtung von solcher Gedankentiefe im Ganzen, von solcher Gedankendichte im Einzelnen, von solcher Gestaltenfülle und Wissensvielfalt, eine Dichtung, deren annähernde Erschließung ein nicht unbeträchtliches Bildungswissen und Nach-Denken erfordert, widerspricht – ihrer inneren Natur nach – dem eigentlichen Sinn des Theaters. Sie mag dramatisiert sein in der Form, sie mag sich bühnentechnisch umsetzen lassen, sie mag echte Theaterbestandteile enthalten (und der »Faust« enthält deren besonders im zweiten Teil in geradezu unglaublicher Fülle). Aber das Theater besteht nicht nur aus der Bühne und ihren Helfern, sondern zu mindestens gleichen Teilen auch aus dem Zuschauerraum und seinem Publikum. Zu gedrängt aber ist die Fülle der Gedankeninhalte und Gedankenformen, der Gestaltenerscheinungen und Gestaltenbedeutung, der vordergründigen Bilder und des hintergründigen Sinnes, als daß der »Faust« im üblichen Theaterspielplan seinen Platz finden könnte.

Der erste Teil handelt von Faust als einem Einzelwesen, seinem Streben und Irren, seiner Schuld und dem Bewußtwerden seiner Schuld. Der zweite Teil stellt dann Faust in den Zusammenhang der äußeren und inneren Welten. Sprachlich und stofflich sind die Darstellungsmittel drei Jahrtausenden entnommen. Vom Vers der griechisch-klassischen Tragödie bis zum französischen Alexandriner und bis zur Redeprosa reicht die Sprache. Vom alten Troja in Kleinasien bis zu Lord Byrons Tod (1824) in den Sümpfen von Missolunghi erstrecken sich die Zeitbilder, von orphischer Weisheit bis zur Zauberbühne der Neuzeit spannen sich die Bogen. Die alte Dreiheit von Ort, Zeit und Handlung ist gesprengt in einem Maße, das selbst der Surrealismus nicht zu überbieten vermag, eigenes Erleben des Dichters geht mit seherischen Künden kommenden Weltwerdens innigste Verbindung ein, vom stillen Selbstgespräch in der Studierstube bis zum lauten Maskentreiben an prunkvollen Fürstenhöfen, vom Himmel über die Erde bis zur Unterwelt reichen die Schauplätze

»Alles Vergängliche
Ist nur ein Gleichnis;
Das Unzulängliche
Hier wird's Ereignis«.

Gedankengang in »Der Tragödie erster Teil«: Der nicht einfach glaubende, sondern suchende Einzelmensch, der über die Welt des Scheins in die des Seins vorstoßen will, muß erkennen, daß die Wissenschaft auf seine Fragen keine Antwort weiß. Aus Zweifel wird Verzweiflung bis zum Selbstmordgedanken. Ist der Mensch auf die Sinnenwelt beschränkt? Diese Frage beantworten zu können, muß man die Sinnenwelt in allen ihren Formen auskosten. Mit erlaubten und unerlaubten Mitteln verschafft sich der Mensch alle Möglichkeiten des Genießens – doch sie bleiben schal. Tiefer und edler wird der Genuß in der Liebe zu einem naturhaften, schlichten Menschen. Aber dieser Genuß wird sogleich zu Schuld, und Schuld führt zu Verbrechen. Doch wer Schuld und Verbrechen in sich erkennt, der wird geläutert zu neuem, höherem Leben. Gewiß, »es irrt der Mensch, solang er lebt«; aber auch:

»Ein guter Mensch, in seinem duklen Drange,
ist sich des rechten Weges wohl bewußt.«

Gedankengang in »Der Tragödie zweiter Teil«: Der durch die kleine Welt einzelpersönlichen Genießens gegangene, zum Bewußtsein seiner Schuld gelangte Mensch findet erste Beruhigung und Heilung durch Zeit und Natur. Ist er aber ein Suchender, so wird er sich damit nicht begnügen; denn erlebte und durchlittene Schuld verjährt nicht, und das Naturerleben ist nur eine Vorstufe. Alles drängt den suchenden Menschen weiter und aufwärts. Weiter, das heißt: In alle Kreise der kreisenden Welt – in den Kreis der bestehenden Beziehungen von Menschen. Zu Menschen, in den Kreis des Schönheitserlebnisses und der Erziehung durch die Kunst, endlich in den Kreis tätigen Wirkens aller für alle. Aufwärts, das heißt: Hindurch durch die zeitliche Vergänglichkeit aller menschlichen Einrichtungen, hinaus über die Unlebendigkeit des Nur-Schönen, empor zu dem allumfassenden Geist der alles umspannenden, alles lösenden Liebe. Da aber der Mensch ein unvollkommenes Wesen ist, muß er sich mancher Mittel bedienen, die ihn erneut schuldig machen. Doch auf diesem Wege durch Tiefen und Dunkel, durch Schrecken und Schauder kann er sich, wenn er sich nur des Zieles bewußt ist, immer mehr freimachen von der Hilfe der Welt und des Bösen. Mag die Sorge ihn erblinden lassen – das innere Licht leuchtet umso heller, der innere Weg bleibt vorgezeichnet. Und »bleibt auch ein Erdenrest, zu tragen peinlich«, so werden den Strebenden die Kräfte geistiger Liebe doch emportragen.

Was das Gesamtwerk des »Faust« ins Überlebensgroße, kaum noch Faßbare erhebt, ist neben dem Dichterischen – nein, *vor* ihm: das Seherische, die Gesamtschau und die daraus erwachsende Verpflichtung für den Einzelmenschen und für die Menschheit. Auch hier hat das »organische Denken« dem Dichter den Blick geschult und die Richtung gewiesen: Wer einmal den Kern der Entwicklung geschaut, gewissermaßen die Ur-Entwicklung in ihren treibenden Kräften erkannt hat, dem werden Vergangenheit und Gegenwart eins, der vermag die Zukunft zu erblicken wie in einem Zauberspiegel.

Schon aus dieser knappen Übersicht (zahlreiche Nebenwerke haben wir nicht einmal erwähnt) wird deutlich, wie bunt, wechselhaft und scheinbar zusammenhanglos Goethes Bühnenwerke nebeneinanderstehen.

Bei den *Gedichten* ist es nicht anders. Wohl gibt es zahlreiche Gedichte, die man gruppenweise zusammenfassen könnte oder die Goethe selbst unter einem bestimmten Gesichtspunkt zu Gruppen gebunden hat (etwa den »Westöstlichen Diwan«); insgesamt aber kann von einer stilistischen formalen oder inhaltlichen Einheit keine Rede sein. Daß dennoch (von frühen Belanglosigkeiten abgesehen) eine innere Einheit vorhanden ist, ein organisches Zusammengehören, wird wohl jeder aufgeschlossene Leser spüren, auch wenn es sich schwer beweisen läßt. Goethes Lyrik ist kein geordneter Forst mit schurgeraden Linien von Bäumen der gleichen Art, sondern eine Landschaft mit Bergen und Tälern, Flüssen und Felsen, Menschen und Häusern, Erde und Himmel. Sie reicht von gereimter Gegenständlichkeit bis zu orphischem Dunkel, von volksliedhafter Einfachheit bis zu verborgener einzelpersönlicher Empfindung, von trotziger Selbstbehauptung bis zu weisem Aufgehen im All. Dementsprechend werden auch alle nur denkbaren Formen und Stilmittel herangezogen, um das innerlich Erlebte künstlerisch zu gestalten. Man mag darüber streiten, ob Goethe Deutschlands größter Lyriker ist; nicht bezweifeln aber darf man, daß er jedes Gebiet der Lyrik durchmessen und mit herrlichen Blütengewächsen bepflanzt hat. Pflücken wir einige Blumen aus diesem Garten, wie es gerade kommt, nur um zu zeigen, wie verschiedengeartet sie sind, obwohl vom gleichen Gärtner gehegt. Etwa die dritte Strophe der »Brautnacht«:

»Wie bebt vor deiner Küsse Menge
Ihr Busen und ihr voll Gesicht!
Zum Zittern wird nun ihre Strenge,

Und deine Kühnheit wird zur Pflicht.
Schnell hilft dir Amor sie entkleiden,
Und ist nicht halb so schnell als du:
Dann hält er schalkhaft und bescheiden
Sich fest die beiden Augen zu.«

Das ist rokokohafte leichtfertige Tändelei mit einer gegenständlich geschilderten Situation, ebenso unverbindlich wie unpersönlich. Welch ein Abstand zum »Heidenröslein«, obwohl das »Thema« genau das gleiche ist! Und nun nochmals die Liebe als Thema; die erste Strophe der »Rastlosen Liebe« lautet:

»Dem Schnee, dem Regen,
Dem Wind entgegen
Im Dampf der Klüfte,
Durch Nebeldüfte.
Immer zu! Immer zu!
Ohne Rast und Ruh!«

War in den ersten beiden Gedichten alles Zustand, so ist hier alles Bewegung, stürmisches Vorwärtsdrängen, zugleich aber eine Bewegung, die körperlich und sinnbildhaft aufgefaßt werden muß. – Oder man lese den »Prometheus«. Erste und letzte Strophe lauten:

»Bedecke deinen Himmel, Zeus,
Mit Wolkendunst
Und übe, dem Knaben gleich,
Der Disteln köpft,
An Eichen dich und Bergeshöhn;
Mußt mir meine Erde
Doch lassen stehn
Und meine Hütte, die du nicht gebaut,
Und meinen Herd,
Um dessen Glut
Du mich beneidest.

Hier sitz ich, forme Menschen
Nach meinem Bilde.
Ein Geschlecht, das mir gleich sei,
Zu leiden, zu weinen,
zu genießen und zu freuen sich
Und dein nicht zu achten,
Wie ich!«

Das ist wilder, auflodernder Trotz des Einzelnen gegen Gottheit und Schicksal, wütende Selbstbehauptung, ja, Ichbetonung, gebannt in gezackte, aufbegehrende freie Rhythmen. In der Sprache verwandt, in der Haltung jedoch schon gemäßigter ist »Wanderers Sturmlied«: »Wen du nicht verlässest, Genius, / Nicht der Regen, nicht der Sturm / Haucht ihm Schauer übers Herz.« Wie so ganz anders aber »Wanderers Nachtlied«. Nach den Längen der zuvor genannten Gedichte nunmehr nur noch acht Zeilen, gereimt, verdichtet, demütig: »... Ach, ich bin des Treibens müde! / Was soll all der Schmerz und Lust? ...« Und schließlich völliges Einswerden von Bild und Sinnbild, von Mensch und Welt in dem unübertroffenen Nachtlied:

»Über allen Gipfeln ist Ruh.
In allen Wipfeln
Spürest du
Kaum einen Hauch;
Die Vögelein schweigen im Walde.
Warte nur, balde
Ruhest du auch.«

Sosehr es verlockt, gerade bei diesem Gedicht den verwendeten künstlerischen Mitteln nachzuspüren (etwa der Verwendung der dunkleren Selbstlaute *a* und *u* für die Grundstimmung und der beiden einzigen betonten *i* in »Gipfel« und »Wipfel«), zu klären, daß hier Schale und Kern, Gestalt und Gehalt eins geworden sind – uns kommt es auf anderes an bei solchen Gedicht-Vergleichen. Nämlich: welches ist nun Goethe? Keines allein, wohl aber alle gemeinsam. Ein Gedicht freilich gibt es, das bezeichnend ist für die wesentliche Seite des ganzen Goethe: »An Schwager Kronos.« Da sieht er sich als Reisender in der Kutsche des Lebens, die Zeit als Kutscher auf dem Bock, das Auf und Ab, den Ausblick auf Kommendes und Vergangenes, die gelassene Heiterkeit vor dem Ende, dem Tode.

Bevor wir das umfangreiche Gebiet der Goetheschen Gedichte verlassen, sei noch auf zwei größere Dichtungen hingewiesen, die bei Betrachtungen über Goethe häufig im Hintergrund verbleiben, die man aber – wenn nicht als anderes – als Heilkuren gegen die Hauptkrankheit unserer Zeit dringend empfehlen kann: »Reineke Fuchs« und »Hermann und Dorothea«. Es sollte verboten werden, diese Werke in der Schule zu behandeln. Selbst unter der Hand des besten Lehrers wandeln sich ihre Heilkräfte in Gift, und sei es nur in das Gift unüberwindlicher Abneigung. Wer aber an langen Winterabenden als Erwachsener die Hexameter des (aus dem Plattdeutschen übertragenen) »Reineke Fuchs« oder der Idylle »Hermann und Dorothea« liest, der kann sicher sein, ein Heilmittel gegen seelische und geistige Gefahren zu sich genommen zu haben, dessen Wirkung langhin andauert. Wie man denn überhaupt zu oft vergißt, daß es gesundheitfördernde und krankheitbekämpfende Mittel nicht nur in der Apotheke, sondern auch im Bücherschrank gibt.

Johann Wolfgang Goethe (1749–1832)

Die Leiden

des

jungen Werthers.

Erster Theil.

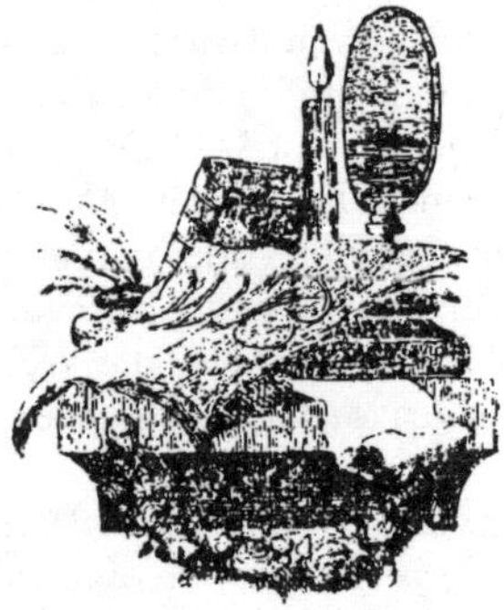

Leipzig,

in der Weygandschen Buchhandlung.

1774.

Titelseite der Erstausgabe von »Die Leiden des jungen Werthers« von Johann Wolfgang Goethe, Leipzig 1774

Unter den Prosawerken steht zeitlich an der Spitze »Die Leiden des jungen Werthers«. Dieser Roman, nach englischem Vorbild zumeist in Briefform gehalten, erschien 1774, also zur Zeit der Stürmer und Dränger, aber auch der Rühr- und Tränenseligkeit. In kurzer Frist jubelte und weinte man in Deutschland, in der ganzen Welt über das Schicksal dieses empfindsamen jungen Mannes, der sich in seiner Ehre gekränkt fühlt, seine geliebte Lotte nicht heimführen kann und sich deshalb erschießt. Wenn wir nicht die literargeschichtliche Brille aufsetzen oder überlieferungssüchtige Scheuklappen anlegen, müssen wir zugeben, daß dieser Roman trotz seiner einstigen Weltbedeutung und langdauernden Wirkung dem heutigen Leser nicht mehr viel sagt. Mit dieser Feststellung wird weder die Dichtung als solche noch ihre geschichtliche Bedeutung geschmälert; nur ein echtes Genie vermochte mit so sicherer Hand das Grundgefühl einer ganzen Epoche in den Briefen eines einzigen Jünglings lebendig werden zu lassen, nur ein Genie konnte diesen Einklang von Mensch und Natur zustande bringen, nur ein Genie verfügt als kaum Fünfundzwanzigjähriger über eine derartige Kraft, nein: Magie der Sprache! Das wird man beim Lesen stets erneut bewundern können. Doch heute gibt es keine Jünglinge mehr, die Werthers Geschick beweinen oder ihm in den Freitod folgen. Und heute gibt es keine Jünglinge – und gewiß nur wenige Erwachsene –, die überhaupt noch imstande waren, die Seelenlage dieses empfindsam-empfindlichen jungen Mannes zu begreifen, geschweige denn nachzuerleben.

»Wilhelm Meisters Lehrjahre« (1796) wurde einst von etlichen Leuten angegriffen, weil dieser Roman unmoralisch sei. Man kann bezweifeln, daß es auch heute noch solche Kritiker gibt. Nach verbreiteter Meinung ist das Buch einer der tiefsten Erziehungsromane, die je geschrieben wurden. Ihn immer wieder hervorzuholen, sollte des verständigen Lesers hohe Pflicht gegen sich selbst sein. Wer ihn freilich erstmals zur Hand nimmt und erwartet, einen »Roman« im üblichen Sinne zu finden, wird enttäuscht sein und sich langweilen. Denn trotz den zahlreichen »unmoralischen« und anderen Abenteuern wirkt das Werk nicht geschlossen im Roman-Sinne. Der Handlungsfaden ist nämlich dünn: Der junge Wilhelm Meister, Sohn eines Kaufmannes, geht auf Reisen, schließt sich einer Schauspielertruppe an, weil er ein bedeutender Schauspieler zu werden hofft, gerät unter leichtes Volk und in leichte Abenteuer, gewinnt allmählich immer bessere Freunde, durch die er unmerklich aufsteigt, erleidet Schweres und Seltsames (die Mignon-Sze-

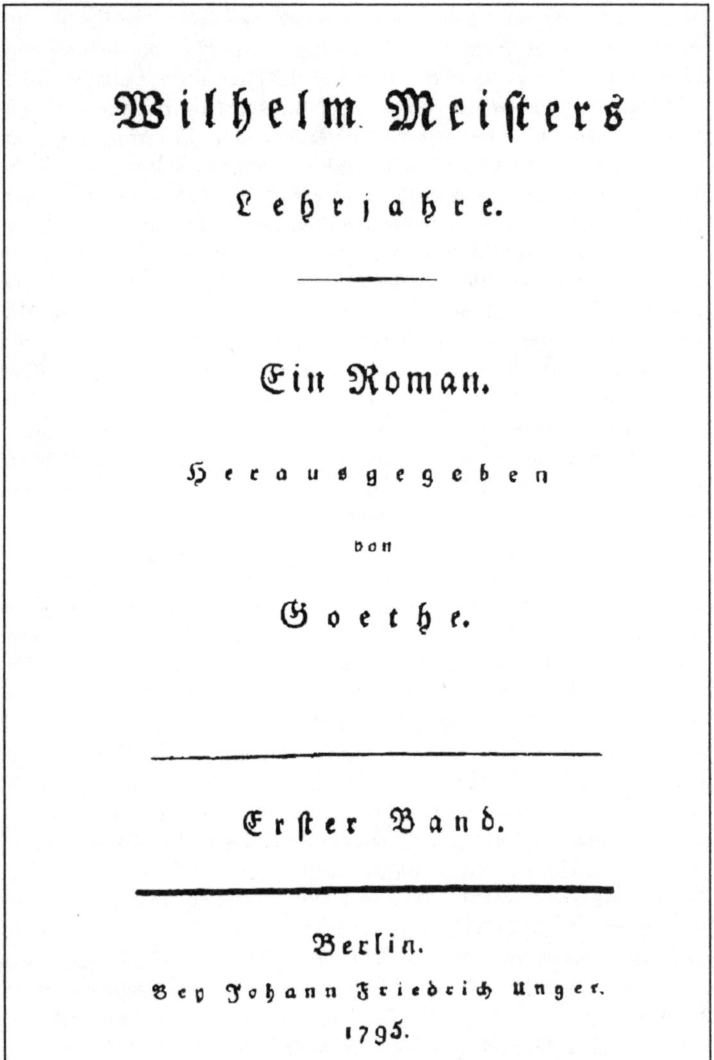

Wilhelm Meisters
Lehrjahre.

Ein Roman.

Herausgegeben
von
Goethe.

Erster Band.

Berlin.
Bey Johann Friedrich Unger.
1795.

Titel des ersten Bandes der Erstausgabe von »Wilhelm Meisters Lehrjahre« von Johann Wolfgang Goethe, Berlin 1795

nen), wird ... doch lassen wir den alten fleißigen Werner reden: »Deine Augen sind tiefer, deine Stirn ist breiter, deine Nase feiner und dein Mund liebreicher geworden ... Wie das alles paßt und zusammenhängt! Wie doch das Faulenzen gedeiht! ... Nun siehst du doch aus wie ein Mensch!« Und Goethe sagte viel später einmal zu Eckermann: » ... im Grunde scheint das Ganze nichts anderes sagen zu wollen, als daß der Mensch, trotz allen Dummheiten und Verwirrungen, von einer höheren Hand geleitet, doch zum glücklichen Ziele gelange.« Wer sich unterhalten will, lasse dieses Werk im Schrank stehen; wer an einem kostbaren Beispiel erleben möchte, wie der Mensch durch sich selbst, durch die Umwelt und eine »höhere Hand« zum Menschen gebildet wird, der mag dieses Buch zum Lebensgefährten erwählen. Das gilt auch für den 1821 erschienenen zweiten Teil »Wilhelm Meisters Wanderjahre oder Die Entsagenden«. Nun schon gar kein Roman mehr, eher eine Zusammenstellung durchaus verschiedenartiger Novellen mit eingesprengten Betrachtungen, Briefen, Tagebuchblättern und so fort, das meiste geschrieben in einem Altersstil, der uns im großen und ganzen heute doch recht fremd anmutet. Aber immer wieder muß es gesagt werden: Die unter dieser Hülle verborgenen Lebensweisheiten sollte man heben. Dagegen sind die »Wahlverwandtschaften« durchaus ein Roman, menschlich ergreifend, geheimnisvoll. In dem Titel offenbart sich Goethes naturwissenschaftliche Denkweise; denn in der Chemie nennt man solche Grundstoffe »wahlverwandt«, die sich unwillkürlich anziehen, während sie fremde Grundstoffe von sich ablösen. So hier. Der weiche Eduard und die festere Charlotte haben in Erkenntnis bedenklicher Erfahrungen nicht aus Liebe, sondern aus Freundschaft geheiratet und leben eine zufriedene Gemeinschaft. Ein Hauptmann kommt zu ihnen, schließt mit Eduard Freundschaft, fühlt sich dann aber zu der ihm wesens- (wahl-) verwandten Charlotte hingezogen. Eduard wiederum findet in Charlottens Nichte Ottilie die ihm gemäße Natur. Die Liebesidyllen werden gestört durch einen Unfall, der Hauptmann nimmt ihn als Warnung des Schicksals und verläßt den Kreis. Eduard wünscht nicht, daß auch Ottilie abreise, läßt die beiden Frauen auf seinem Besitztum und wird Soldat. Im Herbst darauf gebiert Charlotte einen Knaben – er hat die Augen Ottiliens und das Gesicht des Hauptmanns! Eduard kommt zurück, will sich scheiden lassen, um Ottilie zu heiraten. Da stürzt Charlottens Kind im Beisein Ottiliens in den See und ertrinkt. Ottilie kann ein Schuldgefühl nicht überwinden und stirbt. Eduard folgt ihr nach. Die beiden Wahlverwandten werden in derselben Gruft bestattet. – Den schönsten und zugleich bequemsten Zugang zu Goethe und seiner Zeit gewährt des Dichters eigene Lebensbeschreibung »Dichtung und Wahrheit« (ursprünglich: Aus meinem Leben. Wahrheit und Dichtung), ein herrlich geschriebenes Zeugnis warmer Menschlichkeit und der wohlgelungene »Versuch, die Umwandlungen der sittlichen, ästhetischen, philosophischen Kultur, insofern ich Zeuge davon gewesen, mit Billigkeit und Heiterkeit darzustellen und zu zeigen, wie immer eine Folgezeit die vorhergehende zu verdrängen und aufzuheben suchte, anstatt ihr für Anregung, Mitteilung und Überlieferung zu danken«. In diesem Zusammenhang verdienen gelesen zu werden die »Italienische Reise«, die »Campagne in Frankreich«, die »Bela-

Johann Wolfgang Goethe auf dem Sterbebett

gerung von Mainz« und die übrigen Einzelerinnerungen aus Goethes Leben. Eine bessere Einführung in des Dichters Welt gibt es nicht. – Wer des »Spannenden« bedarf, nehme einmal Goethes Übersetzung »Benvenuto Cellini« zur Hand; er wird das Werk so schnell nicht wieder fortlegen.

Man kann in diesem Rahmen nur einen knappen Überblick über Goethe als dichtenden Menschen geben, aber es sollte nochmals ausgesprochen werden: Den ganzen, den wirklichen Goethe wird man nur zu erfassen vermögen, wenn man sich auch mit seinen naturwissenschaftlichen Schriften, insbesondere der »Farbenlehre« vertraut macht. Das ist mühsam, doch der Gewinn ist groß.

Friedrich Schiller (1759–1805)

Friedrich Schiller

Häufig spricht man von »Schiller und Goethe«, als sei die Rede von Zwillingsdichtern. In Wirklichkeit ist das Wörtlein »und« hier kein Verbindungswort, sondern eine Kluft. Die Jahre um 1790 sahen im Grunde das richtige Verhältnis der beiden Großen zueinander: Goethe fühlte sich abgestoßen von dem urwüchsigen Dichter der »Räuber«, des »Fiesco« und der »Kabale«, Schiller wiederum haßte den vornehm zugeknöpften Geheimrat und ersten Staatsminister. Erst ein Zufall (kurzes Gespräch nach einer Sitzung) ließ 1794 jene auf gegenseitiger Achtung beruhende Freundschaft entstehen, die man heute immer als die selbstverständlichste Sache von der Welt ansieht. Innerlich verwandt waren Goethe und Schiller nur durch ihre wahrhaft geniale Veranlagung; diese ermöglichte es jedem von ihnen, allmählich die Größe des anderen zu erkennen und gelten zu lassen. Was aus ihrer gemeinsamen Arbeit, ihrer wechselseitigen Kritik, aus den gegenseitigen Anregungen erwachsen ist, davon freilich zehren nun schon zwei Jahrhunderte.

Auch ein anderes will uns nicht recht einleuchten. Bei einem Vergleich der beiden Dichter wird vielfach ernsthaft behauptet, Goethe verkörpere das Sein und die Ruhe, Schiller das Werden und die Bewegung. Als habe Goethe niemals als Jüngling und niemals als Mann, sondern stets nur im Alter gedichtet! Zu solchen einseitigen Gegenüberstellungen kann man doch wohl nur kommen, wenn man von Goethe lediglich die Alterswerke gelten läßt. Man sollte besser den Gegensatz etwas mildern und sagen: Der mehr naturwissenschaftlich ausgerichtete Goethe verkörpert die stetige Entwicklung, der geschichtswissen-

Das Mannheimer Natioaltheater, der Uraufführungsort der »Räuber«

schaftlich beeinflußte Schiller drängt auf schnelle Entscheidung. Er ist ein ausgesprochen politischer Mensch (er wurde ja auch zum Ehrenbürger der französischen Revolution ernannt!), während Goethe so bedeutsamen politischen Ereignissen wie der französischen Revolution, den napoleonischen Feldzügen oder den Freiheitskriegen gelassenbeobachtend gegenüberstand. Schiller rüttelt an den Gitterstäben des menschlichen Gefängnisses, möchte alles beschleunigen, Goethe wartet geruhsam, weil er weiß, daß sich die Türen eines Tages von selbst öffnen. Schiller ist der stärkere Dramatiker, während ihn Goethe als Lyriker übertrifft. Aus einem solchen Wollen ist es wohl zu erklären, daß Schiller sich häufig einer wuchtigen, feierlichen, schwungvollen Sprache bedient. Ihm genügt es eben nicht, von wohlverstandener Freiheit und fließender Gesetzmäßigkeit, von sittlicher Pflicht und läuternder Schönheit zu sprechen; er will gehört und verstanden werden, er wünscht, daß man seinen Gedanken und Vorstellungen folge. Fast stets scheint er auf der Bühne, auf der Kanzel, auf einem erhöhten Platz zu stehen, zu predigen, mit kurzen Sprüchen sein Wollen den Zuhörern in Kopf und Herz zu hämmern. Da er gleichzeitig die strengen Grenzen Kunst nicht überschreitet, ist er zum Lieblingsdichter des deutschen Sprachraumes geworden. Vielleicht ist es mehr als Zufall, daß er am Geburtstage Luthers, am 10. November, zur Welt kam.

Geboren wurde Friedrich Schiller 1759 im schwäbischen Marbach als Sohn eines Feldschers im Offiziersrang. Der württembergische Herzog steckte den begabten Jungen für acht Jahre in seine »militärische Pflanzschule«, wo er Rechtswissenschaft und Medizin studierte. 1780 wurde er Militärarzt. Von Stuttgart aus fuhr er ohne herzogliche Erlaubnis nach Mannheim, um eine Aufführung seiner »Räuber« anzusehen. Noch mehr verstimmt wurde der Herzog, als die Schweizer sich durch einige Stellen des Werkes beleidigt fühlten. Kurzerhand verbot er Schiller das »Komödieschreiben«. Um solchen Fesseln und einer Bestrafung zu entgehen, floh der junge Dichter nach Mannheim, wurde dort aber im Stich gelassen, schlug sich recht und schlecht durch, kam dann 1783 auf eine Weile als Theaterdichter nach Mannheim zurück, ging aber bald nach Leipzig und anschließend nach Dresden. 1787 kam er vorübergehend nach Weimar, arbeitete in Rudolstadt, wo er seine spätere Frau Charlotte von Lengefeldt kennenlernte, bis er endlich durch Goethe (der ihm persönlich durchaus nicht gewogen war und den er »vor der Welt zu demütigen« wünschte) eine Professur für Geschichte in Jena erhielt. Das war 1789, im ersten Jahre der französischen Revolu-

Die

Räuber.

Ein Schauspiel.

Frankfurt und Leipzig.
1781.

Titelblatt der Erstausgabe »Die Räuber« von Friedrich Schiller

tion. Zwei Jahre darauf brach er wegen Überarbeitung zusammen. Eine dreijährige Rente des Prinzen Friedrich Christian von Schleswig-Holstein-Augustenburg half ihm weiter. Wichtig wurde die Bekanntschaft mit dem Verleger COTTA, der dann die Zeitschriften »Die Horen« und »Musenalmanach« herausbrachte. Um die gleiche Zeit lernten sich Schiller und Goethe nach einer Zufallsbesprechung richtig kennen (1794), arbeiteten zusammen an den Zeitschriften und schlossen jene künstlerische Freundschaft, der oben bereits gedacht wurde. 1799 übersiedelte Schiller endgültig nach Weimar. Dort ist er 1805 gestorben als »Hofrat von Schiller«.

An der Spitze von Schillers *Dramen* steht ein Werk, das bei aller Ungeschlachtheit im einzelnen erstaunlich gut ein Grundthema jener Zeit und eine Grundhaltung des Dichters selbst widerspiegelt: »Die Räuber«.

Es gibt in der Geschichte des Dramas kaum einen Fall, in dem schon das Erstlingswerk eines Dichters so gewaltig gewirkt hat wie »Die Räuber« bei der ersten Aufführung (1782 in Mannheim). Der Erfolg ist dem Drama bis heute treu geblieben. Denn es ist *das* Drama der Jugend, die allzeit revolutionär sich auflehnt gegen die Tyrannei der Gesetze und die von Gesellschaft und Moral vorgezeichneten Lebenskreise. So steht das Stück immer als ein dichterisches Fanal vor der jeweils revolutionärsten Richtung, die wie »Die Räuber« eine ganze Welt zugrunderichten will, um auf den Trümmern eine neuere, bessere Welt zu bauen. Das ist der Grundgedanke des Dramas. Zwar haften dem Werk – im Sprachlichen wie im Technischen Mängel an; aber der Feueratem des bei der Niederschrift kaum zweiundzwanzigjährigen Dichters weht noch immer mit der gleichen Glut durch seine Worte. Es ist trotz mancher sehr langer Monologe vom ersten bis zum letzten Wort durchpulst vom Geschehen, von vorwärtstreibendem, vorwärtsstürmenden Handeln aller Figuren. Da gibt es schon vom Sprachlichen her nirgends einen Ruhepunkt, nirgends eine leblose Stelle. Aufs höchste gesteigertes Tun erfüllt die Handlungen, und wie unter einem Bann atmen die Zuschauer den Odem der lebendigen Revolution auf dem Theater.

Die freiheitliche Zielsetzung entspringt sowohl der allgemeinen Freiheitssehnsucht der Zeit wie im besonderen dem von Schiler selbst erlebten Zwang in der Karlsschule. Dabei überwiegt jedoch der Anstoß von außen. Die Tyrannei der unumschränkten Machthaber wurde allgemein empfunden; Auflehnung lag in der Luft. So richtet sich Schiller in den »Räubern« zunächst einmal gegen die Willkürherrschaft im allgemeinen. Erst späteren Dramen (so »Kabale und Liebe«) bleibt die Abrechnung mit der besonderen Knechtung vorbehalten, die den Dichter der »Räuber« durch den württembergischen Herzog treffen sollte.

Der dramatische Aufbau des Stückes ist durch SHAKESPEARE beeinflußt. Schiller geht aber über den Dramen-Techniker SHAKESPEARE hinaus, indem er zum Schöpfer der Doppelhelden wird. Bei Dramen mit nur einem Helden liegt eine gewisse Schwäche darin, daß beim aktiven Helden vom Wendepunkt ab die Handlung mit dem Fallen meist auch schwächer wird. Beim passiven Helden steigt die Handlung vom Wendepunkt ab, wird damit meist stärker. Dafür ist der Anlauf bis zum Wendepunkt schwächer. Mit der Einführung eines aktiven und eines passiven Helden kann die Handlung von Anfang an bis zum Schluß gleichmäßig stark gebaut werden.

Die beiden Helden in den »Räubern« sind Franz Moor und Karl Moor. Franz Moor ist der aktive Held. Schon fast vom ersten Wort an übernimmt er die Führung, während Karl, als passiver Held, zunächst von der Aktivität seines Gegenspielers getrieben wird. Nun ist es ja in jeder richtig gebauten Handlung so, daß der Held einen hervorragenden Gegenspieler hat. Grundsätzlich neu in den »Räubern« ist aber, daß jeder der beiden Helden Träger einer *eigenen* Handlung ist, die ganz für sich bestehen könnte und in der jeder der beiden Helden jeweils noch einmal seinen eigenen Gegenspieler hat. Das wird besonders klar in der Handlung um Karl. Da ist Spiegelberg der Gegenspieler. In der Handlung um Franz Moor wird das Bild des Gegenspielers etwas verwischt; denn die Figur der Amalia ist etwas schwach geraten. Höhepunkte und Umschwung beider Handlungen liegen dicht beieinander. Auf dem Höhepunkt seiner Macht wird Franz von Amalia zurückgewiesen und gedemütigt. Seine Kreatur Hermann verrät sein Ränkespiel. Etwa gleichzeitig beginnt auch für Karl der Umschwung. Mit der Erzählung Kosinskys reißt der Räuberhauptmann das Gesetz des Handels völlig an sich, sein Gegenspieler Spiegelberg hat keine Möglichkeit mehr, die Führung der Räuber in die Hand zu bekommen. Während für den aktiven Helden Franz vom Höhe- und Wendepunkt ab die Handlung zu fallen beginnt, indem er Fehlschlag auf Fehlschlag erlebt und seine Handlung zur Untätigkeit verurteilt wird, beginnt die Handlung des passiven Helden Karl gewaltig zu steigen und erreicht ihren Höhepunkt in der Schlußszene des Stückes.

Nicht zufällig stellt Schiller die beiden feindlichen Brüder Karl und Franz Moor auf die Bühne, nicht zufällig nimmt er den Bruderhaß in der »Braut von Messina« wieder auf. Eine ganze Reihe von Theaterstücken aus jenen Jahrzehnten beschäftigten sich mit den zwei Seelen, auch wenn sie nicht immer in derselben Brust wohnen. KLINGERS »Zwillinge«, LEISEWITZ' »Julius von Tarent«, GOETHES »Tasso« und »Faust«, selbst Schillers »Don Carlos« und manche andere greifen den Grundgedanken auf: Gefühl gegen Verstand. Leben gegen Regel. Einzelpersönlichkeit gegen Gesetz. Auch Schillers eigener Freiheitsgedanke leuchtet bereits durch das Werk: nicht die Freiheit an sich, sondern verantwortungsbewußte Freiheit. So sagt der Räuber Moor von sich, nachdem er sich zuvor mit wilder Entschlossenheit von allem Gesetz gelöst hatte, »... daß zwei Menschen wie ich den ganzen Bau der sittlichen Welt zugrundrichten würden«. Zuweilen wird behauptet, die »Räuber« hätten uns nichts mehr zu geben als Erinnerungen. Eine gegenteilige Meinung ist eher angebracht. Durch alle Übertheatralik glühen doch zwei Gedanken, die uns gerade heute sehr viel angehen. Der eine heißt: Freiheit und Fesselung oder eine Vereinigung beider, der andere: lebenspendendes Gefühl und tötender Verstand oder Ausgleich zwischen beiden (*eine* entscheidende Fragestellung unserer Zeit).

Im dem Stück »Die Verschwörung des Fiesco zu Genua« (1784) bedient sich Schiller zum ersten Male eines geschichtlichen Stoffes, um an ihm das hohe Lied der Freiheit in neuer, ins Staatspolitische verlagerter Form zu komponieren. Der geschichtliche Fiesco ist durch einen Zufall untergegangen. Schillers Fiesco wird äußerlich durch ein Ränkespiel zu Fall gebracht; seelisch betrachtet geht er jedoch an der Maßlosigkeit seines Wollens zugrunde: Denn auch dem kühnsten Geist sind Grenzen gezogen. Diese Grenzen liegen in der höheren Idee der Freiheit gegenüber dem Machtanspruch eines Einzelnen, sei dieser Anspruch noch so gemäßigt, in der Persönlichkeit des Anspruchsvollen noch so begründet. In der plumpen Intrige, die, vom Mitkämpfer Verrina ausgehend, den Helden zu Fall bringt, hat man lange eine Schwäche des Stückes erblickt. Aber Schiller mußte als Kind seiner Zeit das politische Ränkespiel als Hauptkampfmittel innenpolitischer Auseinandersetzungen ansehen. Vor allem weist die Intrige zwingend auf den großen politischen Gegenspieler, den »anderen Helden« hin, der Handlung und Ablauf des Dramas erst besonders lebendig machen kann.

Schiller hat die Thematik der »Räuber« im »Fiesco« politisch zusammengedrängt auf die Fragestellung: Machtstreben und Freiheit. Denn dieser Fiesco will nicht Genuas Dogen Doria stürzen, um das Volk zu befreien, sondern um selbst der Mächtigste zu werden; der Tyrannenhasser Schiller läßt ihn aber gar nicht erst an die Macht gelangen. Die um den Gedankenkern gelegte Schale ist die des Charakterdramas. Ein solches ist – abgesehen von den Frauengestalten – tatsächlich zustande gekommen, und zwar so vollendet, daß wir es zuweilen mehr mit Charakteren der Bühne als solchen des Lebens zu tun haben (die beschreibenden Angaben des Personenverzeichnisses sind dafür bezeichnend). Gegliedert sind diese Charaktere je nach ihrer Stellung zum Staat, der als Einrichtung nicht in Frage gestellt wird. Ein politisches Drama, hinreißend in der Theatralik, elegant (im Gegensatz zu den »Räubern«) die Sprache.

In den Freiheitsdramen des jungen Schiller bedeuten »Räuber« die naturrechtliche, »Fiesco« die staatsrechtliche und »Don Carlos« die geistige Auseinandersetzung mit Absolutismus und Willkürherrschaft. »Kabale und Liebe« (1784) ist in diesem Zusammenhang die persönliche Abrechnung des Dichters mit Thron und Hof und damit gleichzeitig wiederum ein politisches Stück. Die Gärungszeit vor der französischen Revolution wird meisterhaft lebendig gemacht, wenn auch die beiden Handlungsteile – junge Liebe und höfisches Ränkespiel – weder einzeln überzeugen noch echt ineinander verwoben sind. Es geht um die Auseinandersetzung zwischen dem schon auftrotzenden, freilich noch zu schwachen Bürgertum und dem verderbten, aber noch mächtigen Fürstenstand. Allzu empfindsam, allzu schwach muten uns die Liebenden an; allzu theatralisch wirken die höfischen Bösewichte, gar zu grell sind die Gegensätze nebeneinandergestellt. Aber schon gelingen dem Fünfundzwanzigjährigen wirkliche Charaktere, wie der hartköpfige, biedere Miller, der durch die Umwelt geprägte Sekretär Wurm, zuweilen auch das Fürstenliebchen Lady Milford. Wie helle Fanfaren schmettert es in den Angriffen gegen Fürstenwillkür, die ihre Launen mit dem Blut ihrer Untertanen bezahlt. Wichtiger freilich, daß Schiller nun auch die Sprache abzuschatten, sie der jeweiligen Gelegenheit besser anzugleichen weiß als in den früheren Stücken. Wie schneidend kommen die Worte aus dem Munde des Präsidenten, als er seine ehrgeizigen Pläne durch seinen Sohn gefährdet sieht:

> »Wohin? Halt! Ist das der Respekt, den du mir schuldig bist! Du bist bei der Lady gemeldet. Der Fürst hat mein Wort. Stadt und Hof wissen es richtig. – Wenn Du mich zum Lügner machst, Junge – vor dem Fürsten – der Lady – der Stadt – dem Hof

Szenenbilder aus »Kabale und Liebe« – Kupferstiche von Daniel Chodowieki

mich zum Lügner machst – Höre, Junge – oder wenn ich hinter gewisse Historien komme! – Halt! Holla! Was bläst so auf einmal das Feuer in deinen Wangen aus?«

Kurze Anrufe, dann ein persönlicher Verweis, darauf drei klare sachliche Feststellungen, anschließend zerhackte Sätze voller Wut und unausgesprochener Drohung, weiterhin ein Lauern, wieder Anrufe, endlich ein erbarmungsloses Festnageln. Neben diese Vielfalt in kurzen Haupt-, abgerissenen Nebensätzen und Wortfetzen stellen wir den Ausbruch des Kammerdieners, der Lady Milford vom Abschied der verkauften Landeskinder berichtet, unter denen sich auch sein Sohn befand:

»...Die Herrlichkeit hattet Ihr doch nicht versäumen sollen, wie uns die gellenden Trompeten verkündigten, es ist Zeit, und heulende Waisen dort einen Vater verfolgten, und hier eine wütende Mutter lief, ihr säugendes Kind an Bajonetten zu spießen, und wie man Bräutigam und Braut mit Säbelhieben auseinanderriß, und wir Graubärte verzweiflungsvoll dastanden und den Burschen auch zuletzt die Krücken noch nachwarfen in die neue Welt – oh, und mitunter das polternde Wirbelschlagen, damit der Allmächtige uns nicht sollte beten hören ...«

Das Ganze ein einziger Satz, hervorquellend aus einem Herzen, das von Leid überfließt, sich nicht mehr beherrschen kann, nicht mehr beherrschen will.

Einen sehr bedeutsamen Schritt tat Schiller mit dem »Don Carlos Infant von Spanien« (1787). Ursprünglich sollte das Werk wohl ein Liebes- und Eifersuchtsdrama werden mit allerlei Intrigen; aber mannigfache Erlebnisse und Einsichten während der Arbeit führten dazu, daß Schiller es gleichzeitig zu einem Weltanschauungs-, Ideen- und politischen Drama erweiterte. In Einzelheiten ist das der Dichtung nicht immer gut bekommen: Es wird zuweilen reichlich viel und nicht immer verständlich geredet, die ineinander verwobenen Handlungen muß man ziemlich mühsam studieren, um sie zu begreifen. Dem Stück als Ganzem tun diese Dinge freilich keinen Abbruch. Der Gedankengang ist klar, die Spannung erlahmt in keinem Augenblick, die Charaktere sind scharf gezeichnet. Vor allem: Schiller beginnt, seine naturalistische Sturm-und-Drang- Epoche zu überwinden, findet den Weg zum Idealismus und nimmt zugleich die Sprache dichterisch in Zucht. An die Stelle der Prosa tritt die Vers-Dichtung in fünffüßigen Jamben:

»Jetzt gib mir einen Menschen, gute Vorsicht –
Du hast mir viel gegeben. Schenke mir
Jetzt einen Menschen! Du – Du bist allein,
Denn deine Augen prüfen das Verborgne,
Ich bitte dich um einen Freund; denn ich
Bin nicht wie du allwissend ...«

Mögen die Verse zuweilen noch stocken, sich manchmal in bloßes Schönreden verlieren – das tritt zurück hinter den Glanz echter Begeisterung, der über dem Werk liegt. Merkwürdig, daß das berühmte Wort »Geben Sie Gedankenfreiheit!« gesprochen wird von der einzigen Ge-

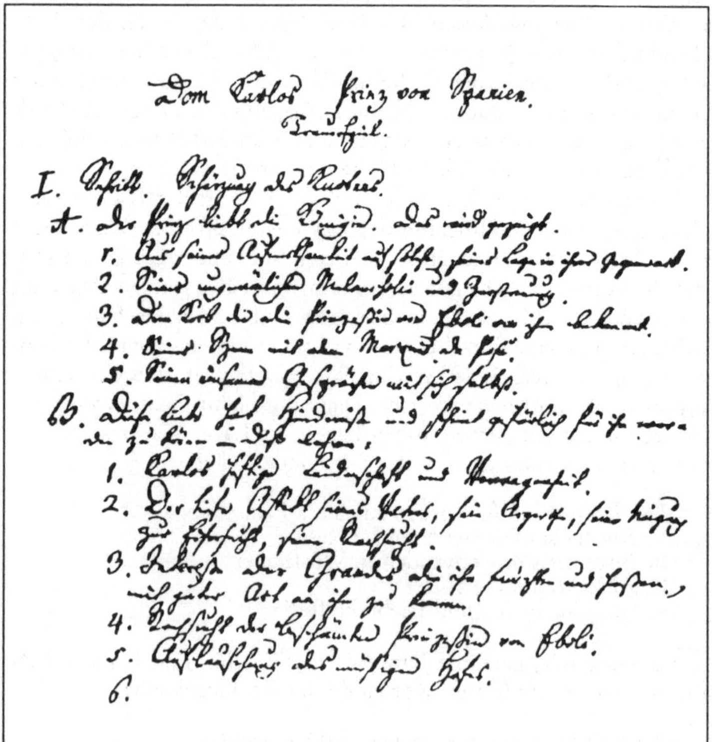
Dom Carlos Prinz von Spanien.
Trauerspiel.

I. Schritt. Schürzung des Knotens.
A. Der Prinz liebt die Königin. Dies wird gezeigt.
1. Aus seiner Aufmerksamkeit auf sich selbst, seiner Lage in ihrer Gegenwart.
2. Seiner ungewöhnlichen Melancholie und Zerstreuung.
3. Dem Trotz die die Prinzessin von Eboli an ihm bemerkt.
4. Seiner Scheu vor dem Marquis de Posa.
5. Seinen einsamen Gesprächen mit sich selbst.
B. Diese Liebe hat Hindernisse und scheint gefährlich für ihn werden zu können und diß lehren.
1. Carlos heftige Leidenschaft und Temperament.
2. Der hitzige Charakter seines Vaters, sein Argwohn, seine Neigung zur Eifersucht, seine Rachsucht.
3. Interesse der Granden, die ihn fürchten und hassen, und jeder Art an ihn zu kommen.
4. Rachsucht der beleidigten Prinzessin von Eboli.
5. Auflaurung des müßigen Hofes.
6.

Handschriftlicher Entwurf Schillers der Einteilung des Schauspiels »Don Carlos«

stalt (Marquis Posa), die sich in dem Stück nicht entwickelt. Auf jeden Fall wollen wir uns die Begeisterung für den »Don Carlos« zu keiner Zeit nehmen lassen. Wer aber bedauernd auf die Schwächen des Werkes starrt, den möge trösten, daß ohne den »Don Carlos« Schillers Meisterwerk, der »Wallenstein«, kaum denkbar wäre.

Fast möchte es selbstverständlich erscheinen, daß der politische Dichter und zeitweilige Geschichtsprofessor Schiller den vom Geheimnis umwitterten Feldherrn Wallenstein zum Helden eines Bühnenwerkes gemacht hat, aber wie er den ungeheuren geschichtlichen Stoff, die Kreuz- und Querfäden, die politischen Verwicklungen und menschlichen Bindungen sachlich und dichterisch zu meistern verstand, das grenzt an Wunder. Der »Wallenstein« (1798/1799) ist der Gipfel der deutschen und einer der ganz wenigen, weit über alles andere herausragende Gipfel der dramatischen Dichtung überhaupt. Für das Stück hat der Dichter eine große, einfache, schlichte Form gefunden. Die ganze Handlung ist auf vier Tage zusammengedrängt, während die tatsächlichen Ereignisse mehr als eineinhalb Monate in Anspruch nahmen. Dargestellt wird das Geschehen einer weltgeschichtlichen Offiziersverschwörung, Abfall und Rückführung zum Gehorsam eines ganzen Heeres, höchster Aufstieg und jäher Untergang einer überragenden Persönlichkeit. Nur wenige Schauplätze, ein verhältnismäßig geringer Aufwand von Personen, das Ganze in unablässigem Fluß und zugleich großartig gegliedert, dazu eine Sprache, die – obwohl in Versen – sich jeder Umgebung, jedem Ereignis, jedem Charakter anschmiegt, alles Gedichtete vergessen läßt und dennoch stets Dichtung bleibt. Knüttelverse zur Kennzeichnung des derben, rohen Lebens im Lager Wallensteins, mit Wortspielereien aufgeputzt in der Kapuzinerpredigt:

»Der Rheinstrom ist worden zu einem Peinstrom,
Die Klöster sind ausgenommene Nester,
Die Bistümer sind verwandelt in Wüsttümer,
Die Abteien und die Stifter
Sind nun Raubteien und Diebesklüfter!«

Schwungvolle, gereimte Jamben, wenn Gefühl und Leidenschaft sprechen wie in den letzten Worten des jungen Piccolomini:

»Ihr reißt mich weg von meinem Glück, wohlan,
Der Rachegöttin weih ich eure Seelen!
Ich hab gewählt zum eigenen Verderben,
Wer mit mir geht, der sei bereit zu sterben!«

Wallenstein

ein dramatisches Gedicht

von

Schiller.

Erster Theil.

Tübingen,
in der J. G. Cotta'schen Buchhandlung
1800.

Titelseite der Erstausgabe von »Wallenstein« von Friedrich Schiller, Tübingen 1800

Schwere, reimlose Rhythmen, wenn das Verhängnis sich dunkel über das Geschehen senkt:

»Gute Nacht, Gordon!
Ich denke einen langen Schlaf zu tun.
Denn dieser letzten Tage Qual war groß;
Sorgt, daß sie nicht zu zeitig mich erwecken.«

Wie üblich finden sich auch im »Wallenstein« zahlreiche Sinnsprüche; doch hier sind sie so eingebettet in das Sprachgewand, daß sie nicht wie Zitate oder Kalendersprüche wirken. – Die innere Einteilung des Gesamtwerkes ist nicht nur sinnvoll, sondern verengt auch den Kreis immer stärker auf wenige entscheidende Personen und Sachverhalte. Man könnte sagen: »Wallensteins Lager« gibt Stimmung und Art des zusammengewürfelten Heeres. »Die Piccolomini« umfassen Offiziersverschwörung und Gegenverschwörung. »Wallensteins Tod« bringt die Entscheidung des Kampfes zwischen den beiden führenden Persönlichkeiten. Der das Gesamtwerk durchwehende Atem sollte freilich gebieten, daß diese drei Unterteilungen aufführungsmäßig nicht auseinandergerissen werden.

All diese bisher genannten Bühnenstücke Schillers sind Männerdramen; soweit in ihnen Frauen auftreten, sind sie entweder nur skizziert oder stehen am Rande des Geschehens. Die nächsten beiden Stükke dagegen stellen vollausgezeichnete Frauengestalten in den Mittelpunkt. Das fällt um so mehr auf, als das rein Stoffliche gerade die politische Seite des Dichters hätte reizen müssen.

In »Maria Stuart« (1800), eine der wirksamten Tragödien der Weltliteratur, nutzt er den weltgeschichtlichen Hintergrund (Kampf zwischen zwei Königinnen, Katholizismus gegen Protestantismus, Schottland gegen England usw.) ganz bewußt nicht voll aus. Ja, er verzichtet sogar auf dramatische Tatsachen-Spannung im großen, um das Weiblich-Menschliche der beiden Frauengestalten Elisabeth und Maria und deren Wirkungen auf die Umwelt stark emporwachsen zu lassen. Wahrhaft dichterisch, daß die äußerlich Unterliegende schließlich menschlich siegt, während die äußere Siegerin sogar von ihren Helfern verlassen wird. Vor allem fließen nun Form und Sprache vollendet ineinander, so vollendet (gestehen wir es nur), daß die Unmittelbarkeit anderer Schiller-Werke darüber ein wenig verlorengeht. Der abgegriffene Spruch »zu schön, um wahr zu sein« ließe sich hier in einem sehr tiefen Sinne anwenden.

Form und Charakteristik des Dramas sind meisterhaft. Schon bevor das Stück beginnt, ist im Grunde alles entschieden: Maria ist zum Tode verurteilt, und bei dem Verhältnis der beiden Königinnen zueinander kann kein Zweifel daran bestehen, daß das Urteil auch vollstreckt wird. Damit hat sich der Dichter freiwillig eines wichtigen dramatischen Mittels begeben: der Spannungserzeugung. So muß er alles aufbieten, den feststehenden Ausgang des Dramas hinauszuzögern, immer wieder die Möglichkeiten eines anderen, unerwarteten Ausgangs andeuten. Hervorragend ist auch die Charakterzeichnung. Schiller hatte sich schon im »Wallenstein« losgerungen vom Gleichsetzen seiner eigenen Persönlichkeit mit dieser oder jener Figur im Drama und war zu rein betrachtender Darstellung übergegangen. Diese Art findet sich auch hier wieder. Aber trotz solcher »objektiven« Zeichnung kehrt in der Gestalt der Maria ein gut Teil der Schiller-Persönlichkeit wieder – nämlich der Freiheitsdrang.

Die Sprache ist klar und treffend. Der Dichter entgeht der Gefahr, allzusehr in die Breite zu schweifen, obwohl sie durch den Jambus sehr nahe liegt. Die Verse sind zur Erzielung bestimmter Effekte zum Teil gereimt.

In Schiller (wie ja in der Klassik überhaupt) steckt so manches, was man als romantisch bezeichnen müßte. Dennoch ist der Sprung, den der Dichter mit seinem nächsten Werk tut, reichlich gewagt – und er erreicht dabei nicht ganz die gleiche Meisterschaft wie in der »Maria Stuart«.

Gewiß, die »Jungfrau von Orleans« (1801) wirkt noch immer zündend durch Ereignisfülle, idealistischen Schwung und eine in vielfältige Versarten gegossene, blühende Sprache. Nicht zuletzt ist möglicherweise der Einfluß der beginnenden Romantik für die Schwächen des Dramas verantwortlich. Schillers Drama gilt der Ehrenrettung der französischen Nationalheldin Jeanne d'Arc. Im bewußten Gegensatz zu SHAKESPEARE (»Heinrich VI.«), bei dem Johanna als Dirne und Betrügerin ein teufliches Werk vollbringt, und VOLTAIRE (»La Pucelle«), der die Wundertaten und den Glauben der Jungfrau dem leichtfertigen Zeitgeschmack entsprechend bewitzelt, zeichnet Schiller die Heldin als die von nationaler Begeisterung erfüllte Wundertäterin, deren Sendung von Gott stammt. Allerdings wird unter dem Einfluß der Romantik der Wundergedanke übersteigert, vieles ist mehr wirklichkeitsfremd als überwirklich.

Auch das Absinken der Heldin zur Verliebten, die Episode mit Montgomery und die wunderbare Befreiung der Jungfrau durch die Kraft des Gebetes bilden ein romantisches Beiwerk zur historischen Tragödie, das deren klare Linie verwischt. Der unhistorische Schluß, der Johanna nach siegreichem Kampf fallen sieht und die Heldin in himmlischer Verklärung zu Gott führt (in Wirklichkeit wurde sie als Ketzerin auf dem Scheiterhaufen verbrannt), nimmt der Figur der Heldin vieles von ihrer echten Tragik. Die geschichtliche »Schuld« der Heldin liegt in der die Norm sprengenden Außergewöhnlichkeit der überragenden Persönlichkeit, während die Schuld im Drama sich aus der erfundenen Liebesgeschichte ergibt. Bei Schiller ist an die Berufung, die zum Sieg führt, die Bedingung geknüpft, jeder irdischen Liebe zu entsagen. Mit dem Erwachen der Liebe bei der Jungfrau zu Lionel wird das übernatürliche Maß Johannas zwar wieder in den Bereich des Menschlichen, allzu Menschlichen zurückgeführt, aber – und darin liegt die besondere Schwäche dieser Liebeshandlung – die Schuld bleibt bei der Regung, der keine Tat folgt.

Dem hohen Zweck und dem hohen Gehalt des Werkes entspricht der Glanz der Sprache. Die Verwendung verschiedenartiger Versformen bewirkt einen lebendigen Farbwechsel der Szenen. Wenn die Fülle des Stoffes auch den Verzicht auf die geschlossene Form bedingt, so leidet darunter doch keineswegs die Geschlossenheit des Eindrucks. Denn der reife Schiller versteht es meisterhaft, auch eine scheinbar unübersehbare Folge verschiedener Schauplätze und gegensätzlicher Begebenheiten in einen Rahmen zu spannen.

Ganz klassisch, sogar griechisch-klassisch gibt sich dann die »Braut von Messina« (1803). Der mehr akademischen Art des Stückes ist sich der Dichter selbst bewußt gewesen, denn er hat dazu erklärt:

> »... daß sein neues Stück für das Theater wohl keine Spekulation sei, da das Theater im allgemeinen gar nicht aufs Poetische eingerichtet sei. Die Handlung wird zwar theatralisch genug sein, aber die Aufführung ist durchaus lyrisch für den gemeinen Zweck und, ich darf mit gutem Gewissen hinzusetzen, für das Talent gemeiner Schauspieler zu antik ... Über den Chor und das vorwaltend Lyrische in dem Stück sind die Stimmen natürlich sehr geteilt, da noch ein großer Teil des ganzen deutschen Publikums seine prosaischen Begriffe von dem Natürlichen in einem Dichtwerk nicht ablegen kann. Es ist der alte und der ewige Streit, den wir beizulegen nicht hoffen dürfen.«

Versuche, die klassische Tragödie mit ihrer Formenstrenge und damit uniformen Leblosigkeit wieder einzuführen – auch wenn sie aus der Feder großer Dichter stammen – sind gescheitert. Die Bühnenpraxis erweist sich übermächtig gegenüber den literatur-ästhetischen Theorien. Die mehrfach wiederholten Bestrebungen, das klassische Drama wieder aufleben zu lassen, können daher nur philologische und geschichtliche Aufmerksamheit erwecken.

Friedrich Schiller (1759–1805)

Die »Braut von Messina« ist kein Nachbild des alt-griechischen Dramas und seiner Schicksalsauffassung. Trotz aller Vorbestimmung wird der Mensch für sein Schicksal verantwortlich. Don Cesars Veranlagung löst erst den Eintritt des Schicksals aus; denn er handelt sehend, während Ödipus (Schillers Vorbild für dieses Werk) blind der Vorbestimmung folgen muß. Die Schuld Don Cesars ist freiwillig; denn er weiß, daß er den Bruder mordert, während Ödipus in völliger Unwissenheit die Voraussage des Orakels erfüllt, wenn er den Vater tötet. So ist die Sühne für die Schuld bei Schiller ein Akt sittlicher Erhebung, während Ödipus sich eigentlich schuldlos, unverdient selbst die Sühne auferlegt. Don Cesar also *tut,* der Held der reinen Schicksalstragödie aber *erleidet.* Damit aber wird die Verwendung des Chores fragwürdig. Im griechischen Drama hat er das zu ersetzen, was das Charakterdrama auszeichnet: Die seelische Begründung des tragischen Konfliktes. Da diese nun bei Schiller in der Charakterzeichnung des Don Cesar (und der Familie überhaupt) bereits vorliegt, ist der Chor für die Aufgabe überflüssig. Sobald der Chor selbst zur handelnden Person wird, sobald er die ganze Blindheit, Beschränktheit, dumpfe Leidenschaftlichkeit der Masse darstellt, ist er nichts anderes als eine jener Figuren, durch die Schiller in seinen chorlosen Dramen bestimmte Stände und gelegentlich auch Temperamente darstellt. Die Doppelaufgabe, die dem Chor in der »Braut von Messina« zugewiesen wird, einmal der Betrachter, und einmal handelnd Betrachter zu sein, ist sehr widersprüchlich. Diese Technik ist ein besonderes Kennzeichen der neuen Richtung des epischen Theaters geworden. Schiller hat den Stoff zu dem Drama frei erfunden, um unabhängig von irgendwelcher Tatsachenbindung gewissermaßen ein Beispiel schicksalhafter Tragik (in seinem Sinne) aufzeichnen zu können. Dazu bedarf es einfachster Verhältnisse, der ursprünglichsten Beziehungen der Menschen zueinander. Daher ist der tragische Konflikt in den Kreis der Familie, der Heimat und der Beziehung zwischen Volk und Herrscher gelegt. Da ist der Haß zwischen zwei Brüdern, den die Mutterliebe besänftigen will. Da ist die Tochter, die in der Einsamkeit erzogen, die Versöhnung der Brüder als ruhiges, liebenswürdiges Element vollenden soll. Aber das Schicksal will es anders. Gerade das, was positiv gedacht war, schlägt um ins Negative. Doch nicht allein das blind waltende Schicksal bewirkt diesen Umschlag, sondern die Charakterveranlagung der Menschen gibt dem Schicksal erst die Möglichkeit, sich zu erfüllen. Die in der Familie eigentümliche Verschlossenheit wird zur Hauptursache für die Katastrophe. Zu diesem Allgemeinzug des Familiencharakters kommt bei Don Cesar die heftige Gemütsart. Somit liegt die Tragik mehr in den Menschen als im Schicksal. Hervorragend die Sprache der Tragödie. »Bewegtere, festlichere, prunkvollere Verse hat unsere deutsche Literatur nicht« (Kutscher).

Nur ein Jahr später erschien der »Wilhelm Tell« (1804) – und man möchte zweifeln, ob er von derselben Hand niedergeschrieben wurde, die der »Braut von Messina« die Tür zur Bühne öffnete, den Vorhang hob vor dem »Wallenstein«, vor »Maria Stuart«. Die Idee der Freiheit wird in diesem letzten Drama des großen Dichters noch einmal mit hinreißendem Schwung gezeichnet. Schillers Zeitgenossen waren vom »Tell« begeistert wie von keinem Schillerschen Stücke zuvor. Freilich machte gerade die gewaltige Wirkung auf das Publikum das Werk bei den jeweiligen Machthabern unbeliebt, so daß es immer wieder Zeiten gab, in denen dieses »Hohe Lied der Freiheit« nicht zu hören war. Es kommt hinzu, daß das Drama den politischen Mord verteidigt, ja verherrlicht. Der geschichtliche Hintergrund des Dramas ist kaum wichtig und in den Einzelheiten auch keineswegs richtig getroffen. Die Apfelschuß-Geschichte, die bei Schiller Höhe- und Wendepunkt des Stükkes bildet, gehört zum Sagen- und Märchenschatz der ganzen Welt. Auch die politische Situation der schweizerischen Urkantone ist sehr frei vom Dichter nachgestaltet. Aber die Hauptsache, die Rechtslage der Waldstätte als unmittelbare Reichsgebiete, ist klar herausgearbeitet. Der Kampf des Schweizer Volkes, des eigentlichen Helden des Dramas, richtet sich gegen die Eingriffe in dieses Recht.

Das Drama hat keine eigentliche Heldenfigur. Tell trägt weder charakterlich noch dramaturgisch die Züge eines Helden. Nach Stoff, Handlungsführung und Sprache ein Schauspiel, in dem nicht große Einzelne gestaltet, nicht klassische Formen gefügt, nicht edel-gemessene Verse gesprochen werden: Vielmehr ein Stück, in dem ein braves Bauern-, Fischer- und Jägervolk zum eigentlichen Helden wird. Die Teilhandlungen laufen recht lose nebeneinander her, Tell selbst ist ein unbedeutender Biedermann wie die anderen auch, nur daß er besser schießen kann als sie, der Landvogt ist ein Theaterbösewicht, Bertha von Bruneck eine edle Primadonna, Tells Schuß auf Geßler eine begreifliche Privatrache und keine echte Befreiungstat ... und so könnte man Schwäche an Schwäche reihen – das Stück selbst aber bliebe unvermindert stark. Es fängt den äußeren und inneren Lebensumkreis eines Volkes so großartig ein, daß man ihn auf der Bühne nicht nur sieht und hört, sondern fühlt, schmeckt, riecht, erlebt. Man gehört ganz einfach zu diesem Volke, das gepreßt und geknechtet wird, bis es sich mit einem Mal aufbäumt und in einem wilden Ansturm die Bedrücker hinwegfegt. Und diese Volksverbundenheit fegt auch ein Bedenken hinweg, das immer wieder vorgebracht wird: Das gegen die angeblich übermäßig vielen »Sprüche« in dem Werk. »Der brave Mann denkt an sich selbst zuletzt« – »Vom sichern Port läßt sich's gemächlich raten« – »Die Axt im Haus erspart den Zimmermann« – »Verbunden werden auch die Schwachen mächtig« – »Der Starke ist am mächtigsten allein« ... so jagen sich die Sprüche. Wer aber wirklich im Volk gelebt hat, zumal in einem ursprünglichen Volk, der weiß, daß da die Sprüche nicht nur auf Holz gebrannt an der Wand hängen, sondern lebendig angewendet werden – wenn sie auch nicht immer bühnenfähig sind oder von Schiller stammen. Solche Sprüche ersetzen einem hart arbeitenden Volk das mühsamere Denken. Und an dieser Spruch-Sprache mag es nicht zum wenigsten liegen, wenn der »Wilhelm Tell« das eigentliche Volksstück, das Lieblingsstück für viele geworden ist.

Den nicht vollendeten »Demetrius« und die Dramenübersetzungen und -bearbeitungen aus verschiedenen Sprachen dürfen wir hier übergehen. Sie mögen den Fachmann fesseln, sie *müssen* ihn fesseln; dem schlichten Leser sagen sie kaum Wesentliches über den Dichter.

Wollen wir es nicht endlich eingestehen, daß die *Gedichte* Schillers zum größten Teil für uns versunken sind? Wir mögen seine Verskunst bewundern, seine Sprachkraft lieben, von seinen Rhythmen bewegt werden, ja, wir mögen mit hoher Achtung feststellen, daß in zahllosen Gedichten die Persönlichkeit Schillers festumrissen vor uns steht. Das alles aber macht uns seine Gedichte nicht schmackhafter. Schiller war nun einmal in erster Linie Dramatiker; echte Lyrik lag ihm fern. Nur ganz gelegentlich rückt sie ihm nahe, in den Dramen wie in einigen Gedichten. Etwa in der »Sehnsucht« (1801):

»Ach, aus dieses Tales Gründen,
Die der kalte Nebel drückt,
Könnt ich doch den Ausgang finden,
Ach, wie fühlt ich mich beglückt!«

Oder im »Geheimnis« (1796):

»... ...
Leis auf den Zehen kommt's geschlichen
Die Stille liebt es und die Nacht:
Mit schnellen Füßen ist's entwichen,
Wo des Verräters Auge wacht.«

Aber selbst solche Gedichte, die nicht einmal zur »großen Lyrik« gehören, sind bei Schiller selten. Nun sollte man meinen, dem Dramatiker müßte besonders die Ballade als Dichtungsart nahestehen. Gewiß, Schiller hat viele Balladen geschrieben. Wer sich aber einmal freimacht von den Jugenderinnerungen (von Schulerfahrungen wie von jugendlichem Leserausch), der muß zugeben, daß die Balladen untereinander und in sich selbst höchst ungleichwertig sind. Vergleichen wir doch einmal nur vom Rhythmischen und Sprachlichen her. Zunächst der Beginn des »Grafen von Habsburg« (1803):

»Zu Aachen in seiner Kaiserpracht,
Im altertümlichen Saale.
Saß König Rudolfs heilige Macht
Beim festlichen Krönungsmahle.«

Das ist zwingend in dem ruhigen Schreiten der Verse wie im dunklen Läuten der Worte. Und wenn sich weiterhin Bild an Bild reiht, so wird jedes mit dem rechten – bald schmalen, bald breiten – Pinsel gemalt. Dagegen halte man nun den Anfang der nur zwei Jahre früher geschriebenen Ballade »Hero und Leander«:

»Seht ihr dort die altergrauen
Schlösser sich entgegenschauen,
Leuchtend in der Sonne Gold,
Wo der Hellespont die Wellen
Brausend durch der Dardanellen
Hohe Felsenpforte rollt?
Hört ihr jene Brandung stürmen,
Die sich an den Felsen bricht?
Asien riß sie von Europen,
Doch die Liebe schreckt sie nicht.«

Das ist (bei einem griechisch-klassischen Sagenstoff!) die Klappermühle einer Schauerballade vom Jahrmarkt. Dabei wollen wir sogar noch überhören, daß man das Wort Asien hier »Asjen« aussprechen muß, wenn man nicht stolpern will. Und wer kann sich des Lächelns erwehren, wenn er vom treuen Knecht Fridolin im »Gang zum Eisen-

Titelkupfer der ersten vom Verleger Cotta veranstalteten Gesamtausgabe der Werke Friedrich Schillers, 15. Band, Wien und Stuttgart, 1820

hammer« liest! Wie meisterlich dagegen im »Handschuh« die sprachlich und rhythmisch so verschiedene, anschauliche Darstellung des Löwen, des Tigers, der Leoparden. – Genug der Beispiele. Wohin man hört und sieht in den Balladen, findet man Starkes neben Schwachem, Schlichtes neben Aufgeplustertem. Gerade Schillers Balladen, die man niemals nur lesen, sondern stets sprechen sollte, können den Aufmerksamen lehren, falsche Töne von echten zu unterscheiden. Ähnliches gilt vom »Lied von der Glocke« (1799). Der Schlegel-Kreis in Weimar hat laut gelacht, als die »Glocke« erstmals vorgelesen wurde. Nun, die Schlegels haben oft danebengespottet, und doch ist ihr Lachen ebenso berechtigt wie der finstere Ernst, mit dem dieses Gedicht zuweilen gefeiert wird. Man lerne doch endlich, auch bei den literatur-amtlich anerkannten Klassikern Echtes von Unechtem zu trennen: Das Große wird dadurch nur noch größer. Wieviel Herrliches steht in der »Glocke«! Aber: erstickt es nicht unter dem wuchernden Aneinanderreihen von Sinnspruchen? Ist das wirklich noch Dichtung, wenn eine Lebensweisheit der andern auf die Schleppe tritt?

Wirklich stark sind Schillers Gedichte nur dort, wo es sich um Gedankendichtungen handelt, wo er seine Ideale, seine Weltanschauung, sein Streben, seine Schönheitsvorstellungen gedanklich klären und in geschliffene Formen gießen kann. Allerdings steht der Breitenwirkung solcher Gedichte entgegen, daß sie mehr oder weniger Bildungsgut enthalten, das nicht jedem ohne weiteres verständlich ist. Am wenigsten tritt das hervor in dem bekannten »An die Freude« (1785), jenem Gedicht, das durch Beethovens Vertonung in der Neunten Sinfonie auf dem ganzen Erdball bekannt wurde (»Freude, schöner Götterfunken«) – wirklich in jedem Sinne ein Menschheitsgedicht. Die dichterisch vollendete »Gruppe aus dem Tartarus« (1781) ist dagegen ohne vielfältige Erklärung nicht zu verstehen. Als bestes Gedicht gilt vielfach »Das Ideal und das Leben« (1795) mit den bekannten Zeilen:

» ...
Zwischen Sinnenglück und Seelenfrieden
Bleibt dem Menschen nur die bange Wahl:
Auf der Stirn des hohen Uraniden
Leuchtet ihr vermählter Strahl.«

Vermutlich ist Schillers stärkste Leistung im Bereich der Lyrik die »Nänie« (1799) und trotz der Bildungseinsprengsel sei sie hier zitiert (bekanntlich hat Johannes Brahms dieses Gedicht vertont):

»Auch das Schöne muß sterben! Das Menschen und Götter bezwinget,
Nicht die eherne Brust rührt es des stygischen Zeus.
Einmal nur erweichte die Liebe den Schattenbeherrscher,
Und an der Schwelle noch, streng, rief er zurück sein Geschenk.
Nicht stillt Aphrodite dem schönen Knaben die Wunde,
Die in den zierlichen Leib grausam der Eber geritzt.
Nicht errettet den göttlichen Held die unsterbliche Mutter,
Wann er, am skäischen Tor fallend, sein Schicksal erfüllt.
Aber sie steigt aus dem Meer mit allen Töchtern des Nereus,
Und die Klage hebt an um den verherrlichten Sohn.
Siehe, da weinen die Götter, es weinen die Göttinnen alle,
Daß das Schöne vergeht, daß das Vollkommene stirbt.
Auch ein Klaglied zu sein im Mund der Geliebten, ist herrlich,
Denn das Gemeine geht klanglos zum Orkus hinab.«

Das Wichtigste sei kurz erklärt: Nänie ist eine Totenklage; hier wird sie sinnbildhaft um die Vergänglichkeit des Schönen und des Vollkom-

Friedrich Schiller auf dem Totenbett

Historischer
CALENDER
für
Damen
für das Jahr 1791
von
Friedrich Schiller
Leipzig
bey G. J. Göschen.

Titelseite des »Historischen Calenders« in dem auch Schillers »Geschichte des Dreißigjährigen Krieges« erstveröffentlicht wurde. Leipzig 1802

menen gehalten, und zwar am Beispiel des griechischen Helden Achilles, der vor Troja am skäischen Tore fiel: Die dritte und vierte Zeile sind eine Anspielung auf Orpheus, dem es fast gelungen wäre, seine gestorbene Gemahlin Eurydike aus der Unterwelt zu befreien. Achills Mutter Thetis, die die Totenklage hält, war eine Meeresgöttin.

Verwunderlich, daß die wenigen *Prosadichtungen* Schillers nicht so bekannt sind, wie man ihrer Sprache und Spannung nach annehmen sollte. Wer die Dramen des Dichters kennt, wird bemerkt haben, daß sie im Kern stets einen – mit Verlaub – Kriminalfall umschließen. Die beiden größeren Prosaerzählungen Schillers sind – was nun nicht mehr verwundern wird – ausgesprochene Kriminalgeschichten, und man kann angesichts dieser Leistungen nur bedauern, daß der große Klassiker nicht mehr solcher Erzählungen geschrieben hat. »Der Geisterseher« ist zwar nicht abgeschlossen, zerfließt gegen Ende auch reichlich in Formlosigkeit, gehört aber zu den bedeutendsten Erzählungen der deutschen Klassik. Auf was es Schiller ankam, zeigt der Titel des zweiten Werkes zur Genüge an: »Der Verbrecher aus verlorener Ehre«. Er schildert also nicht nur den Verbrecher und das Verbrechen, sondern sucht zu erklären, was den Täter zum Handeln trieb. Besonders erstaunlich, wie scharf er dabei die Umwelteinflüsse sieht.

Auf die philosophischen, ästhetischen und historischen Werke einzugehen, liegt außerhalb der hier gestellten Aufgabe. Aber wer vermag den Hinweis zu unterdrücken, daß sich die großen und kleinen geschichtlichen Arbeiten prachtvoll lesen! Dies gilt vor allem für seine Schilderung des Dreißigjährigen Krieges. Wohl selten ist der sonst trockene Stoff »Geschichte« anschaulicher und spannender dargeboten als in diesem Werk Schillers. Bei der Lektüre wird man gefesselt von der dramatischen und folgerichtigen Entwicklung einer der größten Katastrophen Deutschlands und man versteht gleichzeitig, daß dieser Stoff auch den Dichter selbst nicht mehr losgelassen hat und schließlich in seiner Wallenstein-Triologie als Bühnenstück Ausdruck fand. Und wer sich von Schiller nicht nur ergreifen und beflügeln lassen, sondern ihn (und damit zugleich die Klassik wie die Romantik) auch völlig verstehen will, dem bleiben die beiden großen Arbeiten nicht erspart, deren Titel abschließend hierhergesetzt seien: »Die ästhetische Erziehung des Menschen« und »Über naive und sentimentalische Dichtung«.

Erklärung der wichtigsten Fach- und Fremdwörter

Alexandriner, Versart, benannt nach dem altfranzösischen Alexander-Roman aus dem 12. Jahrhundert, der in dieser Versart geschrieben war. Besteht aus zwölf Silben in der ständigen Folge »kurz-lang«; Einschnitt nach der sechsten Silbe. Der dreizehnsilbige Alexandriner hängt noch eine Kurzsilbe an (»klingender« A., während der zwölfsilbige »stumpfer« A. genannt wird). Versart der klassischen französischen Dramatik. Die deutsche Klassik (seit Lessing) ersetzte den A. durch den fünffüßigen Jambus (s. d.).

Allegorie, verstandesmäßige Darstellung eines Begriffs durch ein künstliches Gleichnis.

Ästhetik, Schönheitslehre, oft im geringschätzigen Sinne »Geschmacklerei« gebraucht.

Aufklärung, geistige Bewegung vor allem im 18. Jahrhundert, die an die Stelle überkommener Ordnungen und Anschauungen – vor allem der Kirche, des Staates, des Glaubens – die freiverantwortliche Vernunft des Einzelmenschen setzen wollte.

Ballade, sagen-erzählendes Lied.

Barock, Zeitstil der europäischen Kunst von etwa 1600 bis 1730. Gekennzeichnet durch eine fast übergroße innere Kraft, die sich in Prunk, Pracht, Überladenheit und Überdrehungen äußern kann.

Bilderbogenmanier, Schaffensart mancher Bühnendichter, bei der die Handlung nicht in wenige streng miteinander verbundene Akte zusammengedrängt, sondern nach Art der Bilderbogen locker gereiht, in viele kleine Einzelbilder zerlegt wird.

Commedia dell'arte, s. Komödie.

Daktylus, Vers-Rhythmus, der aus der Folge »lang-kurz-kurz« (z. B. »Ebene«) besteht, wobei die beiden Kurzsilben gelegentlich zu einer Langsilbe zusammengezogen werden. Vor allem verwendet im Hexameter (vergl. diesen).

deus ex machina, wörtlich »der Gott aus der (Bühnen-) Maschine«, Lösung der kaum noch auf natürliche Weise entwirrbaren Verwicklungen im altgriechischen Drama durch einen mit Hilfe der Bühnenmaschinerie plötzlich erscheinenden Gott. Ganz allgemein: unnatürliche, gewaltsam herbeigeführte Lösung am Schluß eines Stükkes.

Dialog, Unterredung, Zwiegespräch, Wechselrede, Gespräch überhaupt. Von der Kunst der Dialogführung hängt vor allem im Theaterstück viel ab.

Dichtung, Kunst, die als Ausdrucksmittel die Sprache verwendet. Ob das Wort von »verdichten«, also zusammendrängen kommt, oder von dem lateinischen Wort »dictare« – diktieren, ist zweifelhaft; vor der Erfindung des Buchdrucks, wurden Sprachwerke oft vervielfältigt, indem man sie mehreren Schreibern gleichzeitig diktierte.

Drama, wörtlich »Handlung«, eine Dichtart, die das Geschehen sicht- und hörbar werden läßt. Gegensatz: Epos (s. d.).

Dramaturgie, Lehre von der Gestaltung des Dramas.

Dualismus, wörtlich »Zweiheits-Lehre«, eine Anschauung, die die Wirklichkeit in zwei scharf getrennte, grundsätzlich verschiedene Teile zerlegt, aus deren Widerstreit das eigentliche Wesen erklärt wird (z. B. der Mensch im Widerstreit von Körper und Seele).

Ekstase, Außer-sich-sein, Verzückung.

Endreim (siehe »Reim«).

Epilog, wörtlich »Nachrede«; Schlußwort eines Werkes oder Nachspiel eines Bühnenstückes.

episch, erzählend, im Gegensatz etwa zu dramatisch, wo das Geschehen nicht erzählt, sondern sicht- und hörbar dargestellt wird.

Epos (Mehrzahl: Epen), wörtlich »Gesagtes«; eine Dichtart, die das Geschehen erzählt. Hauptarten: Roman, Novelle. Ursprünglich in gehobener, gegliederter versartiger Sprache.

Expressionismus, etwa (wenn auch unzulänglich) mit »Ausdruckskunst« zu übersetzen. In der Dichtung der vor dem ersten Weltkrieg einsetzende Versuch, die locker gewordene Sprache wieder zu festigen und zu ballen, die angeblich abgegriffenen Wörter durch kraftvolle Neubildungen zu ersetzen; führte bald zum bloßen Stammel- und Schrei-Stil. Gleichzeitig wollte man bisher unbekannte Seelengebiete dichterisch Ausdruck gewinnen lassen, und zwar ganz einzelpersönlich und ichbezogen wie gesamtheitlich und massenmäßig.

Gedicht, in Versen oder freien Rhythmen geschriebener künstlerischer Ausdruck von Empfindungen, Stimmungen, Erlebnissen usw. Formen sind u. a. Lied, Sonett, Ode, Hymne, Ballade.

Hexameter, Versart, die im allgemeinen aus sechs Daktylen besteht (vergl. Daktylus »lang-kurz-kurz«), wobei der letzte Versfuß die zweite Kurzsilbe abstößt; auch hier können zwei Kurzsilben zu einer Langsilbe zusammengezogen werden. (»Denn es beschleichet die Furcht gar bald die Herzen der Menschen«).

Humanismus, geistige Bewegung, die den Menschen lediglich aus den rein menschlichen Bedingungen (also ohne Zuhilfenahme der Sachwelt und des Jenseitsglaubens) zu bilden und formen sucht (humanus – menschlich). Unter den verschiedenen Wellen des H. ist die des 16. und 17. Jahrhunderts die wichtigste, weil sie auf wissenschaftlichem Gebiet eine ähnliche Lösung des Einzelmenschen aus überkommenen Fesseln und Bindungen versuchte wie die Reformation auf religiösem Gebiet (Vorblid war das klassische Altertum).

Hymne, feierlicher Hochgesang.

Jambus, Versfuß, bestehend aus einer kurzen und einer langen Silbe, im deutschen Drama wird der fünffüßige J. bevorzugt (»Der brave Mann denkt an sich selbst zuletzt«).

Impressionismus, etwa mit »Eindruckskunst« zu übersetzen. Der I. will nicht jede Einzelheit genau und gut erkennbar wiedergeben, sondern vorübergehende, sich verflüchtigende, ineinander übergehende Eindrücke.

Individualismus, »Unteilbarkeits-Anschauung«, eine Betrachtungsweise, die das Einzelne, das Unteilbare, den Einzelmenschen in den Mittelpunkt des Denkens und Handelns stellt. Gegensatz: Kollektivismus oder Universalismus, deren Betrachtungsweise das Ganze oder mindestens eine sehr große Gemeinschaft zugrunde liegt.

Ironie, eigentlich »Verstellung«, Spottlob, loben des Tadelnswerten. Romantische Ironie ist eine Gefühls- und Gedankenbewegung, die alle Tatbestände, Erkenntnisse oder Wertungen gewissermaßen künstlerisch-spielerisch betrachtet.

Klassik, eigentlich jede Zeit erst-»klassiger« Leistungen. Hoch-Zeiten der deutschen Dichtung sind die mittelalterliche staufische und die Weimarer Klassik (Schiller, Goethe). »Klassisch nennt man eine Dichtung, in der Form und Inhalt maßvoll ausgewogen sind«.

Kollektivismus, siehe Individualismus.

Komödie, wörtlich »Lied des Kosmos« (Kosmos war ein fröhlicher Umzug nach einem Festmahl im alten Griechenland). In der Komödie wird das Komische dramatisch, d. h. handlungsmäßig dargestellt. Arten der Komödie sind u. a.: Charakter-, Dialog-, Situations-, politische Komödie; derbe Komödien sind der Schwank, die Posse, die Stegreifkomödie. In der Tragikomödie ist die Komik meist unfreiwilliger Art, während im Lustspiel zwar verfeinerte Komik vorherrscht, doch im Hintergrund Tragisches ahnen läßt.

Konversationsstück, ein Bühnenwerk, das weniger durch Handlung als durch Unterhaltung (Konversation) wirkt, in dem also die Art der Gesprächsführung entscheidet. Auch »Gesellschaftsstück« genannt, weil die geschliffene Unterhaltung fast stets am Beispiel der gehobenen Gesellschaft dargestellt wird.

Literatur, eigentlich die Gesamtheit aller schriftlich oder im Druck niedergelegten Geistesäußerungen der Menschheit. Vielfach nur für Dichtung gebraucht. Das Wort kommt vom lateinischen »litera«, der Buchstabe, und Buchstabe kommt von den Buchen-Stäben, auf denen einstmals die germanischen Schriftzeichen, die Runen, eingeritzt waren.

Lustspiel, s. »Komödie«

Lyrik, Dichtungsart, in der das unmittelbare Empfinden des Dichtenden am stärksten ausgesprochen wird »Lied, Gedicht, Ode usw.«, während beim Drama oder im Epos das Empfinden des Dichtenden zurücktreten soll hinter dem der zahlreichen dargestellten Menschen.

Manier, Betragen, Art, Besonderheit. Wird die Besonderheit eines Dichters aufdringlich und verspielt, so spricht man von »manieriertem Stil«.

Metaphysik, Anschauung der »hinter dem Physischen« liegenden Wirklichkeit.

Mystik, eine Anschauung, die den letzten Grund alles Bestehenden im eigenen Inneren des Betrachters sucht. Auch »Versenkung in Gott«.

Mythus, eigentlich »Erzählung«, dann besonders Erzählungen von Göttern und Helden. Von der Sage etwa dadurch zu unterscheiden, daß der M. das Geschehen längerer Zelträume auf kürzere Fristen zusammendrängt und vor allem das innere Wesen des Geschehens, seinen übernatürlichen Sinn hervorhebt.

Naturalismus, In der deutschen Dichtung (besonders um 1900) das Streben nach Lebenswahrheit, »Natürlichkeit«. In seiner krassesten Art (dem »konsequenten N.«) wurde er zu einem bloßen Abklatsch des äußeren Daseins.

Novelle, eigentlich »Neuigkeit«, eine selbständige Erzählung, die einen bedeutsamen Augenblick oder Wendepunkt aus dem menschlichen Leben so darstellt, daß von hier aus gewissermaßen Vergangenes und Kommendes erraten werden kann. Meist in Prosa und im Regelfall nicht sonderlich umfangreich.

Ode, lyrische Dichtung von besonders erhabener, gefühlvoller oder gedankenreicher Haltung.

Pamphlet, Streitschrift, sie diente zu Anfang der Neuzeit der Auseinandersetzung mit religiösen, geistigen, literarischen oder politischen Gegnern, entartete dann zur Schmähschrift, mit der man den Gegner verunglimpfte.

Parapsychologie, eine Forschungsrichtung, die sich mit solchen seelischen oder seelisch-körperlichen Fragen beschäftigt, die mit den traditionellen bisher gefundenen Gesetzen der »wissenschftlichen« Seelenkunde nicht in Übereinstimmung gebracht werden können (z. B. »Hellsehen«).

Parodie, (wörtlich: Neben- oder Gegengesang), Umwandlung einer ernsten Dichtung ins Komische, wobei die äußere Form der ernsten Dichtung beibehalten wird.

Pathos, Hochgestimmtheit.

Posse, derbe Abart der Komödie (s. d.). Man unterscheidet Charakter-, Situations-, Lokal- und Zauberpossen.

Prolog, Vorspruch. Im Drama entweder durch eine Person dargestellt oder als regelrechtes Vorspiel (z. B. »Faust«). Ursprünglich dazu bestimmt, die eigentliche Handlung vorzubereiten oder verständlich zu machen.

Prosa, eigentlich die »geradeaus gerichtete« Sprache des Alltags, also ohne Rhythmus oder Reim. Die künstlerische Prosa dagegen hat einen verborgenen Rhythmus im Bau des einzelnen Satzes und des Ganzen.

Psychoanalyse, »Seelen-Auseinandernahme«, eine Lehre, die der allgemeinen Seelenlehre durch Erforschung des Unbewußten, Unterbewußten, Dumpf-Triebhaften zur Seite tritt.

Psychologie, Seelenkunde; »Psychologisiererei« ist ein unablässiges Wühlen in seelischen Bereichen – um des Wühlens willen.

Realismus, dichterische Darstellung der Wirklichkeit (also nicht nur des »Natürlichen« wie im Naturalismus), wobei die Phantasie meist zurückzutreten hat. In der deutschen Dichtung etwa die Jahrzehnte von 1830 bis 1880.

Reim, Kunstmittel, durch das im Gedicht rein Sprachliches (also nicht nur Sinngemäßes) miteinander verbunden werden soll. In der germanischen Dichtung herrschte der Stabreim, das heißt der Gleichklang im Anlaut der Wörter, dieser Stabreim hat sich in vielen Redewendungen bis heute erhalten, z. B. Dichter und Denker, Kind und Kegel, Wollen und Wirken. In der neueren Dichtung herrscht der Endreim. Dieser wiederum zerfällt in reine Endreime (z. B. Garten – warten) und in unreine Reime (z. B. Gemüt – Lied. Heines Gedicht »Leise zieht durch mein Gemüt« ist bewußt auf lauter unreine Reime aufgebaut).

Rhythmus, (Mehrzahl: Rhythmen), eigentlich »Fließen«, Wiederkehr des Ähnlichen in unablässiger Folge. Z. B. der Jambus-Rhythmus bringt ständig den Silbenwechsel kurz-lang: »Der brave Mann denkt an sich selbst zuletzt«. Es gibt jedoch auch freie Rhythmen, die nicht an bestimmte Versmaße gebunden sind.

Rokoko, dem Barock verwandte Stilgattung, die aber an die Stelle der barocken Kraft- und Prunkentfaltung einen mehr verstandesmäßigen, zugleich anmutigen und häufig verspielten Ausdruck setzt (etwa zweite Hälfte des 18. Jahrhunderts).

Roman, ursprünglich in den romanischen Ländern jede in der Volkssprache abgefaßte Erzählung. Heute eine längere Prosa-Erzählung vom Wesen und Werden eines Einzelnen oder einer Gemeinschaft mit besonderer Berücksichtigung der Umwelt.

Romantik, gegen die verstandesmäßige Aufklärung (s. d.) gerichtete Geistesbewegung. Starke Betonung der Phantasie; Sehnsucht nach dem Unerreichbaren, Unendlichen. In Deutschland etwa 1800–1850.

Sage, eigentlich eine mündliche (gesagte) Erzählung von Vergangenem, dessen »Richtigkeit« nicht bewiesen werden kann. Im Gegensatz zur Legende, die von religiösen Dingen handelt, berichtet die Sage meist von Helden und Heldentaten.

Satire, witzige Anprangerung menschlicher Schwächen und Zustände.

Schlüsselroman, Roman, in dem tatsächliche Begebenheiten oder Personen der Wirklichkeit dargestellt werden, aber unter anderem Namen. Wer die richtigen Namen weiß, kann leicht das Geheimnis »aufschließen«.

Scholastik, »Schul-Lehre«, mittelalterliche Geistesrichtung, die die Aufgabe hatte, die an und für sich feststehenden Glaubenssätze wissenschaftlich nach Form und Inhalt zu begründen. Artete in Wortklauberei aus.

Schwank, mit recht derben Mitteln arbeitende Komödie (s. d.).

Sonett, wörtlich »Tönchen«, ein kunstvolles Gedicht von vierzehn Zeilen. Es wird unterteilt in die ersten acht und die letzten sechs Zeilen. Die ersten acht Zeilen werden wiederum unterteilt in zwei Vierzeiler mit gleicher Reimart und zwar in der jeweiligen Reimfolge a-b-b-a. Die letzten sechs werden in je drei Zeilen aufgeteilt, wobei die Reimfolge freigestellt ist.

Stabreim, siehe Reim.

Strophe, eine Gruppe zusammengehöriger Verse.

Surrealismus, Überwirklichkeitskunst, versucht außer der »normalen« Wirklichkeit noch Überwirklichkeiten darzustellen (da in jedem Menschen auch Vergangenes lebendig ist, wird beispielsweise der Mensch von heute mit seinen längst verstorbenen Urahnen oder gar dem Urmenschen gleichzeitig dargestellt).

Symbolismus, Kunstrichtung, die durch Darstellung von Sinnbildern bestimmte Seelenzustände hervorrufen will,

Tiefenpsychologie, Forschung, die die tieferen Schichten des Bewußtseins und das Unterbewußte (Unbewußte) zu ergründen und ihre Wirkung auf das Bewußte zu ermitteln versucht. Umfassender als die Psychoanalyse.

Tragikomödie, s. »Komödie«.

Tragödie, ein Drama, in dem der Einzelmensch mit seinem Wollen und Tun (bewußt oder unbewußt) in Widerspruch gerät zu den von der Allgemeinheit geschaffenen und befolgten sittlichen oder religiösen Grundsätzen (tragische Schuld) und in diesem Widerstreit unterliegt, mindestens als Person zugrundegeht, während die von ihm vertretene Anschauung weiterwirken und siegen kann. Man unterscheidet je nach der Art der tragischen Schuld die Schicksals- von der Charaktertragödie.

Trauerspiel, unzureichende Verdeutschung des Wortes »Tragödie«. Es kann etwas »traurig« sein (etwa ein Unfall), ohne deshalb tragisch sein zu müssen, weil der Begriff der tragischen Schuld fehlt.

Travestie, Neugestaltung eines ernsthaften Dichtwerkes, wobei der Gegenstand erhalten, die Form jedoch (in spottender Absicht) verändert wird. Also umgekehrt wie bei der Parodie (s. d.).

Trochäus, Versfuß, bestehend aus einer langen (betonten) und einer kurzen (unbetonten) Silbe. (»Holder Friede, süße Eintracht ...«).

Vers, wörtlich »Wende«, nämlich von einer Zeile zur anderen. Also ist der Vers eine Gedichtzeile (keine Strophe!).

Verzeichnis der Dichter

(und solcher Werke, deren Verfasser unbekannt sind)
Seitenverweise auf Abbildungen stehen in *kursiv*

L

M

N

O

P

Z

Verzeichnis der Werke
(und Textanfänge)

A

B

C

D